# prima.

## Gesamtkurs Latein

## Ausgabe B

## Band 1

C. C. Buchner · Oldenbourg

**prima.**
Gesamtkurs Latein

**Herausgegeben von Clement Utz, Regensburg**

**prima B** wurde auf der Grundlage von **prima A** erarbeitet von
Dr. Wolfgang Freytag, München, Andrea Kammerer, Schwabach,
Bernhard O'Connor, Landshut, und Clement Utz, Regensburg.

**prima A** wurde bearbeitet von Dr. Martin Biermann, Göttingen,
Josef Burdich, Neuss, Roswitha Czimmek, Hildesheim, Dr. Wolfgang Freytag,
München, Dr. Wolff-Rüdiger Heinz, Kiel, Dr. Gerhard Hey, Kiel, Andrea Kammerer,
Schwabach, Dr. Stefan Kipf, Berlin, Anja Lücker, Bonn, Bernhard O´Connor,
Landshut, Clement Utz, Regensburg, Prof. Dr. Edzard Visser, Koblenz, und
Dr. Brigitte Wilke, Karlsruhe.

2. Auflage  2 ⁸⁷⁶⁵⁴³ 2011 10 09 08
Die letzte Zahl bedeutet das Jahr dieses Druckes.
Alle Drucke dieser Auflage sind, weil untereinander unverändert, neben-
einander benutzbar.

Dieses Werk folgt der reformierten Rechtschreibung und Zeichensetzung.
Ausnahmen bilden Texte, bei denen künstlerische, philologische oder lizenz-
rechtliche Gründe einer Änderung entgegenstehen.

© C.C. Buchners Verlag, Bamberg 2004
Das Werk und seine Teile sind urheberrechtlich geschützt. Jede Nutzung in
anderen als den gesetzlich zugelassenen Fällen bedarf der vorherigen schrift-
lichen Einwilligung des Verlages. Das gilt insbesondere auch für Vervielfäl-
tigungen, Übersetzungen, und Mikroverfilmungen. Hinweis zu § 52a UrhG:
Weder das Werk noch seine Teile dürfen ohne eine solche Einwilligung einge-
scannt und in ein Netzwerk eingestellt werden. Dies gilt auch für Intranets von
Schulen und sonstigen Bildungseinrichtungen.

www.ccbuchner.de
www.oldenbourg-schulbuchverlag.de

Lektorat: Bernd Weber
Satz und Gestaltung: Artbox Grafik und Satz GmbH, Bremen
Druck und Bindung: Pustet, Regensburg

C.C. Buchner   ISBN   978-3-7661-**5021**-9

Oldenbourg    ISBN   978-3-486-**81371**-5
Oldenbourg    ISBN   978-3-637-**81371**-7   (ab 1.1.2009)

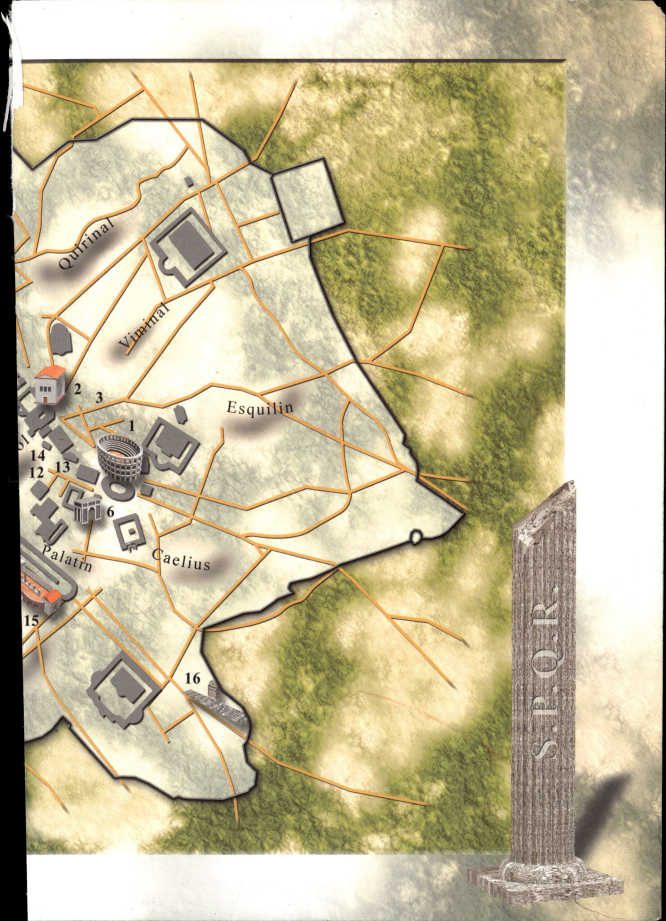

**FERDINAND SCHAAD**
Herbstäckerweg 5
91056 Erlangen
Telefon 09131 / 94 11 717

### Liebe Schülerinnen und Schüler, liebe Kolleginnen und Kollegen!

Mit diesem **Gesamtkurs Latein** haben wir für euch, haben wir für Sie ein kompaktes Lehrwerk verfasst, mit dem wir vor allem zwei Wünsche verbinden: Wir wünschen euch, liebe Schülerinnen und Schüler, dass ihr damit „prima" Latein lernt. Und wir wünschen Ihnen, liebe Kolleginnen und Kollegen, dass Sie mit unserem Buch „prima" zurechtkommen.

### Hinweise zur Konzeption und zur Arbeit mit prima B

prima B bietet einen zusammenhängenden Lateinlehrgang für den Sprachunterricht in drei Bänden. Alle Teile sind in ihrer Gestaltung und Progression, aber auch in Terminologie und Wortschatz eng aufeinander abgestimmt. Die Grammatikstoffe werden in dem Umfang vorgestellt, wie von den Lehrplänen für Latein heute übereinstimmend gefordert wird. Das Vokabular basiert verlässlich auf den statistischen Untersuchungen des „Bamberger Wortschatzes" und bezieht darüber hinaus den sogenannten Kulturwortschatz ein.

Das **Lehrwerk** ist gegliedert in einen Textteil und einen zugehörigen Grammatikteil, der den Wortschatz und die Grammatikstoffe darbietet (vgl. eigenes Vorwort, S. 124f.). Im **Textteil** schaffen die übersichtliche Anlage der Lektion (auf jeweils vier Seiten) und die thematische Gliederung nach Sequenzen einen hilfreichen Ordnungsrahmen. Innerhalb der Lektionen ermöglichen die einzelnen Teile viel Freiheit im methodischen Vorgehen:

**Seite 1: Vorentlastung**

Altersgerechte deutsche Texte und Bildmaterial führen **inhaltlich** in die Thematik der Lektion, insbesondere des Lektionstextes, ein. Außerdem werden die **Grammatikstoffe** der Lektion vorgestellt, in aller Regel anhand kurzer und einfacher lateinischer Texte **(G)**, die noch auf neue Vokabeln verzichten.

**Seite 2: Lektionstext**

Das Kernstück in jeder Lektion ist der **Text (T)**. Er sollte in jedem Fall behandelt werden. Der gesamte Grammatikstoff und alle neuen Vokabeln sind enthalten. Zur Erfassung und Erschließung dieses Textes sowie zur inhaltlichen Abrundung folgen **Aufgaben**, die nummeriert sind (❶).

**Seite 3: Übungsmaterial**

Verschiedenartige Übungen zum **sprachlichen Training (Ü)** finden sich auf der dritten Seite; sie sind mit Kleinbuchstaben (ⓐ) gekennzeichnet.

Dazu kommen immer wieder spezielle Aufgaben

zur spielerisch-kreativen Umsetzung

zur Wortschatzarbeit

**Seite 4: Übungsmaterial**

**Zusatztexte (Z)** erweitern das Übersetzungsangebot; sie wälzen den Grammatikstoff der vorausgehenden Lektionen um und dienen der inhaltlichen Abrundung.

zur Übersetzungsschulung

und zum Fortleben des Lateinischen

Übungen aller Typen, die sich besonders für die Bearbeitung im Team eignen (auch arbeitsteilig), haben als Kennzeichnung ein Sechseck ⬢. Deutsch-lateinische Übersetzungsübungen stehen auf Seite 116 ff. Aus dem vielfältigen Angebot der fakultativen Übungen wird die Lehrkraft gezielt auswählen. Am Ende jeder Sequenz findet sich eine Doppelseite „**prima lesen**", die in erster Linie der Motivation dient.

Für ausführliche Informationen zur Arbeit mit dem Lehrwerk verweisen wir auf den Lehrerband.

# Treffpunkte im alten Rom

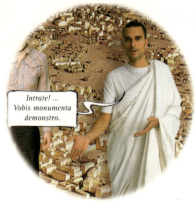

|   | Intrate! Vobis monumenta demonstro. | 10 |
|---|---|---|
| 1 | Auf dem Weg zur Kurie | 15 |
| 2 | Sieg im Circus Maximus | 16 |
|   | Z Siegerehrung | 19 |
| 3 | Aufregung in der Basilika | 20 |
|   | Z Beim Tierhändler Rutilius | 23 |
| 4 | Streit in den Thermen | 24 |
|   | Z Zu zweit auf dem Forum | 27 |
| 5 | Jubel auf dem Forum | 28 |
|   | Z Paul im Senat | 31 |
| I | prima lesen | 32 |
|   | Das haben wir gelernt. | 34 |

### Wortschatz und Grammatik

| 1 | W |   | 126 |
|---|---|---|---|
|   | F | 1) Substantive: Nominativ Singular | 126 |
|   |   | 2) Verben: 3. Person Präsens Singular | 127 |
|   |   | 3) Verben: Infinitiv Präsens | 127 |
| 2 | W |   | 128 |
|   | F | 1) Substantive: Nominativ Plural | 128 |
|   |   | 2) Verben: 3. Person Präsens Plural | 129 |
|   |   | 3) Verben: Konsonantische Konjugation (3. Person Präsens) | 129 |
|   | S | 1) Subjekt und Prädikat | 129 |
|   |   | 2) Subjekt im Prädikat | 130 |
|   |   | 3) Substantiv als Prädikatsnomen | 130 |
| 3 | W |   | 131 |
|   | F | Substantive: Akkusativ | 132 |
|   | S | 1) Akkusativ als Objekt | 132 |
|   |   | 2) Präpositionalausdruck als Adverbiale | 132 |
| 4 | W |   | 133 |
|   | F | Substantive: Ablativ | 134 |
|   | S | 1) Ablativ als Adverbiale: Ablativ des Mittels | 134 |
|   |   | 2) Verwendung der Präpositionen | 134 |
| 5 | W |   | 135 |
|   | F | Verben: 1. und 2. Person Präsens | 136 |
|   | S | Ablativ als Adverbiale: Ablativ des Grundes | 136 |
|   | **Übersicht: Präpositionen** |   | **137** |

# Römisches Alltagsleben

| | | |
|---|---|---|
| | Menschen wie du und ich? | 35 |
| 6 | Vorbereitung eines großen Festes | 36 |
| Z | Ein großer Auftrag | 39 |
| 7 | Eine Toga für Publius | 40 |
| Z | Beim Einkaufsbummel | 43 |
| 8 | Das große Fest (I) | 44 |
| Z | Wohnen in der Subura | 47 |
| 9 | Das große Fest (II) | 48 |
| Z | In der Bäckerei | 51 |
| 10 | Im Buchladen | 53 |
| Z | Bücherkauf heute | 55 |
| II | prima lesen | 56 |
| | Das haben wir gelernt. | 58 |

## Wortschatz und Grammatik

| | | | |
|---|---|---|---|
| 6 | W | | 138 |
| | F | 1) Verben: Imperativ | 139 |
| | | 2) Substantive: Vokativ | 139 |
| | | 3) Substantive der o-Deklination auf –er | 139 |

**Übersicht: Verben (Konjugation)** 140

| | | | |
|---|---|---|---|
| 7 | W | | 142 |
| | F | 1) Substantive: Genitiv | 143 |
| | | 2) Verben: velle, nolle | 143 |
| | S | Genitiv als Attribut: Genitiv der Zugehörigkeit | 143 |
| 8 | W | | 144 |
| | F | 1) Verben: ī-Konjugation | 145 |
| | | 2) Substantive der 3. Deklination: Erweiterung | 145 |
| | | 3) Substantive der 3. Deklination: Wortstamm | 145 |
| 9 | W | | 146 |
| | F | Substantive: Dativ | 147 |
| | S | 1) Dativ als Objekt | 147 |
| | | 2) Dativ als Prädikatsnomen: Dativ des Besitzers | 147 |

**Übersicht: Substantive (Deklination)** 148

| | | | |
|---|---|---|---|
| 10 | W | | 150 |
| | F | 1) Verben: Konsonantische Konjugation (ī-Erweiterung) | 151 |
| | | 2) Substantive der 3. Deklination: Zusammenfassung | 151 |

# Aus der Geschichte Roms

| | | |
|---|---|---|
| | Vom Hüttendorf zum Weltreich | 59 |
| 11 | Ein Anfang mit Schrecken | 60 |
| | Z Der Raub der Sabinerinnen | 63 |
| 12 | Das Maß ist voll | 64 |
| | Z Menenius Agrippa | 67 |
| 13 | Hannibal ante portas | 68 |
| | Z Interview mit Hannibal | 71 |
| 14 | Scipio contra Hannibalem | 72 |
| | Z Rom oder Karthago? | 75 |
| 15 | Anschlag auf den Konsul Cicero | 76 |
| | Z Cicero wird gejagt | 79 |
| 16 | Cäsar im Banne Kleopatras | 80 |
| | Z Die Ermordung Cäsars | 83 |
| III | prima lesen | 84 |
| | Das haben wir gelernt. | 86 |

## Wortschatz und Grammatik

| | | |
|---|---|---|
| 11 | W | 153 |
| | F 1) Verben: Perfekt | 154 |
| | 2) Perfektbildung: v-/u-Perfekt | 154 |
| | 3) Verben: posse | 154 |
| | S Verwendung des Perfekts | 154 |
| 12 | W | 155 |
| | F Adjektive der a- und o-Deklination | 156 |
| | S 1) Adjektive: KNG-Kongruenz | 156 |
| | 2) Adjektiv als Attribut | 157 |
| | 3) Adjektiv als Prädikatsnomen | 157 |
| 13 | W | 158 |
| | F 1) Perfektbildung: s- und Dehnungsperfekt | 160 |
| | 2) Personalpronomen | 160 |
| | S Personalpronomen: Verwendung | 160 |
| 14 | W | 161 |
| | F Relativpronomen | 162 |
| | S Relativsatz als Attribut | 162 |
| | T Relativer Satzanschluss | 163 |
| 15 | W | 164 |
| | F 1) Perfektbildung: Reduplikation und ohne Stammveränderung | 165 |
| | 2) Pronomen is | 166 |
| | S 1) Pronomen is: Verwendung | 166 |
| | 2) Ablativ als Adverbiale: Ablativ der Zeit | 166 |
| 16 | W | 167 |
| | F Adjektive der 3. Deklination (einendige) | 168 |
| | S 1) Satzgefüge | 169 |
| | 2) Gliedsätze: Sinnrichtungen der Adverbialsätze | 169 |
| | 3) Gliedsätze als Adverbiale | 169 |
| | 4) Akkusativ als Adverbiale: Akkusativ der Ausdehnung | 169 |

# Abenteuerliche Reisen

| | | |
|---|---|---:|
| | Wer hat Cäsia geraubt? | 87 |
| 17 | Aufregung im Hause des Senators | 88 |
| | Z  Wer hat die schöne Helena geraubt? | 91 |
| 18 | Den Entführern auf der Spur | 92 |
| | Z  Herkules und Deianira | 95 |
| 19 | Auf hoher See | 96 |
| | Z  Ein unverhofftes Wiedersehen | 99 |
| 20 | Ein glückliches Ende? | 100 |
| | Z  Herkules besiegt den Riesen Kakus | 103 |
| IV | prima lesen | 104 |
| | Das haben wir gelernt. | 106 |

## Wortschatz und Grammatik

| | | |
|---|---|---:|
| 17 | W | 170 |
| | F  Verben: Infinitiv Perfekt | 171 |
| | S  Akkusativ mit Infinitiv (AcI) | 171 |
| 18 | W | 173 |
| | F  Reflexivpronomen | 174 |
| | S  Pronomina im AcI | 174 |
| | T  Konnektoren | 174 |
| 19 | W | 175 |
| | F  Verben: Imperfekt | 176 |
| | S  Verwendung des Imperfekts | 176 |
| | T  Tempora in erzählenden Texten | 177 |
| 20 | W | 178 |
| | F  1) Adjektive der 3. Deklination (zweiendige und dreiendige) | 179 |
| |     2) Verben: ire | 179 |

## Der Held Äneas

| | Von Troja nach Rom | 107 |
|---|---|---|
| 21 | **Äneas, Vater der Römer** | 108 |
| | Z  Das hölzerne Pferd | 111 |
| 22 | **Äneas in der Unterwelt** | 112 |
| | Z  Die Söhne der Vestalin | 115 |

### Wortschatz und Grammatik

| 21 | W | | 180 |
|---|---|---|---|
| | F | Verben: Plusquamperfekt | 181 |
| | S | Verwendung des Plusquamperfekts | 181 |
| 22 | W | | 182 |
| | F | 1) Verben: Futur I | 182 |
| | | 2) Verben: Futur II | 183 |
| | S | Verwendung des Futurs | 183 |
| | **Übersicht: Verben (Tempora im Aktiv)** | | 184 |

| | |
|---|---|
| Deutsch-lateinische Übersetzungsübungen | 116 |
| Grammatisches Register | 186 |
| Eigennamenverzeichnis | 188 |
| Deutsch-lateinisches Wörterverzeichnis | 189 |
| Lateinisch-deutsches Wörterverzeichnis | 193 |
| Tabellarium | 200 |
| Zeittafel zur römischen Geschichte | 206 |

## Abkürzungsverzeichnis

| | | | | | |
|---|---|---|---|---|---|
| Abl. | Ablativ | Impf. | Imperfekt | Pl. | Plural |
| Abl. abs. | Ablativus absolutus | indekl. | indeklinabel | Plusqpf. | Plusquamperfekt |
| AcI | Akkusativ mit Infinitiv | Ind. | Indikativ | PPA | Partizip Präsens Aktiv |
| Adj. | Adjektiv | Inf. | Infinitiv | PPP | Partizip Perfekt Passiv |
| Adv. | Adverb | jmd. | jemand(en/em) | Präd. nom. | Prädikatsnomen |
| Akk. | Akkusativ | intrans. | intransitiv | Präp. | Präposition |
| Akt. | Aktiv | Jh. | Jahrhundert | Präs. | Präsens |
| Dat. | Dativ | Komp. | Komparativ | Pron. | Pronomen |
| Dekl. | Deklination | Konjug. | Konjugation | röm. | römisch |
| dir. | direkt | kons. | konsonantisch | s. | spanisch |
| dopp. | doppelt(er) | lat. | lateinisch | Sg. | Singular |
| dt. | deutsch | *m* | maskulin | Subj. | Subjunktion |
| e. | englisch | m. | mit | Subst. | Substantiv |
| *f* | feminin | Nom. | Nominativ | Sup. | Superlativ |
| f. | französisch | örtl. | örtlich | trans. | transitiv |
| Fut. | Futur | *n* | neutrum | vgl. | vergleiche |
| Fw. | Fremdwort | Part. | Partizip | Vok. | Vokativ |
| Gen. | Genitiv | Pass. | Passiv | wörtl. | wörtlich |
| griech. | Griechisch | Perf. | Perfekt | zeitl. | zeitlich |
| i. | italienisch | Pers. | Person | | |
| Imp. | Imperativ | PFA | Partizip Futur Aktiv | | |

## Bildnachweis

Araldo De Luca, Rom (S. 73); Archiv für Kunst und Geschichte, Berlin (S. 44, 58, 59 [2], 71, 85, 113, 115); Association Pro Aventico; Avenches (S. 61); Josef Burdich, Neuss (S. 87 [2], 100); Roswitha Czimmek, Hildesheim (S. 49); Hirmer Verlag, München (S. 63); Kunsthistorisches Museum, Wien (S. 39); Museo Archeologico Nazionale, Neapel (S. 95); Musei Capitolini, Rom (S. 76); Musei Vaticani, Rom (S. 82); Museo della Civiltà Romana, Rom (S. 14 f., 41); Museo di Villa Giulia, Rom (S. 69); Niedersächsische Landesgalerie, Hannover (S. 82); Ny Carlsberg Glyptothek, Kopenhagen (S. 101); Patmos Verlagshaus, Düsseldorf (S. 77); Rheinisches Landesmuseum, Trier (S. 73); Scala, Antella (S. 18, 59, 76); Staatliche Antikensammlung, Berlin (S. 80, 91); Studio David Salariya, Brighton (S. 16). Verlagsarchiv.

❶ Obwohl die Jugendlichen, die sich zusammen mit dem Römer das Modell der antiken Stadt Rom angesehen haben, noch nicht Latein gelernt haben, können sie seine Worte zum Teil verstehen, denn sie klingen in ihrer Sprache ganz ähnlich.

| lat. | **monumentum** | *intrare* |
|---|---|---|
| ital. | **monumento** | *entrare* |
| franz. | **monument** | *entrer* |
| engl. | **monument** | *enter* |
| deutsch | **Monument** | *eintreten* |

Voilà un temple.
**Templum est.**

❷ Auch die Namen der Gebäude haben sich in den europäischen Sprachen erhalten. Doch haben sie immer noch die gleiche Bedeutung wie bei den Römern?

Für die Römer war ein **Tempel** das Haus einer Gottheit, in dem ihr Kultbild Platz fand. Zum Gebet und zum Opfer versammelte man sich vor dem Tempel am Altar.

Ecco una basilica!
**Ecce basilica!**

Eine **Basilika** war bei den Römern eine Markt- oder Gerichtshalle, in der alles Mögliche verkauft wurde, wo aber auch Gerichtsverhandlungen und kulturelle Veranstaltungen stattfanden.

Sieht so ein Zirkus aus?
**Estne circus?**

In der langgestreckten Anlage fanden die bei den Römern sehr beliebten Wagenrennen statt. Der römische **circus** hat mit unserer Zirkusmanege nur gemeinsam, dass dort Pferde auftreten.

This is the Colosseum, isn't it?
**Estne colosseum?**

Amphitheater sind uns bekannt als Orte, in denen Gladiatorenkämpfe und Tierhetzen stattfanden. Die Römer nannten das flavische Amphitheater in Rom **Kolosseum**. Es erhielt seinen Namen vermutlich von einer Kolossalstatue des Kaisers Nero, die in der Nähe stand.

Nominativ Singular - 3. Person Präsens Singular – Infinitiv Präsens

❸ Thomas und Daniela haben im Urlaub in Italien ähnliche Erfahrungen wie unsere Jugendlichen auf S. 10 f. gemacht. Einige Wörter kannten sie bereits aus dem Deutschen, beim Verständnis anderer war ihnen Englisch eine große Hilfe. Da beide auch schon ein Jahr Latein gelernt hatten, konnten sie sehr schnell den Sinn vieler Begriffe erfassen.
Nun wollen sie aber genau wissen, wie die verschiedenen Sprachen Europas eigentlich zusammenhängen. Von welcher Sprache gehen diese aus? Wie sind die Sprachen miteinander verwandt?
Im Internet finden sie die folgende Erklärung:

In einem kleinen Dorf am Tiber, das der Sage nach 753 v. Chr. von Romulus gegründet worden sein soll und deshalb den Namen Rom erhielt, entwickelte sich durch die günstige Lage des Ortes und die Aktivität seiner Bewohner eine Sprache, die sich auf der ganzen Welt ausbreiten sollte. Ihren Namen erhielt diese Sprache von der Landschaft Latium, in der Rom liegt – Latein.
Jahrhunderte später erstreckte sich das Römische Reich, das **imperium Romanum**, vom heutigen Spanien und Portugal im Westen bis zum Schwarzen Meer im Osten, vom heutigen Großbritannien im Norden bis nach Nordafrika.
Den unterworfenen Völkern brachten die Römer nicht nur ihre Kultur und ihre technischen Erfindungen, sondern auch ihre Sprache. Diese Sprache lebte noch weiter, als das Römische Reich längst zerfallen war. Die sogenannten romanischen Sprachen haben sich unmittelbar aus dem Lateinischen entwickelt.

Auch ein Großteil des englischen Wortschatzes stammt aus dem Lateinischen bzw. aus den romanischen Sprachen. Im Deutschen finden wir ebenfalls zahlreiche Wörter, die aus dem Lateinischen kommen oder damit zusammenhängen.

Einige Beispiele:

| Lateinisch | Italienisch | Spanisch | Portugiesisch | Französisch | Deutsch | Englisch |
|---|---|---|---|---|---|---|
| ventus | vento | viento | vento | vent | Wind | wind |
| febris | febbre | fiebre | febre | fièvre | Fieber | fever |
| familia | famiglia | familia | familia | famille | Familie | family |
| nomen | nome | nombre | nome | nom | Name | name |
| studere | studiare | estudiar | estudar | étudier | studieren | study |

Auf den folgenden Seiten werdet ihr die lateinische Sprache lernen und eine euch bisher unbekannte Welt entdecken.
Ihr wisst sicher schon, dass Latein im Wortschatz der modernen Technik und Wissenschaft eine große Rolle spielt – aber auch im Alltag begegnet euch häufig Latein. Am deutlichsten seht ihr das, wenn ihr einkaufen geht.

LATEIN LEBT

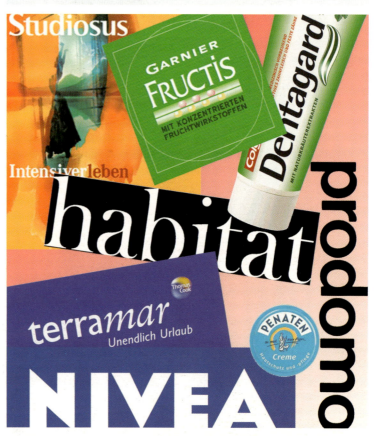

🔷 Hier findet ihr die lateinischen Vokabeln, die den Produkt- und Firmenbezeichnungen zugrundeliegen.
Erläutert anhand der Übersetzungen und Erklärungen, wie es wohl zu der jeweiligen Namensgebung kam. Falls ihr einen Markennamen nicht kennt: Überlegt, für welches Produkt er stehen könnte.

niveus *schneeweiß*
penates *Hausgötter der Römer, die Familie, Haus und Hof beschützten*
dens *Zahn*
studiosus *interessiert*
habitat *er, sie, es wohnt*
fructus *Frucht*
terra *Erde, Land*
mare *Meer*
pro *für*, domo *das Haus*

# 1 Treffpunkte im alten Rom

## T Auf dem Weg zur Kurie

In unserem ersten lateinischen Text treffen wir auf den Senator Marcus Aquilius Florus, der zu einer Senatssitzung in die Kurie eilt.
Er hat sich verspätet, man schließt bereits die Türen, ein Sklave wartet ungeduldig auf ihn.

[1] in forum *auf das Forum*

[2] in cūriam *in die Kurie*

Senator in forum[1] properat, nam ibi curia est.
Hic turba stat et clamat: „Ave, senator!"
3 Senator gaudet et clamat: „Salvete!"
Subito servus adest et rogat: „Ubi Marcus Aquilius Florus senator est?" Turba: „Ibi est!"
6 Senator ridet, tum in curiam[2] properat.

Erkläre die Reaktionen des Senators:
1. Warum freut er sich?
2. Warum lacht er wohl, bevor er in die Kurie geht?

*Die Kurie auf dem Forum Romanum. Ausschnitt aus einem Gemälde.*

# 2 Sieg im Circus Maximus

*Circus Maximus (Rekonstruktion): In der Mitte die* spina, *auf der die Rundenanzeige stand, an der linken Schmalseite die Startboxen*

Gleich wollen sich Aulus und Gajus, zwei zwölfjährige Jungen, den Höhepunkt der Wagenrennen im Circus Maximus ansehen. Die beiden haben noch einen guten Platz auf der Tribüne gefunden, obwohl der Circus heute wieder vollbesetzt ist. Über 200000 Zuschauer drängen sich im weiten Rund. Alle warten auf das Eintreffen der **quadrigae** (Wagen, vor die vier Pferde gespannt sind). Aufgeregt beobachten sie, wie die nervösen Pferdegespanne in die zwölf Startboxen geführt werden. Jeder Rennstall hat drei Wagen ins Rennen geschickt, sodass alle Bahnen besetzt sind. Aulus zählt die Farben an den Trikots der Wagenlenker ab: die Grünen, Roten, Blauen und Weißen. Die Wagenlenker, die aufrecht in den leichten Wagen stehen, haben die Zügel bereits um den Bauch gebunden und schwingen in der Rechten eine Peitsche. Im Gürtel tragen sie ein scharfes Messer, um sich bei einem Sturz gegebenenfalls durch einen Schnitt von den Zügeln befreien zu können. Die Fans der einzelnen Rennställe machen sich schon lautstark bemerkbar und feuern „ihre" Wagenlenker und Pferde kräftig an. Aulus drückt den Grünen ganz fest die Daumen.

Endlich sind die Pferde an der Startlinie ausgerichtet. Der Veranstalter gibt das Startsignal, indem er ein weißes Tuch fallenlässt. Ein Trompetenstoß unterstützt das Signal. Das Publikum hält den Atem an. Da schießen die Pferde aus den Boxen! Bis zur ersten weißen Linie müssen sie auf der vorgezeichneten Bahn bleiben, dann versuchen die Wagenlenker die Innenbahn an der **spina** (Mauer, die die Arena in zwei Bahnen teilt) zu erreichen. Gajus kann gar nicht hinsehen, als die Pferde nach innen drängen und die Wagen einander fast berühren. Da kommen sie schon zur ersten Wendemarke – möglichst eng muss man die Kurve nehmen, wenn man gewinnen will – aber das Wagenrad darf den Mauerrand nicht berühren, sonst kippt der leichte Wagen um, und es ist aus!

Sieben Runden müssen die Pferde zurücklegen, das Publikum feuert unermüdlich seine Favoriten an. Durch die Anzeige auf der **spina** kennt jeder den aktuellen Stand des Rennens. Auch Aulus zählt die Delfine mit, die bei jeder Runde umgekippt werden. Es bleibt spannend bis zum Schluss, das Stadion gleicht einem Hexenkessel. Von den obersten Reihen kann man gar nicht mehr viel sehen, denn die Pferde haben den Sand der Arena hoch aufgewirbelt. Aulus ist schon ganz heiser, so sehr hat er seinen Favoriten Syrus angefeuert.

---

Nominativ Plural – 3. Person Präsens Plural – Subjekt, Prädikat, Prädikatsnomen

## 2 Treffpunkte im alten Rom

### Sieg im Circus Maximus

Hodie Aulus in Circo Maximo¹ est; nam ibi ludi sunt. Sed ubi Gaius amicus est? Aulus diu exspectat. Tum gaudet.
Tandem amicus adest. Subito populus clamat: „Ave, senator!" Marcus Aquilius Florus senator adest. Etiam Aulus et Gaius clamant: „Ave, senator!" Nunc populus tacet, portae patent, equi et agitatores² accedunt. Denique equi in carceribus³ stant, senator signum dat⁴, equi currunt. Populus surgit et clamat.
Etiam Aulus et Gaius surgunt. Tum Aulus gaudet: „Syrus victor est! Ecce: Ibi praemia sunt!" Sed Gaius: „Etiam equi victores sunt."

¹in Circō Maximō *im Circus Maximus*
²agitātor *Wagenlenker*
³in carceribus *in den Startboxen*
⁴sīgnum dat *(er) gibt das (Start-)Zeichen*

Dann steigt Syrus zur Loge des Veranstalters hinauf und nimmt seinen Preis in Empfang: einen Palmzweig (**palma**) und einen Beutel mit Münzen. Auch die Pferde werden mit Palmzweigen geschmückt. Lauter Jubel erschallt im Stadion, als Syrus seine Ehrenrunde absolviert. Aulus ist glücklich, denn wieder einmal haben die Grünen gewonnen!

Erläutere die Bedeutung des Satzes, den Gajus am Schluss sagt: „Etiam equi victores sunt!"

Römische Mosaike mit Wagenlenkern aus einer Villa an der Via Cassia bei Rom, um 200 n. Chr.

**ⓐ** Bei den Wagenrennen hatte jedes Gespann eine bestimmte Farbe, an der man es schon von weitem erkennen konnte.
Ordne den drei Farben je eine Konjugationsklasse der Verben zu.
Füge dann die Verben aus **T** richtig ein. Ordne die Verben dabei nach Singular und Plural.
Bilde die jeweils fehlende Form. Welche Formen kannst du nicht zuordnen?

Sg. exspectat — Pl. ?
Sg. ? — Pl. ?
Sg. ? — Pl. ?

**ⓑ** Bilde nun zu allen Verben aus Übung a den Infinitiv. Schreibe die Formen so in dein Heft, dass du die 3. Pers. Sg., die 3. Pers. Pl. und den Infinitiv nebeneinanderschreibst.
Beispiel: exspectat – exspectant – exspectare

**ⓒ** Wie es verschiedene Konjugationsklassen für Verben gibt, so gibt es auch verschiedene Deklinationsklassen für Substantive. Drei verschiedene Deklinationsklassen lernst du hier kennen:

-a                            -us                            -or

Ordne die Substantive aus **T** (nicht die Namen) den Spielmarken zu.
Bilde dann zu den Singularformen den Plural und umgekehrt.

**ⓓ** Setze das in Klammern angegebene Wort in die jeweils passende Form. Beispiel: populus (exspectare) – populus exspectat

(populus) surgit              senator (tacere)
(victor) accedunt             porta (patere)
amici (stare)                 (equus) adsunt

Übersetze dann die kleinen Sätze.

## Treffpunkte im alten Rom

**e** Bei den folgenden Sätzen ist jeweils ein Teil verlorengegangen. Fülle die Lücken mit einem der angegebenen Wörter, sodass sich sinnvolle Sätze ergeben. Bestimme dann jeweils die Satzglieder Subjekt und Prädikat und übersetze.

? clamat.
? tacet.
? Aulus diu exspectat.
? Gaius gaudet.
Nam equi ? .

Die Anfangsbuchstaben der eingesetzten Wörter ergeben von oben nach unten gelesen einen wichtigen Teil der Pferderennbahn:

*Circus von Barcelona. Zeichnung nach einem Mosaik.*

*Siegreicher Wagenlenker. Skulptur*

**f** Wie beliebt Wagenlenker im alten Rom waren, zeigt eine Grabinschrift aus Rom:

*Marcus Aurelius Polynices (der Oftsiegende), geboren in Rom, der 29 Jahre, 9 Monate, 5 Tage lebte, der insgesamt 739 Siege errang, und zwar: 655 bei den Roten, 55 bei den Grünen, 12 bei den Blauen, 17 bei den Weißen. Seine Siegesprämien betrugen drei Mal 40 000 Sesterzen, 26 Mal 30 000 Sesterzen, elf Mal die einfache Siegesprämie von 15 000 Sesterzen. Acht Mal siegte er mit dem Achtergespann, neun Mal mit dem Zehnergespann und drei Mal mit dem Sechsergespann.*

Wie wir aus anderen Inschriften wissen, war Polynices noch nicht einmal der erfolgreichste Wagenlenker. Es gab einige, die über 1000 Siege errungen haben.

Vergleicht die Karriere des Polynices mit der von Sportlern, die heute bekannt und berühmt sind.

### Z Siegerehrung

Nach dem Rennen sind Aulus und Gajus zu den Ställen gegangen, um das siegreiche Gespann zu empfangen.

Aulus rogat: „Ubi sunt equi? Ubi sunt agitatores[1]?
Ubi sunt praemia?" Amici diu exspectant.
3 Tandem equi accedunt et amici clamant: „Hic victores sunt!"
Etiam Syrus agitator accedit.
Amici: „Syrus victor est! Io[2]! Syrus victor est!"

[1] agitātor *Wagenlenker*
[2] Iō *Hurra!*

# 3 Aufregung in der Basilika

*Ansicht der* **Basilica Iulia** *auf dem* **Forum Romanum** *(1. Jh. n. Chr.). Im Vordergrund die* **rostra**, *die Rednertribüne. Digitale Rekonstruktion*

Die beiden Freundinnen Atia und Antonia wollen heute gemeinsam das Forum besuchen. Am anziehendsten finden sie die Basiliken, denn dort halten sich viele Menschen auf und es geht sehr geschäftig zu. Die beiden Mädchen interessieren sich aber im Augenblick nicht für Reden und Gerichtsprozesse, die dort stattfinden, sondern vor allem für die vielen Händler und ihre Läden mit ganz besonderen Waren.

Gajus, Antonias Bruder, der sich nach der Schule gerne in der **Basilica Iulia** herumtreibt, hat den Mädchen erzählt, dass der Tierhändler Rutilius eine neue Lieferung von Affen und Papageien aus Afrika erwartet. Den beiden Mädchen haben es besonders die Affen angetan.
Deshalb stürmen sie die Stufen zur Basilika hinauf und achten gar nicht auf die Spielbretter für Mühle und Dame, die dort eingeritzt sind.
Auch für die schöne und kostspielige Marmorausstattung haben sie keinen Blick. Sie laufen schnurstracks auf die Läden zu.

**G**
Gaius amicum videt *(sieht)*.
Aulus ad portam stat.
3 Senator signum dat.
Equi per Circum Maximum currunt.
Amici equos exspectant.
6 Syrus ad senatorem properat.

Akkusativ – Akkusativ als Objekt – Präpositionalausdruck als Adverbiale

## 3 Treffpunkte im alten Rom

### Aufregung in der Basilika

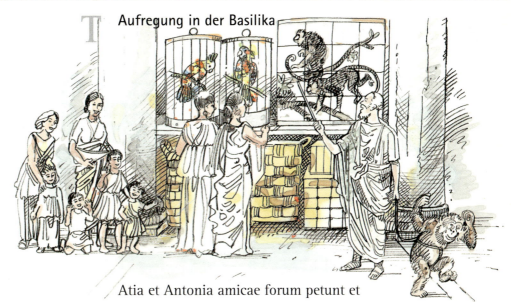

Atia et Antonia amicae forum petunt et aedificia spectant. Tum basilicam Iuliam intrant et ad
3 mercatores accedunt. Per basilicam properant et Rutilium mercatorem petunt. Nam Rutilius bestias vendit.
Rutilius ante tabernam stat, amicas videt et clamat: „Hodie
6 simiae[1] et psittaci[2] adsunt!" Statim amicae in tabernam contendunt, simias spectant.
Etiam mulieres tabernam intrant. Subito psittaci clamant:
9 „Psittaci adsunt! Psittaci adsunt!"
Mulieres autem clamorem tollunt: „Quid? Quid est? Quis clamat?"
12 Rutilius ad mulieres accedit et psittacos monstrat[3]. Nunc etiam amicae psittacos vident. Itaque simias relinquunt et ad psittacos accedunt. Subito simiae clamant.
15 Tum Rutilius: „Quid est? Cur simiae clamorem tollunt?"
Rutilius autem Atiam et Antoniam apud simias non iam videt: „Ubi sunt amicae? Cur simiae ...?"
18 Subito psittaci: „Simiae! Simiae!"
Amicae et mulieres et Rutilius rident.

[1] sīmia *Affe*
[2] psittacus *Papagei*

[3] mōnstrāre *zeigen*

❶ Gliedere den Text in einzelne Szenen. Gib jeder dieser Szenen eine Überschrift.
❷ Richtig 😊 oder falsch 😟 ? Entscheide nach der Lektüre von **T**, ob folgende Aussagen richtig oder falsch sind. Bei richtiger Lösung ergibt sich ein lateinischer Satz.

|   |   | 😊 | 😟 |
|---|---|---|---|
| a) | Atia et Antonia amicae sunt. | AMI | NIA |
| b) | Atia et Antonia clamorem tollunt. | CLA | CAE |
| c) | Mulieres per basilicam properant. | MOR | SIM |
| d) | Rutilius mercator est. | IAS | TO |
| e) | Rutilius ante tabernam stat. | SPE | ADS |
| f) | Rutilius amicas non iam videt. | CTA | UNT |
| g) | Mulieres clamant: „Simiae! Simiae!" | AN | NT |

**Ü**

**ⓐ** Bestimme in folgenden Sätzen Kasus, Numerus und Genus der fettgedruckten Wörter und übersetze die Sätze.
1. Aulus **victores** videt.
2. **Mercator** bestias vendit.
3. Senatores ad **basilicam** accedunt.
4. Gaius **amicos** exspectat.
5. **Populus** equos spectat.

**ⓑ** Auf der Wachstafel ist durch die Unachtsamkeit des Aulus einiges gelöscht worden. Übertrage die Wörter in dein Heft und ergänze die Buchstaben so, dass sich der Akk. Sg. ergibt. Setze danach alle Wörter in den Akk. Pl.

MERCATO
MULI
EQU
CLAM
PORT
AMIC
FOR
SENAT

**„Rundmühle"**
Zwei Spieler erhalten je drei Steine in einer Farbe. Es wird abwechselnd gesetzt, dann gezogen. Gewonnen hat, wer eine Mühle, also drei Steine in einer Reihe, schließen kann. Im Gegensatz zu unserem Mühlespiel gibt es aber nur eine mögliche Form, eine Mühle zu bauen: Die Mitte des Spielfeldes muss besetzt sein. So wird natürlich der Spieler, der beginnt, die Mitte besetzen. Aber Achtung: Er kann leicht zur Aufgabe dieser Position gezwungen werden – probiert das Spiel, indem ihr das Spielfeld auf einen Karton übertragt.

**ⓒ** Ergänze bei folgenden Sätzen das Prädikat anhand des angegebenen Infinitivs und übersetze dann.
1. Ante basilicam mulieres (stare).
2. Mercator bestias (vendere).
3. Aulus victor (esse).
4. Amicus clamorem (tollere).
5. Aulus et Atia per basilicam (currere).
6. Senatores diu ante basilicam (exspectare).

**ⓓ** Verbinde!
Im linken Kasten findest du die Satzanfänge, im rechten Kasten die Fortsetzungen. Füge die Sätze zusammen, bringe sie in eine sinnvolle Reihenfolge und übersetze dann.

| | |
|---|---|
| Aulus et Gaius amicus … | … mulieres adsunt. |
| Ante tabernam … | … Rutilium mercatorem vident. |
| Amici intrant et … | … bestias spectant et gaudent. |
| Ad tabernam amici … | … tabernam petunt. |

**ⓔ** Von Kasus zu Kasus
Bilde zu den Akkusativformen den entsprechenden Nominativ und umgekehrt.
tabernas – basilica – mulierem – clamor – amicos – signa (!) – equi – populum – amicae – bestiam – victores (!) – servus – turba – senatorem

## Treffpunkte im alten Rom

**Wir spielen:** „Ich gehe durch eine römische Basilika und sehe ...".
Ein Mitspieler beginnt: „Video *(ich sehe)* mercatorem."
Jeder Mitspieler wiederholt alle bereits genannten Elemente und fügt am Ende der Aufzählung ein neues hinzu: „Video mercatorem, ..."
Wie viele Elemente schafft ihr?

---

Beim Übersetzen musst du die unterschiedliche Satzstellung im Deutschen und Lateinischen beachten.
Das Prädikat des Hauptsatzes steht im Deutschen als zweites Satzglied, im Lateinischen dagegen meist an letzter Stelle.
1 Fange also vorne an.
2 Springe dann nach hinten (zum Prädikat).
3 Kehre dann zum Zwischenabschnitt zurück.

Atia et Antonia ad basilicam currunt.
  1                      3        2
Atia und Antonia laufen zur Basilika.

Übertrage in dein Heft und löse im Deutschen auf:
Itaque amicae Aulum et Gaium non vident.
  1      3        4        5     2

*ÜBERSETZUNG*

---

### Z Beim Tierhändler Rutilius

🔷 Setzt den Anfang dieser Geschichte fort. Einige passende Vokabeln (nach Wortarten geordnet) findet ihr unten. Die Zeichnung zu **T** gibt weitere Anregungen.

Rutilius mercator tabernam spectat et gaudet. Nam ibi simias et psittacos videt. Subito bestiae clamorem tollunt, nam amicas vident. ...

*Verben:*

| contendere | petere | currere |
|---|---|---|
| clamare | videre | accedere |
| stare | | |

*Substantive:*

| mercator | simia *(Affe)* | amicus |
|---|---|---|
| mulier | Atia | basilica |
| Antonia | psittacus *(Papagei)* | |

*Präpositionen:*
ante    in    ad    per

🔷 Ihr könnt auch versuchen, die Sätze durch Konnektoren (Bindewörter), wie z.B. **et, tum, subito**, miteinander zu verbinden.

# 4 Streit in den Thermen

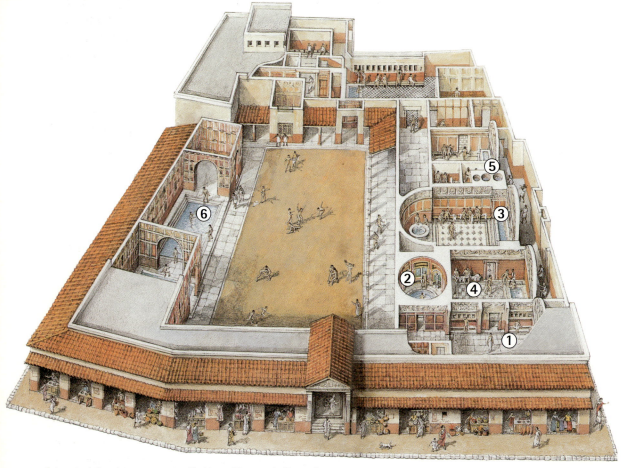

*Rekonstruktion der sogenannten Stabianer Thermen in Pompeji*

Der Besuch der öffentlichen Bäder war für Aulus und seine Freunde wie für die meisten Römer nicht nur eine willkommene Freizeitbeschäftigung.
Da die überwiegende Mehrzahl der Haushalte in Rom nicht mit Wasser versorgt wurde, dienten die Thermen in erster Linie der Körperpflege.
In der Kaiserzeit konnten die großen, von den Kaisern finanzierten Anlagen bis zu 1600 Besucher gleichzeitig aufnehmen. Sie wurden zum Treffpunkt der Menschen, die Zerstreuung und Abwechslung suchten oder in entspannter Atmosphäre über wichtige Geschäfte verhandeln wollten.
Es gab zahlreiche Räume und Anlagen für das eigentliche Baden:
① apodyterium  *Umkleideraum*
② frigidarium  *Kaltwasserbad*
③ caldarium  *Heißwasserbad*
④ tepidarium  *Lauwarmbad*
⑤ sudatorium  *Schwitzraum*
⑥ natatio  *Schwimmbecken*
Daneben luden Gärten und Plätze für Sport und Spiel (palaestrae), später auch Bibliotheken und Museen zu einem Aufenthalt ein.

Atia in Circo Maximo est.
Cum amicis ludos spectat.
3 Populus Circum clamore complet *(erfüllt)*.
Sed ubi Antonia est?
Antonia in foro est.
6 In basilicā Iuliā bestias spectat.

Ablativ – Ablativ des Mittels – Verwendung der Präpositionen

## 4 Treffpunkte im alten Rom

Zur Bedeutung der kursivgedruckten Wörter vgl. S. 24.

### T Streit in den Thermen

Aulus et Gaius thermas petunt. Ad portas accedunt et intrant. In thermis mercatores adsunt. Mercatores Aulum
3 et Gaium vident; sed amici ad *apodyterium* contendunt, ubi vestes deponunt. Tum per *frigidarium tepidarium* intrant. Ibi Lucium amicum vident et salutant[1]. Sed Lucius
6 tacet.

Gaius (ad Aulum): „Cur Lucius tacet?" Aulus: „Lucius de Atiā cogitat – nam Atiam amat et semper amicam donis
9 delectare vult; tamen Atia Lucium non semper laudat."
Gaius (ad Lucium): „Atia te certe amat, sed dona non semper exspectat! Nam ..."

[1] salūtāre *begrüßen*

Plötzlich ertönt lautes Geschrei. Der Stimme nach ist es der Getränkehändler Quintus, der wieder einmal einen Dieb gefasst hat. Sogleich eilen Aulus, Gajus und Lucius zu dessen Stand:

12 Quintus mercator thermas clamore complet. In turbā stat et cum sene certat[2].

[2] certāre *streiten*

15 Quintus mercator: „Senex vinum sumit, sed pro vino pecuniam dare non vult! Fur est! Fures tantum in thermis sunt!"
18 Aulus et Gaius rident. Aulus: „A! Quintus fures non amat: Mercator est, numquam dona dat." Gaius: „Lucius mercator non est; nam Lucius semper dona dat – Quintus numquam!"
21 Aulus: „Tamen Atia Lucium non laudat, Quintum autem uxor certe semper laudat!"
Nunc etiam Lucius ridet. Tum Aulus et Gaius cum Lucio ad
24 palaestram properant. Ibi cum adulescentibus pilā ludunt[3].

[3] pilā lūdere *Ball spielen*

❶ Bringe die Sätze entsprechend der Handlung von T in die richtige Reihenfolge:
1. In *apodyterio* amici vestes deponunt. 2. Aulus et Gaius thermas petunt. 3. Nam Quintus furem tenet *(hält fest)* et thermas clamore complet. 4. Ad portas accedunt et intrant. 5. In *palaestra* cum adulescentibus pilā ludunt *(spielen Ball).* 6. Tum ad Quintum mercatorem contendunt. 7. In *tepidario* Lucium amicum vident et salutant *(begrüßen).* 8. Denique amici ad palaestram properant.

❷ Sed Lucius tacet. (Z. 5 f.): Erkläre das Verhalten des Lucius. Wie trägt der Zwischenfall mit Quintus dazu bei, Lucius wieder aufzuheitern (Z. 23)?

❸ Vergleicht die Thermen mit unseren Badeanstalten: Was ist anders, was ähnlich, was gleich?

# Ü

Frauen bei sportlicher Betätigung in den Thermen. Römisches Fußbodenmosaik, 3./4. Jh. n. Chr. (Sizilien, Piazza Armerina)

**a** Schreibe aus **T** alle Ablativformen (ggf. mit Präposition) heraus und sortiere sie nach Deklinationsklassen.
Welche Endungen gibt es für den Ablativ? Überprüfe mit Hilfe des Grammatikteiles dein Ergebnis auf Vollständigkeit.

**b** Übersetze und bestimme die Bedeutung des Ablativs:
1. Lucius Atiam donis delectat.
2. Mercatores thermas clamore complent.

**c** Bestimme die Formen nach Kasus und Numerus. Gib zu jeder Singularform den Plural an und umgekehrt.
dona (2) – victoribus – amico – vinum (2) – senatores (2) – muliere – porta (2) – clamor – equos – uxorem – basilicis – ludus – bestiam – foro

**d** Finde den Irrläufer:
vestem – uxorem – tandem – mercatorem
ad – apud – cum – per
clamor – mercator – uxor – senator
sene – senatoribus – taberna – thermae

**e** Ordne zu und übersetze:
in Circo Maximo – in thermis – clamore – cum amicis – in foro – cum senibus – de Atiā
1. Equi ... currunt. 2. Gaius ... ludos spectat. 3. Lucius ... cogitat.
4. Turba ... basilicas spectat. 5. Mulieres basilicam ... complent.
6. Adulescentes ... disputant *(diskutieren)*. 7. Quintus ... vinum vendit.

**f** Übersetze und ordne die Sätze den Personen (a–e) auf der Skizze zu:
1. Cornelia in basilicam properat.
2. Marcus in basilicā stat et forum spectat.
3. Aulus et Gaius ante basilicam stant.
4. Atia cum Lucio ad forum contendit.
5. Apud Rutilium mercatorem simia *(Affe)* est.

IN VINO VERITAS

vēritās *Wahrheit*

# Treffpunkte im alten Rom

## Wasserversorgung und Heizsystem

Der Begriff Thermen leitet sich ab von dem griechischen Wort **thermós** = warm. Das Warm- oder Heißbad war für die Römer eine Selbstverständlichkeit. Sie verstanden es, über ein System von Aquädukten (Wasserleitungen) Wasser aus über 80 km Entfernung in die Hauptstadt zu schaffen. Durch eine besondere Heiztechnik war es möglich, in den einzelnen Baderäumen für die entsprechende Luft- und Wassertemperatur zu sorgen. Dazu benutzte man einen Heizraum (**praefurnium**), von dem die heiße Luft zunächst zum Schwitzbad und dann zu den anderen Räumen strömte. Für die richtige Zirkulation der Heißluft sorgte die sog. Hypokaustenheizung. Wie das genau funktionierte, zeigt dir das nebenstehende Bild.

1. Beschreibe, wie die Räume erwärmt wurden und wohin genau die heiße Luft dabei strömte.
2. Mit welcher modernen Heizung lässt sich das Hypokaustensystem vergleichen?
3. Welche Auswirkungen auf die Natur hatte der riesige Bedarf an Brennmaterial – in der Regel Holz?

---

**WORTSCHATZ**

1. Erkläre die folgenden Fremdwörter und gib die lateinischen Wörter an, von denen sie abgeleitet sind:
Portal – Video – Depot – komplett – Statur – senil – Laudator – Trubel – Kurier – Taverne – Weste – Amateur
2. Nenne lateinische Wörter zu den folgenden Abbildungen:

---

## Zu zweit auf dem Forum

Diu amici in *palaestrā* cum adulescentibus pilā ludunt¹. Tum Lucius amicos relinquit; nam Atia amica in foro est. Lucius ad
3 forum properat. Ante basilicam Iuliam stat, sed amicam non videt. Ubi Atia est? Tandem Atia adest. Lucium in turbā videt et ad amicum accedit. Tum cum Lucio basilicam intrat. In basilicā
6 Lucius et Atia mercatores vident. Mercatores basilicam clamore complent. Etiam Lucium et Atiam vident.
Tum Lucius et Atia per basilicam contendunt, forum intrant.
9 Per forum ambulant²; gaudent et rident.

¹pilā lūdere *Ball spielen*
²ambulāre *spazierengehen*

# 5 Jubel auf dem Forum

Das Forum bildete das Zentrum des antiken Rom. Es war das Herz der Stadt, hier pulsierte das Leben. Neben den großen Basiliken und Göttertempeln befanden sich dort auch die Kurie, in der die Senatoren tagten, und die Rednerbühne (**rostra**). Zum Kapitol hin wurde der Platz durch ein hoch aufragendes Gebäude begrenzt, in dem wichtige öffentliche Dokumente und Schriften aufbewahrt wurden (**tabularium**).
In späterer Zeit kamen weitere Bauwerke hinzu, z. B. der Triumphbogen des Kaisers Severus (9) oder der Vespasian-Tempel (10).

Die übrigen nummerierten Bauwerke (1–8) der Rekonstruktionszeichnung kannst du mit Hilfe des Planes auf der rechten Seite benennen. Schreibe aus einem (Fremdwörter-) Lexikon die Bedeutungen des Wortes **forum** heraus.

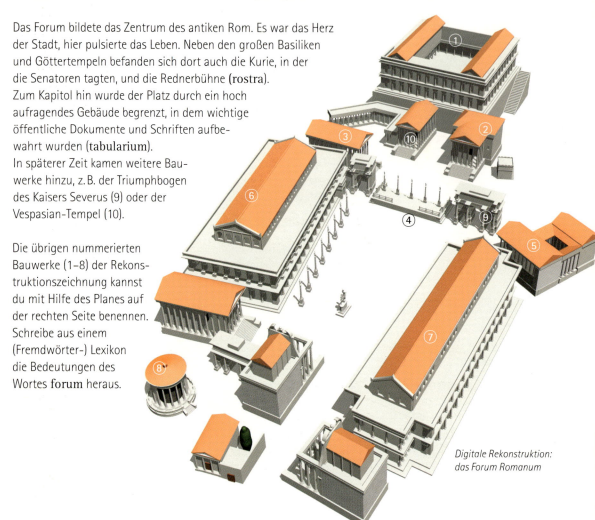

*Digitale Rekonstruktion: das Forum Romanum*

Quintus senem videt. Subito clamorem tollit.
Senex: „Cur clamas? Cur non taces? Fur non sum!"
3 Quintus: „Rideo! Vinum sumis, sed pecuniam non das. Fur es! Vinum vendo, non dona do!"
In *tepidario*:
6 Lucius: „Cur subito tacetis? Cur surgitis? Quo *(wohin)* properatis?"
Aulus et Gaius: „Ad Quintum mercatorem contendimus; nam furem tenet *(hält fest)*!"

1. und 2. Person Präsens – Ablativ des Grundes

## 5 Treffpunkte im alten Rom

### T Jubel auf dem Forum

Hodie Aulus et Gaius ad forum properant. Etiam Atia et Lucius adsunt. Aulus consistere vult, sed Atia: „Ubi es?
3 Cur dubitas? Ad forum currimus! In foro populus senatores exspectat." Aulus: „Ad forum propero et curro, sed non in Circo Maximo sumus! Cur non consistitis? Heus[1], cur non
6 respondetis?" Sed amici non consistunt. Undique turba ad forum contendit. Nam hodie nuntius in curiā est et victoriam nuntiat.
9 Amici forum intrant et curiam petunt. Atia: „Ecce! Iam senatores e curiā ad rostra[2] accedunt." Etiam M. Aquilius senator adest. Repente populus tacet, tum C. Servilius
12 consul nuntiat: „Tandem victoriā gaudere licet! Tandem victores sumus! Gaudemus, quod non iam iniuriis dolemus, quod non iam cum barbaris pugnamus, quod non iam
15 patriam armis defendimus. Deos sacrificio[3] colere debemus; nam nunc sine periculo vivimus!"
Statim populus clamat: „Io triumphe![4]" Etiam amici nuntio
18 gaudent.

[1] heus *he, heda! (Ausruf)*
[2] rōstra *(Pl.) Rednerbühne*
[3] sacrificium *Opfer*
[4] Iō triumphe! *Triumph, Sieg!*

❶ Im ersten Abschnitt von T (Z. 1–8) treten verschiedene Verben eines Wortfeldes gehäuft auf. Nenne die betreffenden Verben und suche einen Überbegriff für das Wortfeld. Welche Stimmung wird dadurch erzeugt?
❷ Der Konsul Servilius formuliert seine Worte besonders nachdrücklich. Sammle Belege dafür aus dem Text seiner Rede (Z. 12–16).
❸ Welche der folgenden Aussagen zu T sind richtig, welche falsch? Berichtige die falschen Aussagen, indem du jeweils einen mit T übereinstimmenden lateinischen Satz formulierst.
1. Aulus et Gaius ad forum contendunt.
2. Lucius et Atia in Circo Maximo sunt.
3. In curiā nuntii sunt.
4. Etiam M. Aquilius apud senatores stat.
5. Barbari victores non sunt; tandem arma deponunt.
6. Populus periculo gaudet.
❹ Wenn du wissen willst, was in deinem Land und in der Welt geschieht, wie informierst du dich?
Was konnte/musste ein Römer tun, wenn er sich darüber informieren wollte?
❺ Vergleicht die Zentren unserer Städte mit dem Forum Romanum des antiken Rom: Was ist anders, was ähnlich?

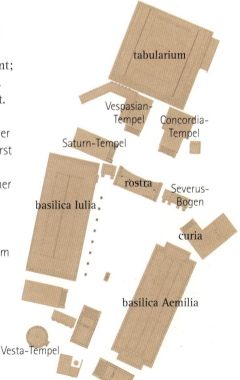

*Plan des Forum Romanum*

**a** In **T** begegnen dir viele neue Verbformen. Suche alle Verbformen der 1. und 2. Person heraus und sortiere sie nach Konjugationsklassen. Vervollständige die jeweilige Formenreihe durch die anderen Personalformen.

**b** In Lektion 4 hast du den Ablativ des Mittels kennengelernt. Untersuche die Ablative von **T**, Z. 12–18 (victoriā – iniuriis – armis – sacrificio – nuntio): Welche bezeichnen ein Mittel? Was wird durch die anderen angegeben?

**c** Bei den folgenden Formen fehlt jeweils ein Buchstabe der Endung. Ergänze ihn und bestimme jede Form. Achtung: Bei einigen Formen gibt es mehrere Lösungen.

mercator- **?** m       port- **?** e
for- **?** m            sen- **?** s
amic- **?** s           consul- **?** bus
curi- **?** m           victor- **?**

**d** Setze die Singularformen in den Plural und umgekehrt. Übersetze dann:
amicus adest – uxores donis delectamus – senator es – ad mercatorem contendis – cum uxoribus intrant – deum sacrificio *(Opfer)* colo – bestiam vides – aedificium specto

**e** Setze die in Klammern stehenden Substantive in die richtige Form, sodass eine Geschichte entsteht. Achte dabei auf den richtigen Numerus und verwende, wenn nötig, auch passende Präpositionen. Übersetze dann.
1. Nunc Aulus (Circus Maximus) est et (ludus) spectat. 2. Etiam (amicus) adsunt. 3. Tum (equus) currunt. 4. Populus (ludus) gaudet. 5. Amici (Syrus victor) laudant. 6. Repente (Lucius) surgit et (Circus Maximus) (forum) contendit. 7. Ibi Lucius (Atia) (basilica Iulia) intrat.

**f** Übersetze die folgenden Formen:
ich verlasse (8.) – wir kommen heran (1.) – wir schweigen (1.) – geben (3.) – ihr seid (5.) – du rennst (3.)
Die in Klammern angegebenen Ziffern bezeichnen die Buchstaben der lateinischen Formen, die in der richtigen Reihenfolge einen wichtigen Bereich des Forums benennen.

---

**Paolo alla curia**
**Al Foro Romano**
1. Paolo entra nel foro, vede la curia. Paolo:
2. „Sono davanti alla porta della curia.
3. Vedo i senatori.
4. I senatori mi salutano.
5. Entro nella curia."

Welche lateinischen Wörter erkennt ihr in den italienischen Sätzen?
Schreibt das italienische und das lateinische Wort jeweils nebeneinander.
Übersetzt die Sätze ins Deutsche.

LATEIN LEBT

---

**Wir spielen „Formenball"**
Ein Spieler erhält einen kleinen Ball und übersetzt die erste der folgenden Formen. Anschließend wirft er den Formenball einem beliebigen Mitschüler zu. Dieser bildet zur selben Form den Infinitiv. Der Spieler, dem der Ball dann zugeworfen wird, übersetzt die zweite Form usw.
Wie schnell schafft ihr es, als Team die ganze Reihe durchzuspielen?
taceo – vivunt – pugno – estis – curritis – tollis – damus – respondent – es – rogas – surgimus – sumo – sum – doles – defendit – videmus – sumus – intratis – stant – gaudet

## 5 Treffpunkte im alten Rom

Wähle die richtige Übersetzung. Begründe deine Entscheidung, indem du die Fehler der anderen genau aufspürst.

**Populus, quod consul victoriam nuntiat, gaudet et forum clamore complet.**

1. Das Volk freut sich über den Konsul, weil er den Sieg verkündet, und erfüllt das Forum mit Jubelgeschrei.
2. Das Volk freut sich, weil der Konsul den Sieg verkündet, und erfüllt das Forum mit Jubelgeschrei.
3. Das Volk freut sich, weil der Konsul den Sieg verkündet und das Forum mit Jubelgeschrei erfüllt.
4. Weil der Konsul den Sieg verkündet und sich freut, erfüllt das Volk das Forum mit Jubelgeschrei.

*Die Kurie im heutigen Zustand*

### Paul im Senat

Wie immer sitzt Paul im Unterricht neben Barbara. Sie haben Latein. Paul liebt die Antike, am liebsten wäre er selbst Römer. Angestrengt betrachtet er das Bild des Forum Romanum und taucht in seine eigene Vorstellungswelt ...

Subito Paulus forum et basilicas et curiam videt. Paulus: „A! In foro sum! Ecce, ibi curia est: Porta patet.
3 Ad curiam accedo, ante portam consisto. Senatores video: In curiā sedent[1] et clamant; subito autem surgunt, me[2] salutant[3]. Curiam intro. Senatores: ‚Tandem ades! Cur accedere dubitas?'
6 Et ego[4]: ‚Cur curiam clamore completis?' Senatores: ‚Tandem victoriam nuntiare licet! Victores sumus, iniuriis non iam dolemus!'
9 Diu nuntio gaudemus. Tum e curiā ad forum propero. In turbā sto, basilicas specto. Etiam Barbaram video: Cum amicis per forum contendit. Subito Barbara me[2] videt et clamorem tollit:
12 'Nicht träumen, Paul! Aufpassen!'"

[1] sedēre *sitzen*
[2] mē *mich*
[3] salūtāre *begrüßen*
[4] egō *ich*

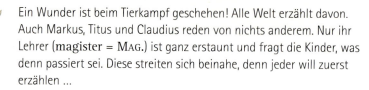

Ein Wunder ist beim Tierkampf geschehen! Alle Welt erzählt davon. Auch Markus, Titus und Claudius reden von nichts anderem. Nur ihr Lehrer (**magister** = MAG.) ist ganz erstaunt und fragt die Kinder, was denn passiert sei. Diese streiten sich beinahe, denn jeder will zuerst erzählen …

MAG.: Quid est? Cur non tacetis? Clamores non amo! Quis respondere vult?

Endlich beruhigen sich die Kinder etwas und berichten gemeinsam von den Geschehnissen:

3 CLAUDIUS: Cum amicis in Circo sum, nam ludos spectamus. Turba adest; bestias iam exspectamus.
MARCUS: Nunc servi cum sene Circum intrant; tum senem
6 relinquunt.
TITUS: Senex tacet et populum spectat. Sine armis in Circo stat.
MARCUS: Statim turba Circum clamore complet: „Ubi bestiae sunt,
9 ubi leones¹ sunt?"
CLAUDIUS: Repente portae patent: Leones in Circum currunt, senem vident, consistunt.
12 MARCUS: Senex periculum videt – tamen cum bestiis pugnare non vult, sed mortem² exspectat.
TITUS: Nunc unus e³ leonibus senem diu spectat. Tum ad senem
15 accedit et eum⁴ contingit⁵ …
CLAUDIUS: … et populus subito non iam clamat, sed tacet; leonem et senem spectat: „Cur leo senem non appetit⁶?"
18 TITUS: Nunc etiam senex leonem spectat; subito gaudet et ridet et leonem contingit.
MARCUS: Nunc ceterae⁷ bestiae senem appetunt; leo autem senem
21 defendit. Denique servi accedunt et bestias e Circo abducunt⁸.
CLAUDIUS: Populus autem surgit et gaudet et clamat, nam leo et senex amici sunt.

¹leō, leōnem *m Löwe*

²mors, mortem *Tod*
³ūnus ē *einer der/von*
⁴eum *ihn*
⁵contingere *berühren*
⁶appetere *angreifen*

⁷cēterae *(Nom. Pl.) die übrigen*
⁸abdūcere *wegführen*

Natürlich, so die Schüler weiter, wollte alle Welt wissen, warum der Löwe den Mann verschonte. Später habe Androklus – so hieß der Mann, ein ehemaliger Sklave – Folgendes erzählt: In Afrika sei er von seinem Herrn sehr schlecht behandelt worden und deshalb geflohen; schließlich habe er in einer einsam gelegenen Wüstenhöhle Unterschlupf gefunden; plötzlich sei jener Löwe dort aufgetaucht und habe ihm seine blutige Pfote hingehalten, in der tief ein spitzer Dorn steckte; er habe den Löwen von dem Dorn befreit und die Wunde geheilt; später habe der Löwe auf die Jagd gehen können und die Beute mit ihm geteilt; als der Löwe wieder einmal abwesend war, habe Androklus schließlich – weil er dieses wilde Leben nicht länger führen wollte – die Höhle verlassen; schon bald aber sei er gefangen und zu seinem Herrn zurückgebracht worden; dieser habe ihn mit dem Schiff nach Rom bringen und zum Kampf mit

wilden Tieren verurteilen lassen; durch Zufall müsse auch jener Löwe gefangen und nach Rom gebracht worden sein; nun habe er sich auf diese Weise bei Androklus für die früheren Dienste bedanken können. Im Übrigen erlangte Androklus die Freiheit und der Löwe wurde ihm zum Geschenk gemacht. Später konnte man die beiden noch oft beim Spaziergang sehen, und alle, die ihnen begegneten, riefen unwillkürlich: „Dies ist der Löwe, der sich als Gastfreund dieses Menschen, und dies der Mensch, der sich als Arzt dieses Löwen erwies."

Androclus (2x) – Androclum (1x) – leo (Löwe) – leonem (4x) – leone – bestia – amicus – forum – turba (2x) – turbam – donis – periculo accedere – ambulare (gehen) – consistere – delectare – dubitare – ecce – esse – gaudere – intrare – laudare – licet – spectare ad – cum – per – sine et – non – quod – statim – etiam – denique

## Knifflige Übersetzung

Erstellt den lateinischen Text, indem ihr für die Übersetzung die in der Randspalte angegebenen Wörter verwendet. Achtung: Manche Wörter müsst ihr mehrfach verwenden. Die Verben müssen noch in die korrekte Form gesetzt werden. Kontrolliert am Ende, dass kein Wort übriggeblieben ist und die Verben in der richtigen Form stehen.

1. Androklus betritt mit dem Löwen das Forum. 2. Sofort bleibt eine Menschenmenge stehen (macht halt) und betrachtet den Löwen ohne Gefahr. 3. Androklus lobt den Löwen: 4. „Schaut, das Tier zögert nicht durch die Menschenmenge zu gehen; auch darf man (es ist erlaubt) zu dem Löwen hingehen (herbeikommen). 5. Ich freue mich, dass der Löwe mein° Freund geworden° ist." 6. Schließlich erfreut die Menschenmenge Androklus und den Löwen mit Geschenken.

Gladiator (*bestiarius*) im Kampf gegen einen Tiger, Mosaik aus dem 4. Jh. n. Chr. (Rom, Villa Borghese)

## Das haben wir gelernt

Die ersten Lektionen haben dir gezeigt, wo sich die Römer gerne aufgehalten haben, welche Orte und Gebäude für ihren Tagesablauf wichtig waren. Immer wieder steht das Forum im Mittelpunkt der Ereignisse. Dort ist das Zentrum des politischen und öffentlichen Lebens der Römer. Um Neuigkeiten zu erfahren, Freunde zu treffen, Einkäufe zu erledigen, muss man sich dorthin begeben.
Gibt es auch in deinem Leben, in deiner Stadt solch einen Mittelpunkt? Vergleiche die heutigen Verhältnisse mit denen im alten Rom.

**a** Füge zu sinnvollen Sätzen zusammen:

In thermis – In basilicā – Ad curiam – In foro – In Circo Maximo

vinum – victoriā – agitatores *(Wagenlenker)* et equos – M. Aquilium senatorem – bestias

Aulus – populus – amici et amicae – mulieres – Quintus mercator

spectant – videt – gaudent – vendit – exspectat

**b** Welche Gebäude sind hier abgebildet?
Nenne die lateinischen Bezeichnungen.

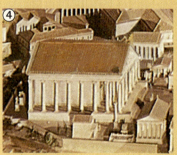
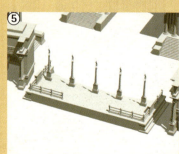
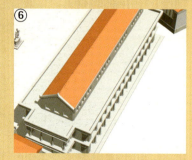

**c** Führe die folgenden Begriffe auf lateinische Verben zurück:
Lizenz – Petition – Laudatio – Klamauk

# Menschen wie du und ich?

**Zu Hause bei Publius**

In den folgenden Lektionen begleiten wir Publius, den Sohn des Senators Marcus Aquilius Florus, in einem für ihn wichtigen Lebensabschnitt, der auch mit einem großen Fest begangen wird.

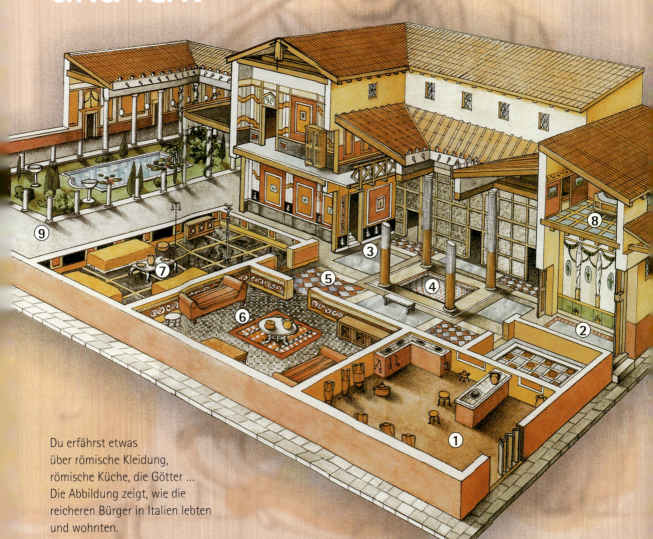

Du erfährst etwas über römische Kleidung, römische Küche, die Götter … Die Abbildung zeigt, wie die reicheren Bürger in Italien lebten und wohnten.

① taberna  *Geschäft, Lokal*
② faucēs  *Flur*
③ ātrium  *Atrium (Eingangshalle)*
④ impluvium  *Wasserbecken*
⑤ āla  *Seitenraum im Atrium*
⑥ tablīnum  *Empfangs-, Arbeitszimmer*
⑦ triclīnium  *Speiseraum*
⑧ cubiculum  *Schlafraum*
⑨ peristȳlium  *Säulengang mit Garten*

🔷 Vergleicht diese Anlage eines römischen Hauses mit unseren Wohnverhältnissen.

# 6 Vorbereitung eines großen Festes

## Die Küche der Römer

Als Roms Einwohner noch meist Bauern waren und auf den Feldern arbeiteten, ernährten sie sich von dem, was der Boden hergab. Sobald Menschen aus anderen Gegenden und Ländern zuzogen, wurden die fremden Einflüsse auf die römische Esskultur immer größer. Wer es sich leisten konnte, besorgte sich auf den Märkten vielfältige Zutaten für eine gehobene Küche. Brot und viele Sorten von Gemüsen, die auch wir kennen, waren Grundnahrungsmittel.

Man begann Speisefische und Austern zu züchten und mästete Gänse, Pfauen und Schnecken. Aus dem Osten des römischen Reichs kamen exotische Gewürze zur Verfeinerung der Speisen.

Die wichtigsten Informationen über die anspruchsvolle Küche der römischen Kaiserzeit erhalten wir aus dem Kochbuch des Apicius (3./4. Jh. n. Chr.) mit ca. 500 Rezepten. Darin erfahren wir, dass die Römer mindestens 80 Gewürze kannten, von denen man 60 im Haus haben sollte. Sehr beliebt waren auch Obst und Nüsse, die zu jeder Mahlzeit gehörten.

Fleisch kam bei den einfachen Leuten nur an Festtagen auf den Tisch. Am häufigsten aß man Schwein, erst später gab es auch Rind-, Ziegen- und Lammfleisch. Sehr beliebt waren Innereien und Würste. Bei den Reichen kamen auch Wild, Geflügel und Fisch auf den Tisch. Bei der Aufzählung all dieser Nahrungsmittel vermisst ein Mensch unserer Zeit besonders zwei Stoffe: Zucker und Salz. Zum Süßen verwendete man fast ausschließlich Honig, daneben auch Dattel- oder Feigensirup. Unser Speisesalz war in Rom sehr selten und teuer.

Es wurde fast ausschließlich zum Konservieren von Lebensmitteln verwendet. Zum Salzen in unserem Sinne gab es eine Art Flüssigsalz mit Fischgeschmack, das aus eingesalzenen Sardellen und Sardinen hergestellt und in Amphoren abgefüllt wurde.

**G** Achte in den folgenden Sätzen auf das Satzzeichen (!):

Aulus et amici ad forum currunt.
Sed Aulus consistere vult.
3 Aulus clamat: „Consistite, amici! Cur me *(mich)* non exspectatis? Respondete!"
Atia: „Propera, Aule!"
6 Ad amicos: „Exspectate Aulum!"

Vokativ – o-Deklination auf -er – Imperativ

## 6 Römisches Alltagsleben

*Die Bedeutung der kursiv-gedruckten Wörter kannst du den Abbildungen hier und auf S. 35 entnehmen.*

### Vorbereitung eines großen Festes

Im Haus des Senators Marcus Aquilius Florus herrscht große Aufregung. Denn ein Fest zu Ehren von Publius, dem 15-jährigen Sohn des Senators, wird vorbereitet, und alle Sklaven werden mit bestimmten Aufgaben betraut. Dazu wendet sich die Herrin des Hauses, Cäcilia, an Sitticus, den Aufseher der Sklaven.

Caecilia in *atrio* stat et Sitticum servum vocat: „Propera, Sittice! Nam convivas[1] exspectamus. Servos in *atrium* mitte!"
3 Sitticus servos ad dominam mittit.
Domina: „Emite in foro *mala* et *ova*, *pisces* et *panem*!"
Tum servas vocat: „Parate *triclinium*! Ornate mensas
6 floribus[2]!"
Etiam in culina[3] servi laborant. Ibi Davus coquus[4] cum servis cenam parat. Coquus iubet: „Puellae, parate *olivas*
9 et *caseum*! Adeste, pueri! Ades et tu, Afra!"
Caecilia ex *atrio* in culinam properat, coquum laudat: „Bene, Dave!"
12 Iam liberi matrem vocant: „Mater, in *cubiculo* te exspectamus."
Domina *cubiculum* intrat; liberos et Melissam servam videt, tum iubet: „Ostende vestes, Melissa!" Domina
15 vestes spectat, vestes autem non placent.
Statim Melissa: „Ancus mercator vestes vendit. Domina, servum ad Ancum mercatorem mitte!"
18 Paulo post Ancus cum servis aedes intrat; servi vestes portant.
Ancus: „Salve, Caecilia! Salve, Melissa! Spectate vestes!"

[1] convīva *Gast*
[2] flōs, flōrem *Blume*
[3] culīna *Küche*
[4] coquus *Koch*

māla

olīvae

ōva

piscēs

pānis

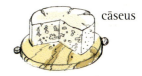
cāseus

❶ Römische Frauen verbrachten die meiste Zeit zu Hause. Sie mussten sich um den Haushalt kümmern, die Sklaven beaufsichtigen und die Kinder erziehen. Das Ansehen der Frau und ihre Stellung hingen von der Position ihres Mannes ab. Frauen aus reichen Familien konnten viele ihrer Aufgaben Sklaven übertragen und beaufsichtigten dann diese. Notiere aus **T**, welche Aufgaben Cäcilia, die Gattin des Senators Aquilius, zu erledigen hat. Vergleiche das Ergebnis mit dieser kurzen Sachinformation über die Stellung der römischen Frau. Welche Gesichtspunkte werden in **T** nicht genannt?

❷ Verteilt die Rollen von **T** und spielt die Szene nach.

❸ Paul und Barbara sind während der Sommerferien nach Italien gefahren. Als sie über einen Wochenmarkt schlendern, fallen ihnen einige Preisschilder auf. Welche Waren sind auf der unten abgebildeten Tafel gemeint? Gib mit Hilfe der Bilder zu **T** die deutschen Bezeichnungen an.

mele kg 1 €
10 uova 1 € 30 ct.
pane kg 1 € 50 ct.
pesce di mare kg 11 € 30 ct.
olive ½ kg 4 €

**a** Schreibe aus **T** die Formen der Eigennamen heraus, mit denen eine Person angesprochen wird. Was fällt dir auf, wenn du die Formen mit dem Nominativ vergleichst?

**b** Ordne die Imperative, die in **T** enthalten sind, den entsprechenden Konjugationsklassen zu.

**c** Schreibe aus **T** alle Adverbialien mit Präposition heraus.
Ordne nach Präpositionen mit dem Akkusativ und dem Ablativ.

**d** Endbuchstabe –e!
Ordne die Verben nach Singular und Plural.
Welche Wörter kannst du nicht zuordnen? Warum?
emite – serve – curre – mitte – victore – relinque – portate – depone – complete – pete – consistite – tace – gaudete

**e** Formen, wandelt euch!
properat → Plural → 1. Person → Singular → 2. Person → Imperativ
○ Übersetzung
curris → 3. Person → Plural → Imperativ → Singular → 1. Person
○ Übersetzung
gaudemus → 2. Person → Singular → 1. Person → 3. Person → Plural → Imperativ  ○ Übersetzung

**f** Wo sind die Vokale geblieben? Du hast die Wahl zwischen
a – e – i – u.
curr **?** s        orn **?** s
proper **?** tis    em **?** nt
compl **?** mus     defend **?** mus
mitt **?** nt       depon **?** t
pugn **?** t        pat **?** nt

**g** Übersetze:
Sitticus ist ein strenger Aufseher, der alle Tricks seiner Sklaven kennt. Das muss auch Hilarus, ein junger Sklave aus Gallien, erkennen.
1. Servi per *atrium* currunt, quod Aquilius et Caecilia convivas *(Gäste)* exspectant.  2. Sed Sitticus Hilarum servum non videt. Ubi est Hilarus?  3. Hilarus in *cubiculo* est, quod laborare non vult.  4. Sitticus Hilarum videt et clamat: „Hilare! Curre in *triclinium*! Labora!"

*Neben Ton- und Silbergeschirr verstanden es die Römer auch, aus Glas Gefäße herzustellen. Eines der kostbarsten ist das sog. Diatretglas aus Köln (1. Hälfte 4. Jh. n. Chr.). Solche Gläser wurden meist als Lampen verwendet und zeigten, von innen beleuchtet, dem Betrachter ihr Farbenspiel.*

Wir üben Imperativ und Vokativ: Ein Schüler spielt die Hausherrin Cäcilia, ein zweiter eine Sklavin oder einen Sklaven.
Die Hausherrin gibt Befehle, die der Bedienstete ausführen und kommentieren muss. Ein dritter Mitspieler beschreibt, was er sieht.
Beispiel: 1. Intra, serve!
2. (Der Sklave tritt ein.) Intro.
3. Servus intrat.

## 6 Römisches Alltagsleben

**h** Diese römische Tonlampe aus dem Kunsthistorischen Museum in Wien zeigt, dass ärmere Leute sich nur von einfachen Nahrungsmitteln ernähren konnten.
Eine Inschrift umrundet die Darstellung eines Körbchens, in dem Lebensmittel, die auch in der Inschrift genannt werden, liegen.
Die Inschrift lautet:
PAVPERIS CENA PANE(M) VINV(M) RADIC(EM)
das heißt: die Hauptmahlzeit eines Armen besteht aus Brot, …

Die letzten beiden Wörter der Inschrift kannst du vielleicht selbst übersetzen; auch das Bild auf der Lampe kann dir dabei helfen.

[1] culīna  *Küche*

[2] potest  *er, sie, es kann*

[3] amphora  *Amphore (großes Tongefäß, in dem Flüssigkeiten aufbewahrt wurden)*

[4] stupēre  *staunen*

### Z  Ein großer Auftrag

Theodorus servus cum Athenodoro servo in culina[1] stat.
Subito Sitticus culinam intrat: „Theodore, Athenodore, accedite!
3 Quintus mercator vinum in aedes portare non potest[2]. Itaque currite ad Quintum et vinum portate!"
Statim Theodorus et Athenodorus ad tabernam contendunt.
6 Quintus ante tabernam stat et servos iam exspectat. Theodorus cum Athenodoro tabernam intrat. Ibi amphoras[3] vident et stupent[4]. Quintus rogat: „Cur dubitatis?" …

# 7 Eine Toga für Publius

A

B

C

Ancus, der Tuch- und Kleiderhändler, hat in seinem Geschäft am Rande des Forums eine große Auswahl an Kleidungsstücken für Männer und Frauen. Gerne zeigen seine Sklaven den Kunden die verschiedenen Stoffe.
Lucius Hortensius und seine Frau Paulla sind gerade bei Ancus, um sich neu einzukleiden. Während sich Paulla noch die verschiedenen Stoffe ansieht, wird Hortensius schon von Ancus beraten: „Diese Tunika (A) ist sehr robust und hält im Winter auch recht warm, da sie aus Wolle gearbeitet ist."
„Dafür ist sie auch teurer als die anderen", brummt Hortensius.

„Nun, sie ist aber auch von guter Qualität." „Wie lange behalten denn die Tuniken ihre Farbe?", fragt Hortensius listig. „Wann ist die Farbe verblasst?" „Diese behalten ganz lange ihre Farbe, sie werden mit ausgesuchten Pflanzenfarben behandelt", beeilt sich Ancus freundlich zu antworten. „Nur billige Ware verliert nach häufigem Waschen ihre Farbe." Nach kurzem Überlegen meint Hortensius: „Ich nehme doch eine Tunika aus ungefärbter Wolle. Dann brauche ich noch eine Toga (B)." – „Ich habe hier sehr schöne, fein gesponnene und gewebte Togen, die gut zu deiner neuen Tunika passen. Möchtest du sie anprobieren?" Schon beginnen zwei Sklaven, Hortensius fachgerecht in die ca. 6 m lange Toga zu hüllen. Geschickt legen sie die Stoffbahn so um Hortensius, dass er in kurzer Zeit vollendet gekleidet vor seiner Frau steht.
„Du siehst hervorragend aus, edler Hortensius", schmeichelt Ancus und schon hat er die Toga verkauft.
„Womit kann ich dir dienen?", wendet sich Ancus nun an Paulla. Hortensius ahnt, was kommt, und seufzt tief. „Sieh nur!", beginnt Paulla, „ich habe meine Tunika schon angezogen. Dazu brauche ich dringend eine neue Palla (C)." Ancus bewundert gebührend den weich fallenden Wollstoff, den Paullas Sklavin am Morgen geschickt unter der Brust und um die Taille ihrer Herrin gegürtet hat. Er überlegt kurz und sagt dann: „Ich habe aus Kleinasien wunderschöne zarte Stoffe für eine leichte Palla hereinbekommen. In einige Stoffe sind auch Goldfäden eingewebt." Schnell legen die Sklavinnen Paulla die neuen Modelle vor. Ganz entzückt streicht sie über die feinen Stoffe. Bei dem Wort „Goldfäden" ist Hortensius in Gedanken an seinen Geldbeutel schon nervös zusammengezuckt. Paulla entscheidet sich schließlich für eine zartblaue Palla ohne Gold.

## G  WESSEN?

Melissa vestes ostendit.
3 Melissa vestes servi/servorum ostendit.
Melissa vestes dominae/dominarum ostendit.
Melissa vestes senatoris/senatorum ostendit.

6 Porta aedificii patet.
Portae aedificiorum patent.

Genitiv – velle, nolle – Genitiv der Zugehörigkeit

# 7 Römisches Alltagsleben

## Eine Toga für Publius

Ancus, der Tuch- und Stoffhändler, hat den Sklaven, der aus dem Haus des Aquilius geschickt worden war, sofort begleitet und eine Vielzahl seiner Modelle mitgebracht.

Servi Anci mercatoris circiter viginti vestes in *cubiculum* dominae portant. Etiam liberi adsunt et vestes spectare
3 volunt. Caecilia ad Ancum et ad servos Anci accedit et iubet: „Ostendite vestes! Nam sacrum et convivium paramus. Itaque vestes emere volo. Primo autem ostendite
6 togas et tunicas!"
Mercator verbis Caeciliae gaudet et dicit: „Videte copiam togarum et tunicarum."
9 Caecilia Publium ad consilium admittit: „Publi, ecce togas viriles¹!" Cum Publio filio togas Anci spectat, attingit, probat. Ancus ad Publium accedit: „Nonne togam sumere² vis?"
12 Publius gaudet, libenter³ togam induere⁴ vult. Statim servi accedunt, paulo post Publius auxilio servorum togam sumit. Mater filium spectat et gaudet: „Nunc togam virilem geris!"
15 Tum Ancus Caeciliam et Aquiliam filiam vocat: „Nunc spectate vestes mulierum! Nonne stolas⁵ et tunicas sumere vultis?" Statim mater filiaque oculos in vestes convertunt.
18 Tunicam cum tunica componunt. Itaque in cubiculo remanent. Publius autem cubiculum matris relinquit et ad patrem contendit. Etiam pater toga filii gaudet.

¹ toga virīlis, togam virīlem *(Akk.)* Männertoga
² togam sūmere die Toga anlegen
³ libenter gern
⁴ induere anziehen
⁵ stola Stola

❶ Beschreibe mit deinen Worten, welches Fest hier gefeiert werden soll. Mit welchem unserer Feste ist es vergleichbar?
❷ Für Publius hat dieses Fest eine große Bedeutung. Wie ist das am Text beweisbar?
❸ Als Cäcilia ihren Sohn in der Toga sieht, heißt es: Mater filium spectat et gaudet: „Nunc togam virilem geris!" Was empfindet Cäcilia beim Anblick ihres Sohnes?

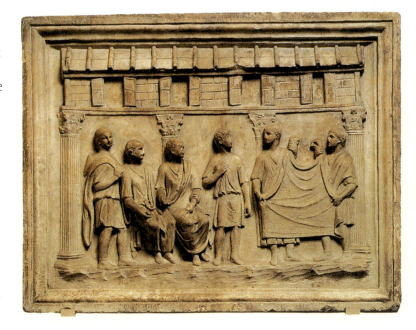

*Ein Stoffhändler lässt von seinen Sklaven verschiedene Kleidungsstücke vorführen. Die Kunden betrachten aufmerksam die Modenschau. Römisches Relief (Rom, Museo della Civiltà Romana)*

**Ü**

**a)** In **T** lernst du das Verb **velle** kennen. Erstelle eine nach Numerus und Personen geordnete Liste aller Formen. (Eine Form musst du noch selbst bilden.)

> AMICI IDEM
> VOLUNT ET NOLUNT.
>
> idem *dasselbe*

**b)** Übersetze die Sätze und erstelle eine Konjugationstabelle aus den Verbformen von **nolle** – *nicht wollen*.
1. „Cum Aulo ludos in Circo spectare vis, Antonia." – „Nolo."
2. „Cur amicos exspectare non vis, Aule?"
3. „Atia simias *(Affen)* emere vult." – „Non vult."
4. „Thermas petere vultis, pueri." – „Nolumus."
5. „Cur amphoras *(große Krüge)* portare non vultis, servi?"
6. Pueri forum intrare nolunt, quod ibi turbam vident.

**c)** Ordnung muss sein!
Lucius hat alle Formen durcheinandergebracht. Suche die Genitive heraus. Ordne sie nach Singular und Plural.

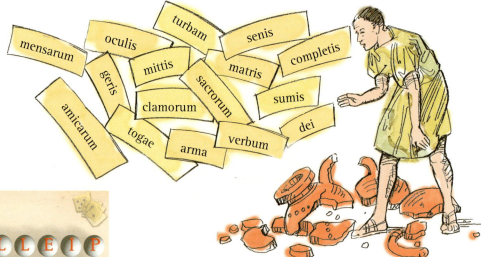

turbam, oculis, senis, mensarum, mittis, completis, geris, matris, sacrorum, amicarum, clamorum, sumis, togae, verbum, dei, arma

Ihr findet auf den Kugeln (waagerecht und senkrecht) fast alle bisher bekannten Formen von **esse** und **velle**. Welche Form fehlt?

**d)** Pingpong der Wörter
Rücke immer einen Kasus bzw. eine Person weiter, wenn du über das Netz schlägst. (Manchmal gibt es mehrere Möglichkeiten.)
Beispiele: **volo** (1. Pers.) – **vis** (2. Pers.)
　　　　　**clamor** (Nom.) – **clamoris** (Gen.)

volumus –
matrem –
dico –
oculus –
ridemus –

consules – (2)
vis –
mercatorem –
consilium – (2)
puellam –

# 7 Römisches Alltagsleben

Der Genitiv kommt meistens als Attribut vor. Er braucht also ein Bezugswort, von dem er abhängt. Der Genitiv kann im Lateinischen vor und nach dem Bezugswort stehen.
Übersetze und benenne das Bezugswort:

Atia dona amici spectat.

Per Circum Maximum Syri equi currunt.

Melissa in cubiculo dominae est.

Caecilia mercatoris servos vocat.

In einem Katalog wird dieses Fresko aus Pompeji (1. Jh. n. Chr.) so vorgestellt:
Es zeigt eine junge Frau aus vornehmem Hause ...
- Woran kann man erkennen, dass die junge Frau aus einer vornehmen Familie stammt?
- Erkläre kurz anhand der Abbildung und der Grabinschrift, worauf vornehme Römer bei der Erziehung der Mädchen Wert legten.

Ihr habt in den letzten Lektionen Cäcilia, die Mutter des Publius, als Hausfrau mit vielen verantwortungsvollen Aufgaben kennengelernt. Leider gibt es nur wenige Informationen über römische Frauen in antiken Schriften – einiges ist uns aus Grabinschriften bekannt. Ein Ehemann hat seiner Frau folgende Inschrift gewidmet:

Kurz, Wanderer, ist mein Spruch; halt an und lies ihn.
Es deckt der Grabstein eine schöne Frau.
Ihre Eltern nannten sie Claudia;
Aus ganzem Herzen liebte sie ihren Mann;
Zwei Söhne gebar sie; einen ließ sie auf Erden zurück;
Den andern barg sie in der Erde.
Sie führte geistreiche Gespräche und hatte einen anmutigen Gang.
Sie kümmerte sich sorgsam um Haushalt und Kleidung.
Ich bin zu Ende. Geh!

## Beim Einkaufsbummel

Hodie Marcus cum Lydia amica in foro ambulat[1]. Fenestras tabernarum[2] spectant, nam Marcus bracas[3] emere vult. Tum emporium[4] intrant. Scalis versatilibus[5] partitionem[6] vestium petunt.
Marcus bracas spectat, attingit, probat; Lydia autem in partitionem computatrorum[7] contendit. Tandem Marcus bracas emit.
Nunc amicus et amica computatra vident et probant.
Paulo post ad tabernam properant et isicium[8] Hamburgense emunt.

[1] ambulāre  spazierengehen
[2] fenestra tabernārum  Schaufenster
[3] brācae (Pl.) Hose
[4] emporium  Kaufhaus
[5] scālae versātilēs  Rolltreppe
[6] partītiō  Abteilung (im Kaufhaus)
[7] computātrum  Computer
[8] isīcium  Frikadelle

# 8 Das große Fest (I)

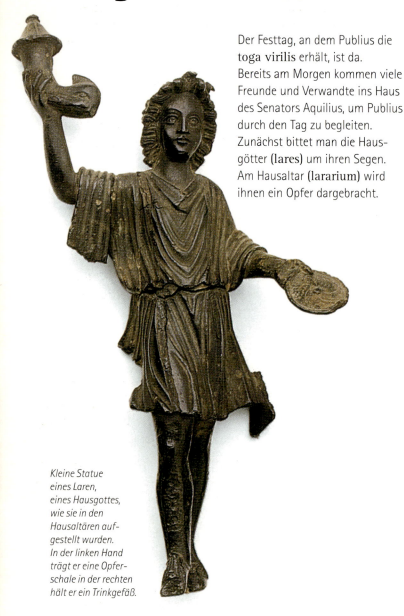

*Kleine Statue eines Laren, eines Hausgottes, wie sie in den Hausaltären aufgestellt wurden. In der linken Hand trägt er eine Opferschale in der rechten hält er ein Trinkgefäß.*

Der Festtag, an dem Publius die **toga virilis** erhält, ist da. Bereits am Morgen kommen viele Freunde und Verwandte ins Haus des Senators Aquilius, um Publius durch den Tag zu begleiten. Zunächst bittet man die Hausgötter (**lares**) um ihren Segen. Am Hausaltar (**lararium**) wird ihnen ein Opfer dargebracht.

Cäcilia sieht ihren Sohn am Altar stehen und denkt an Stationen ihres Lebens zurück, die vom Segen der Hausgötter begleitet wurden. Als feststand, dass sie Aquilius heiraten würde, opferte sie den Laren ihre Puppe und ihr Spielzeug zum Zeichen, dass ihre Kindheit nun vorbei war. Sie lächelt, als ihr einfällt, wie lange sie ihre Puppe noch vermisst hat. Wie glücklich war sie, als anlässlich der Geburt von Publius ein Schwein geopfert wurde, um den Schutz der Laren für ihren Sohn zu erbitten. Auch einige Jahre später, bei Aquilias Geburt, opferten sie ein Schwein.

Der Freigelassene Decimus Aquilius, der lange Jahre Sklave im Hause war und jetzt einen Töpferbetrieb leitet, erinnert sich an seine Freilassung. Nach einer feierlichen Zeremonie hatte er hier seine Sklavenkette abgelegt. Es war der glücklichste Tag seines Lebens!

Natürlich ist auch Aquilius stolz auf seinen Sohn, der sich in die lange Reihe der Männer der **gens Aquilia** einreihen wird. Aquilius´ Blick fällt auf die vielen kleinen Schränke, die alle die Form eines Tempels haben und nebeneinander an den Wänden angebracht sind. Hier werden die Porträtmasken der Verstorbenen aufbewahrt. Inschriften verkünden ihre Titel und Ämter. Sein sehnlichster Wunsch ist, dass auch Publius einmal zu großen Ehren kommen wird.

 Vergleiche die Verbformen:
Aulus ad Circum Maximum currit.
3 Etiam Lucius ad Circum Maximum venit.
Aulus: „Ad Circum Maximum curro."
Lucius: „Etiam ego *(ich)* ad Circum venio."
6 Amici ad Circum Maximum veniunt; nam ibi
Syrum agitatorem *(Wagenlenker)* exspectant.

Erweiterung 3. Deklination – ī-Konjugation

## 8 Römisches Alltagsleben

¹salūtāre *begrüßen*

²toga virīlis *Toga des Mannes*

³bulla *Amulett (das ein Kind vor Gefahren beschützen sollte) s. Abbildung oben*

⁴convīva *Gast*

### T  Das große Fest (I)

Die ersten Gäste sind bereits am Esquilin, einem der sieben Hügel Roms, im Haus des Senators Aquilius eingetroffen. Auch die Freigelassenen wollen ihrem Herrn anlässlich des Festes ihre Aufwartung machen. Nur Decimus Aquilius, der erst vor kurzem freigelassen worden ist, hat sich ein wenig verspätet.

Decimus Aquilius libertus per forum currit. Iam mercatores, iam servi in foro sunt et negotia agunt.
3 Decimus voces mercatorum audit, sed non consistit, quod aedes Marci Aquili patroni petit. Forum relinquit, per vias currit et in montem Esquilinum pervenit.
6 Ante aedes servus stat et Decimum salutat¹ et in *atrium* ducit. Propinqui, amici, liberti gentis Aquiliae iam adsunt. Tum Publius cum parentibus Aquiliaque sorore venit et
9 *atrium* intrat. Publius togam virilem² gerit, propinquos amicosque salutat. Ad aram Larum accedit et dicit: „Ad aram venio, bullam³ depono, nunc togam virilem gero."
12 Parentes et convivae⁴ verba Publi cum gaudio audiunt. Denique Aquilius senator: „Nunc Publium in Capitolium ducere debemus. Venite!"
15 Paulo post gens Aquilia et convivae aedes relinquunt et Capitolium petunt.
18 In templo Iovem deum et Iunonem deam salutem pacemque orant.
21 Tum Aquilii agmen convivarum domum ducunt.

❶ Barbara hat versucht, den Text zu gliedern. Leider sind die Sätze durcheinandergeraten. Bringe sie in die richtige Reihenfolge.
a) Servus convivas *(Gäste)* ante aedes salutat *(begrüßt)*.
b) Post sacrum convivae et gens Aquilia aedes Aquili senatoris petunt.
c) Gens Aquilia Publium in Capitolium ducit.
d) Publius bullam *(Amulett)* in ara deponit.
e) Decimus libertus ad aedes patroni pervenit.

❷ In **T** wird der Ablauf des Festes zur Verleihung der **toga virilis** genau beschrieben. Aquilia, die Schwester von Publius, schreibt später an ihre Freundin in der Provinz einen Brief und erzählt ihr, wie sie das Fest erlebt hat. Verfasst diesen Brief auf Deutsch.

# 46

**AUDI, VIDE, TACE
SI TU VIS VIVERE IN PACE!**

**ⓐ** Stelle anhand von **T** die Präsensformen der neuen Konjugationsklasse (z. B. **venire**) zusammen. Welche fehlen?
Bilde die entsprechenden Formen von **agere** und vergleiche sie mit denen von **venire**. Unterstreiche die Unterschiede.

**ⓑ** In den Becken des Springbrunnens sind sehr viele Substantive der bis jetzt bekannten drei Deklinationsklassen enthalten. Die Schalen des Brunnens verlangen aber eine Ordnung der Wörter.
Ordne jeder Schale die passenden Substantive zu und bilde zu jedem Wort Genitiv Singular und Plural.

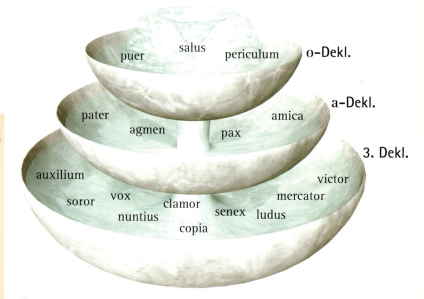

Bildet aus den folgenden Bausteinen Sätze.
Ordnet Subjekte und Objekte in den Sätzen so, dass eine der folgenden Überschriften zu eurem Text passt. Fügt passende Konnektoren hinzu.

Wie immer – Verkehrte Welt

| Nomen | Verben |
|---|---|
| Afra serva cena Aquilii | parare |
| senator servus vinum | portare |
| senator et domina vinum servus | exspectare non portare |
| senator servus | increpitare *(schelten)* |

**ⓒ** Audite!
Bilde zu den vorgegebenen Verbformen jeweils die entsprechende Form von **audire**.

| admittis | ducimus | sunt |
| curro | ridete | amatis |
| petunt | componere | propera |

**ⓓ** Bestimme die unterstrichenen Satzglieder und übersetze.
1. Aulus amicos <u>per forum</u> ducit.
2. Puella <u>cum amicis</u> <u>in thermis</u> ludit *(spielt)*.
3. Publius <u>amicus Auli</u> est.
4. Mulieres <u>Iunonem deam</u> in templo colunt.
5. Amicas <u>donis</u> delectamus.
6. <u>Turba puerorum</u> thermas <u>clamore</u> complet.

**ⓔ** Konjugiere mit deinem Banknachbarn:
audio et curro – sum et sto – depono et oro – duco et venio – exspecto et consisto – accedo et pervenio – dico et volo – iubeo et peto – placeo et paro

# 8 Römisches Alltagsleben

Im folgenden Märchenausschnitt sind zahlreiche Wörter versteckt, die aus dem Lateinischen kommen. Ordne den kursivgedruckten Wörtern die links notierten lateinischen Begriffe zu:

Als das kleine Rotkäppchen von seiner Mutter den Auftrag bekommen hatte, der kranken Großmutter einen *Korb* mit Lebensmitteln zu bringen, lief es sofort in den *Keller* und begann einzupacken. Da es wusste, dass die Großmutter sehr gerne *Früchte* aß, nahm es eine Dose mit *Pfirsichen* und einige *Birnen*, aber auch einen *Kohlkopf* und einen großen *Rettich*. Das Stück *Käse* würde der Großmutter bestimmt auch gut schmecken, fand Rotkäppchen und legte es zusammen mit einem Laib Brot in den Korb. Die Mutter steckte noch eine Flasche *Wein* dazu und gab ihrer Tochter einige *Münzen* mit, damit diese die Fahrkarte für den *Omnibus* bezahlen konnte. Im Garten schnitt Rotkäppchen noch einige *Rosen* für die Großmutter ab und lief zur Bushaltestelle, da sie den Bus bereits die *Straße* entlangfahren sah …
(Den Rest der Geschichte kennst du bestimmt.)

## Wohnen in der Subura

In der Subura, einem Stadtteil von Rom, der in der Nähe des Forums liegt, wohnen und arbeiten hauptsächlich die ärmeren Einwohner der Stadt. Servius, der 14-jährige Sohn des Händlers und Wirtes Quintus Rabirius, erzählt:

[1] taberna cum pergulā  *Laden mit einem Verschlag (in dem die Familie des Besitzers lebte)*
[2] oleum  *Öl*
[3] olīva  *Olive*
[4] amphora  *großer Tonkrug*
[5] culīna  *Küche*
[6] homō, hominis  *Mensch*
[7] cēnāre:  *zu* cēna

Cum parentibus et sorore in Subura, in taberna cum pergula[1] vivo. In taberna non tantum vinum, oleum[2], olivas[3] vendimus,
3 sed etiam cenas paramus. Pater vinum oleumque vendit; tum amphoras[4] cum Optato servo ad aedificia senatorum porto. Mater cum sorore in culina[5] laborat et cenas parat. Homines[6] etiam in
6 taberna cenare[7] volunt; tum Rabiria soror cenas ad mensas portat.

*Die Abbildung zeigt eine* **taberna**, *die zur Straße hin offen ist. Aus in die Theke eingelassenen Tongefäßen werden Speisen ausgegeben, die durch Kohlebecken unter den Gefäßen warmgehalten werden können.*

# 9 Das große Fest (II)

Sitticus, der Hausverwalter, ist verzweifelt. Heute soll das große Festessen stattfinden und zwei seiner besten Sklaven, die er für den Dienst im **triclinium** ausgewählt hatte, sind krank und müssen das Bett hüten. So bleiben ihm als Ersatz nur zwei gallische Gärtnersklaven, Fumix und Kretix, die aber von römischen Speisesitten keine Ahnung haben. Zögernd stehen die beiden nun mit Sitticus an der Schwelle des Tricliniums und bestaunen die Einrichtung. Sitticus seufzt und beginnt zu erklären: „Ihr seht hier die drei Speisesofas. Auf die Sofas legt ihr Kissen und darüber breitet ihr die Leinentücher, die dort liegen." Sitticus zeigt auf einen Berg von Kissen und sauber gefalteten Tüchern. „Darüber legt ihr ans Kopfende jedes Sofas die großen Kissen." Ein Blick in die Gesichter von Fumix und Kretix zeigt Sitticus, dass sie verstanden haben.

Dann tritt er an die Sofas heran und zeigt auf die mittlere Liege (**lectus medius**). „Dort liegt heute Publius, er ist unsere Hauptperson. Daneben", Sitticus zeigt auf den **lectus imus**, „liegt Aquilius, der Hausherr. Die anderen Gäste führe ich persönlich zu ihren Plätzen. Verstanden?!" Fumix und Kretix nicken, ein bisschen verwirrt sind sie allerdings schon.
„Vor dem Essen und zwischen den Gängen werden jedem die Hände gewaschen!" Mit funkelnden Augen blickt Sitticus die beiden Gallier an.
„Achtet auch darauf, dass alle Gäste immer Servietten haben. Wenn einer etwas in eine Serviette packt, seht darüber hinweg.

*Der gestrichelte Pfeil gibt die Reihenfolge an, in der serviert wird.*

Der Herr will das so." Erstaunt sehen sich Fumix und Kretix an. Sitticus wendet sich zum Gehen. Aber dann fällt ihm noch etwas ein. „Nach jedem Gang fegt ihr sauber den Boden." – „Aber warum denn?", platzt Fumix heraus. „Es ist bei uns üblich, die Essensreste wie Knochen, Gräten, Nussschalen auf den Boden fallen zu lassen. Daher wird gefegt." – „Diese Römer!", denken Fumix und Kretix, dann machen sie sich an die Arbeit.

*„Ungefegter Raum": Dieses Motiv für Mosaikfußböden, das die Römer häufig in Speisezimmern verlegen ließen, stammt ursprünglich aus Griechenland. Auf dem Boden sind allerlei Speisereste abgebildet, als seien sie während des Essens gerade hinuntergefallen.*

 **WEM?**
Syrus aquam *(Wasser)* portat.
Syrus equo/equis aquam portat.
3 Rutilius bestiae/bestiis aquam portat.
Servus mercatori/mercatoribus vinum portat.

Rabirio mercatori taberna est.

Dativ – Dativ als Objekt – Dativ des Besitzers

# Römisches Alltagsleben

## Das große Fest (II)

Propinqui, amici, liberti in aedes Aquili senatoris conveniunt. Senator uxorque, Publius Aquiliaque hospites salutant[1]: „Salvete!" Tum Sitticus hospites in *triclinium* ducit. Ibi hospites, dominus, Publius accumbunt[2], mulieres in sellis[3] consident.

Domina servis signum dat: Servi dominae parent, aquam et vinum in *triclinium* portant. Postea servi et servae hospitibus cibos et vinum praebent. Aquilio senatori convivium placet, quod hospites edunt[4], bibunt, gaudent. Post cenam Publi pater orationem habet: „Propinqui, amici, liberti: Vobis gratias ago, quod convivio gentis Aquiliae interestis. Publio nunc toga virilis[5] est. Itaque more maiorum Laribus munera dare debemus."

[1] salūtāre *begrüßen*
[2] accumbere *sich zum Essen legen*
[3] sella *Sessel, Stuhl*
[4] edere *essen*
[5] toga virīlis *Toga des Mannes*

Alle Gäste erheben sich und gehen gemeinsam mit Publius und seinem Vater noch einmal ins Atrium zum Altar der Hausgötter. Cäcilia und Aquilia bringen mit Speisen gefüllte Schalen herbei, die sie Publius überreichen. Nach einem gemeinsamen Gebet stellt Publius die Gefäße in das Lararium.
Gerade haben sie die Zeremonie beendet und wollen in das Triclinium und in den Garten zurückkehren.

Subito hospites clamorem audiunt. Paulo post Sitticus ad Aquilium venit et dicit: „Domine, Diodorus amicus et Philippus puer adsunt – e Graecia veniunt."
Statim Aquilius Diodorum atque Philippum salutat et in *triclinium* inducit. Hospites quoque Diodorum Philippumque salutant, tum servi cibos praebent. Aquilius orat: „Narrate de itinere!" Diodorus et Philippus amico parent.

*Geschmückter Hausaltar. Moderne Nachbildung*

---

In dem Buch „Das Privatleben der Römer" von J. Marquardt heißt es zu diesem Fest, das meist im 15. oder 16. Lebensjahr der Knaben gefeiert wurde:
*... Hatte nämlich der Knabe die körperliche Reife erreicht, so trat er durch einen feierlichen religiösen Akt, zu welchem ein besonderes Fest, die Liberalia, am 17. März bestimmt war, aus dem Knabenstande aus. Er legte vor den Laren des Hauses die Zeichen seiner Kindheit, die Kindertoga und die* bulla, *ab und bekleidete sich mit der* toga virilis. *... Nach einem Opfer im Hause wurde er von seinem Vater oder Vormund in Begleitung von Verwandten und Freunden auf das Forum geführt und in die Bürgerlisten eingetragen, zu welchem Zwecke er seinen vollständigen Namen erhielt. Den Beschluss der Feier machte ein Opfer auf dem Capitol, eine Bewirtung der Freunde.*

Welche Ereignisse, die du aus diesem Zitat erfährst, sind neu für dich? Was war für einen Römer an diesem Tag besonders wichtig?

Ü

**a** Du kennst jetzt alle Kasus der lateinischen Sprache. Stelle für die drei Deklinationsklassen alle Kasusendungen an selbst gewählten Beispielen zusammen.

Ein Bäcker hat vor dem Backen Buchstaben in seine Brote eingeritzt, die – in der richtigen Reihenfolge gelesen – einen lateinischen Satz ergeben:

**b** Dativ gesucht!
Bilde den Dativ zu folgenden Nominativen:
senator – serva – consilium – adulescentes – dei – voces – uxores – agmen – iter – salus – turba

**c** Übersetze elegant:
1. Senatori aedes sunt.
2. Iunoni templa sunt.
3. Senatori Trebius, Quintus, Gnaeus liberti sunt.
4. Rabirio mercatori equi sunt.

**d** 1 oder 2?
Nach manchen Verben kann neben dem Akkusativobjekt auch ein Dativobjekt stehen. Manche Verben sind auch mit nur einem Akkusativobjekt zufrieden. Entscheide, welche der folgenden Verben zwei Objekte, welche nur eines bei sich haben.
Beispiel: Lucius schenkt Atia *(Dativobjekt)* einen goldenen Ring *(Akkusativobjekt)*.
mittit – exspecto – das – portate – narrat – relinquimus – videt

**e** Irrläufer gesucht!
Notiere ihn und begründe deine Entscheidung.
convivium – victorum – filium – templum
genti – paci – voci – liberti
senatore – salute – turbae – foro
clamorum – mercatorum – morum – servorum

**f** Bestimme die unterstrichenen Satzglieder und übersetze.
1. Aulus et Gaius <u>cum Publio amico</u> <u>ex aedibus</u> <u>in forum</u> properare volunt.
2. Servi <u>hospitibus Aquili</u> <u>cibos et vinum</u> portant.
3. Gens Aquilia <u>in templo</u> <u>deos</u> salutem orat.
4. <u>Servilius senator</u> cum libertis e curia <u>in basilicam</u> contendit.

**g** Aulus erhält am Morgen eine Botschaft seines Freundes Publius. Leider ist der Bote nicht sehr sorgfältig damit umgegangen, denn einige Buchstaben sind verschmiert und unleserlich.
Fülle die Lücken und übersetze.

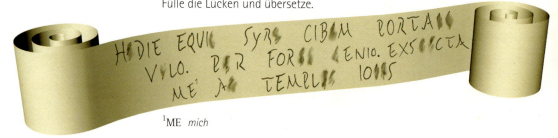

[1]ME *mich*

# Römisches Alltagsleben

### 🟦 Zur Nachahmung empfohlen

Senator Cato empfiehlt in seinem Buch über die Landwirtschaft (aus dem 2. Jh. v. Chr.) folgendes Rezept: MUSTEA *(Süßweinbrötchen)*
½ l leicht vergorenen Traubensaft oder Traubenmost erwärmen und 40 g Hefe darin auflösen. In einer größeren Schüssel 1 Tl Butter schaumig rühren und je 1 Tl gemahlenen Kümmel und Anis zugeben. Mit 400 g Vollkornmehl 2 Tl Backpulver mischen und zusammen mit dem Traubensaft in die Schüssel geben. Danach 100 g geriebenen Käse hinzufügen und alles gut durchkneten, bis der Teig sich leicht vom Schüsselrand löst.
Nun lässt man den Teig zugedeckt an einem warmen Ort ca. 30 Minuten gehen, bis er sich verdoppelt hat. Danach noch einmal durchkneten und kleine Brötchen formen, in deren Unterseite man ein Lorbeerblatt drückt. Die Brötchen nicht zu dicht nebeneinander auf ein mit Backpapier ausgelegtes Blech setzen und noch einmal 20 Minuten gehen lassen. Im vorgeheizten Ofen bei 160 Grad je nach Größe bis zu 30 Minuten backen.
*Guten Appetit!*

### In der Bäckerei

In Mietshäusern lebten oft sehr viele Menschen auf engstem Raum, da sie sich meist nur kleine Räume von ihrem Verdienst leisten konnten. Valeria und ihre Mutter haben nur ein Zimmer gemietet. Beide sind gezwungen, für die hohe Miete und ihren Lebensunterhalt hart zu arbeiten.

[1] relīquit  *er hat verlassen*
[2] pistrīnum  *Bäckerei*
[3] māne  *früh am Morgen*
[4] pānis, is  *Brot*
[5] pistor  *Bäcker*

Pater Valeriae uxorem et filiam iam diu reliquit[1]. Itaque matri Valeriae pecunia non est; in pistrino[2] L. Tubuli laborat. Valeria matri semper adest. Mane[3] mater et filia surgunt, nam servi panem[4] in taberna pistoris[5] emere volunt. Mater cum servis Tubuli panem in pistrino parat, postea Valeria panem in taberna vendit. Tubulus pistor Valeriam et matrem amat, nam bene laborant.

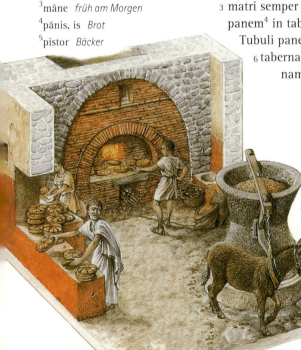

*Blick in eine Bäckerei: Ein Esel mit verbundenen Augen treibt eine Steinmühle, in der das Korn zu Mehl geschrotet wird. Das Mehl wird sofort zu Teig verarbeitet, der im großen Steinofen zu Brot gebacken wird. Dann werden die frischen Brotlaibe an die Kunden verkauft.*

# 10 Im Buchladen

Der Athener Diodorus ist mit dem Senator Aquilius seit gemeinsamen Studienzeiten in Griechenland befreundet. Nun hat Diodorus geschäftlich in Rom zu tun und will mit seinem Sohn Philippus noch einige Zeit bei Aquilius bleiben. Philippus, der seinem Lehrer in Griechenland ein Geschenk mitbringen will, bittet Publius, ihn bei seinem Einkaufsbummel zu begleiten und ihm auch die Stadt zu zeigen.

Zuerst gehen sie zu Athenodorus, einem griechischen Buchhändler, der seinen Laden in der Nähe des Forums hat. Sie wollen gerade den Laden betreten, da stoßen sie mit einem Jungen zusammen. „Kannst du nicht aufpassen?", fährt Publius den Jungen an. Der zuckt zusammen, wird ganz rot im Gesicht und stottert: „Entschuldigung, ich ... ich will zu Athenodorus, meinem Herrn, ich arbeite in der Schreibstube."

Publius und Philippus horchen auf: „Wie heißt du und was machst du dort?" „Mein Name ist Felix, ich bin als Schreiber ausgebildet. Wir vervielfältigen Bücher." „Kannst du uns sagen, wie das geht?", fragt Philippus interessiert.

„Wir sind sieben Schreiber; Timotheus, unser Lehrer, diktiert uns den Text, wir schreiben ihn auf – und so machen wir aus einem Buch sieben neue Bücher." Felix kann gar nicht verstehen, was daran so interessant ist, und will verschwinden.

Da erscheint Athenodorus und sieht Publius und Philippus im Gespräch mit Felix. „Wollt ihr euch die Werkstatt einmal ansehen?" Die beiden nicken begeistert. Zuerst zeigt ihnen Athenodorus seine Papyrusvorräte und erklärt, wie Papyrus aus dem Mark der Papyrushalme hergestellt wird. Dann zeigt er auf Stapel von Pergament. „Pergament wird hauptsächlich aus der Haut junger Ziegen hergestellt. Das Fell wird bis auf den letzten Rest entfernt, dann wird das Leder mit einem Bimsstein geglättet, bis es ganz dünn und fein ist. Pergament ist sehr teuer." Schließlich sind sie in der Werkstatt angelangt. Timotheus diktiert aus einer Buchrolle, und in höchster Konzentration beschreiben die jungen Sklaven das Pergament.

Beim Eintritt der Besucher unterbricht Timotheus das Diktat. Er erklärt dann, dass die Schreiber eine lange Ausbildung benötigen, denn sie müssen schön, sauber und schnell schreiben können. Außerdem dürfen sie keine Fehler machen.

„Da schreibe ich lieber auf meiner guten alten Wachstafel", beeilt sich Publius zu sagen. „Dort kann ich jeden Fehler sofort wieder beseitigen."

Die Abbildungen zeigen:
① eine *capsa* (Behälter für Buchrollen),
② ein *volumen* (Buchrolle) mit *titulus* (Anhänger für den Buchtitel),
③ Wachstäfelchen und *stili* (Griffel),
④ ein Tintenfass

**G** Athenodorus: Publius et Philippus forum videre cupiunt.
Caecilia: Cupitisne forum videre?
3 Publius: Cupisne forum videre, Philippe?
Philippus: Forum videre cupio.
Publius et Philippus: Forum videre cupimus.
6 Publius: Etiam Philippus forum videre cupit.

Vergleiche die Formen von **cupere** mit denen von **audire** und **agere**.

Zusammenfassung 3. Deklination – konsonantische Konjugation (i-Erweiterung)

# 10 Römisches Alltagsleben

## T Im Buchladen

Publius et Philippus forum petunt et aedificia spectant; multitudinem hominum aspiciunt.

Tum Philippus Publium orat: „Nunc Alexandro magistro[1] donum emere cupio. Magister linguam Latinam[2] scit, itaque librum poetae Romanorum emere cupio." Comites ad tabernam Athenodori contendunt. Athenodorus amicis libros ostendit. Mercator Philippum rogat: „Cupisne librum Ovidi poetae emere?" Philippus librum sinistra capit et Publio ostendit. Publius librum corripit et carmina Ovidi legere instituit ... et legit ... et legit et ....
Athenodorus rogat: „Cupisne libros legere an emere?"
Comites rident et Philippo placet librum Ovidi poetae emere. Tum Publius Philippo forum monstrare[3] cupit. Primo amicum ad curiam ducit. Publius: „Ecce! Eo senatores conveniunt." Philippus: „Quid faciunt senatores?" Publius: „Senatores orationes de urbe et provinciis, de bello et pace habent."
Deinde amici forum relinquunt et Capitolium petunt. Publius Philippum ad templum ducit et dicit: „In templo deos Capitolinos colimus. Iuppiter pater deorum hominumque est, Iuno uxores servat, Minerva hominibus sapientiam[4] dat. Hic imperatores triumphos agunt[5]."
Tum Philippus et Publius de Capitolio forum spectant.

[1] magister, trī  *Lehrer*
[2] lingua Latīna  *lateinische Sprache*
[3] mōnstrāre  *zeigen*
[4] sapientia  *Weisheit*
[5] triumphum agere  *einen Triumph feiern*

*Rekonstruktion des Kapitols mit dem Jupitertempel. Aquarell*

Entscheide, ob die Aussagen auf den Inhalt von **T** zutreffen 😊 oder nicht 😟.
Bei richtiger Lösung ergibt sich aus den Buchstabengruppen (von oben nach unten gelesen) ein lateinischer Satz, der sich verlängern lässt, wenn man die restlichen Buchstabengruppen von unten nach oben liest.

| | 😊 | 😟 |
|---|---|---|
| Publius et Philippus homines in foro aspiciunt. | PHI | LT |
| Senatores orationes in curia habent. | LIP | EVU |
| Philippus per provinciam properat. | TAR | PUS |
| In basilica mulieres de convivio narrant. | LEC | LIB |
| Philippus in templo imperatorem videt. | ODE | RUM |
| Publius togam virilem gerit. | OVI | DON |
| Comites ad tabernam Athenodori perveniunt. | DIP | RUM |
| Iuppiter deus homines servat. | OET | AND |
| Philippus aedificia fori non spectat. | LEX | AEE |
| Athenodorus libros in foro vendit. | MIT | ETA |

# Ü

**a** Öffne das richtige Tor!
Bestimme bei folgenden Verbformen die Konjugationsklasse und ordne sie dem entsprechenden Tor zu.

| -āre | -ēre | -īre | kons. | esse |
|---|---|---|---|---|
|  |  |  |  |  |

inducit - scis - vocat - debes - adsunt - ago - audit - dubitamus - es - remanent - servamus - bibimus - venimus - capio - colimus - gero - ducunt - attingunt - instituis - aspicit - dicis - ridetis - pervenit - cogitatis - facit - laudant - intersum - habet - iubes

Welche deutschen und englischen Wörter fallen dir ein zu **capere** und **facere**?

*LATEIN LEBT*

**b** Wie soll ich es sagen?
Setze die jeweils passenden Infinitive ein und übersetze.

(respondere, audire, currere, legere, remanere)

Marcus ad Lucium: „Cur dubitas per vias    ?   ? Cur semper hic    ?    vis?"
Lucius    ?    dubitat. Tum autem: „Clamores    ?    nolo. Nam    ?    cupio."

*Einladungen zu Veranstaltungen, Wahlkampfparolen oder auch nur Benachrichtigungen wurden in römischen Städten häufig an Hauswände geschrieben.*

**c** Agite et capite!
Bilde zu den folgenden Verbformen die entsprechenden Formen von **agere** und **capere** und übersetze:

| habes | licet | debent |
| narramus | videtis | respondete |
| colo | mitte | inducimus |

**d** Bilde Genitiv Singular und Plural zu folgenden Substantiven:
adulescens, aedes, carmen, comes, consul, gens, homo, hospes, mons, mos, multitudo, oratio, parentes, urbs, uxor, vestis
Übrigens: Auch mit dieser Aufgabe lässt sich – wie mit verschiedenen anderen Übungen der folgenden Kapitel – „Formenball" (vgl. S. 30 unten) spielen.

**e** Auf dem Weg nach Hause entdecken Publius und Philippus ein Grafitto an einer Hauswand, das von einem gewissen *Commodus* handelt. Wie in der Antike üblich, hat der unbekannte Schreiber alles in einer Wortschlange zusammengeschrieben. Schreibe den Text richtig ab, indem du die Wörter trennst und die Satzzeichen setzt. Übersetze den Text dann.

COMMODUSNEGOTIANONAGITSED
THERMASPETITCUMAMICISINTABERNA
VINUMBIBITVENIETTUAMICE

# 10 Römisches Alltagsleben

Viele lateinische Wörter haben wir von den Römern übernommen.
Es gibt mehr Römerspuren, als du vielleicht ahnst. Ordne den lateinischen Wörtern, die
du in der Zeichnung abgebildet findest, die entsprechenden deutschen Wörter zu:
① capsula, ② charta, ③ fenestra, ④ murus, ⑤ papyrus, ⑥ sigillum, ⑦ scriptum, ⑧ statua,
⑨ stilus, ⑩ tabula

LATEIN LEBT

## Z Bücherkauf heute

Hodie Marcus libros *domi* emere cupit,
itaque ad *mensam scriptoriam* accedit et
3 *computatrum aperit.*
In *monitore area operaria* apparet.
*Mure* Marcus *globolum interretis insertat,*
6 tum *inscriptionem societatis librorum*
inscribit. Marcus *paginam societatis* exspectat.
Nunc signum *societatis librorum apparet.*
9 Marcus *catalogum librorum* legit: *tot* libri!
Subito *fabulam criminalem* videt:
*Investigator* senator Romanus est.
12 Statim *nomen* et *inscriptionem scribit* et
*mandatum* ad *societatem* mittit.
„Clicc!" *Mus globolum „i!" insertavit.*

Heute will Markus seine Bücher *zu Hause*
kaufen, deshalb geht er zu seinem *Schreibtisch* und
*schaltet* den *Computer ein.*
Auf dem *Bildschirm* erscheint die *Arbeitsfläche.* Mit
der *Maus klickt* Markus den *Button des Internets
an,* dann *gibt er die Anschrift des Buchverlags ein.*
Markus wartet auf *die Homepage des Verlags.*
Nun *erscheint* das Logo *des Buchverlags.*
Markus liest die *Bücherliste:* so viele Bücher!
Plötzlich sieht er *eine Kriminalgeschichte:*
*Der Detektiv* ist ein römischer Senator.
Sofort *schreibt er* seinen *Namen* und seine
*Anschrift* und schickt die *Bestellung* an *den Verlag.*
„Klick!" Die *Maus hat den Button „Go!"* angeklickt.

⬢ Wenn ihr den lateinischen Text genauer anseht, erkennt ihr bestimmt einige lateinische Ausdrücke,
die euch im Deutschen als Fremd- oder Lehnwörter bekannt sind.
Aus welcher Sprache kommen heute die meisten Fremdwörter zu uns? Nennt einige Beispiele.

*nach einer Komödie des Plautus*

Auf Wunsch seiner Mutter und seines Großvaters sucht Sosikles, ein junger Händlerssohn, seinen vermissten Zwillingsbruder Menächmus. Dabei widerfährt ihm so allerlei, wie die folgende Szene zeigt.

Nach einem langen Tag der Suche in einer griechischen Stadt erblickt Sosikles endlich ein Wirtshaus:

3 SOSICLES *(zu sich)*: Tandem tabernam video; ibi vinum cibosque sumere volo. *(Hört plötzlich eine Frauenstimme)* Sed quis clamat?
MULIER: Ecce! Hic es, hic te convenio! Cur domum non venis?
6 Responde!
SOSICLES: Cur clamorem tollis, mulier? Cur me[1] rogas?
MULIER: Quid? Tu respondere non vis! Scire volo: Quid hic agis?
9 Habesne amicam? Semper in taberna es et vinum bibis.
SOSICLES: Quid te agit, mulier! Verba tua[2] mihi[3] non placent. Estne mos hic hospitem iniuriis appetere[4]? Tace tandem!
12 MULIER *(gerät völlig außer sich)*: Visne me ridere? Uxor tua sum! Tu ...
SOSICLES *(zum Publikum gewendet)*: Audite me, dei, et servate me!
18 MULIER *(kreischend)*: Nunc statim patrem voco, remane hic! *(Frau geht weg)*
SOSICLES: Vobis gratias ago, dei, nam mulier non iam adest!
21 Statim in taberna vobis sacrum facere volo ...
Kaum im Wirtshaus bleibt er wie angewurzelt stehen. Vor ihm steht sein Ebenbild:
24 SOSICLES: Quid video? Quis es, adulescens?
MENAECHMUS *(nicht weniger erstaunt)*: Menaechmus sum, filius Moschi[5] mercatoris; pater autem non iam vivit.
27 SOSICLES: Etiam filius Moschi sum! Sicilia[6] patria mea[7] est.
MENAECHMUS *(beginnt sich zu freuen)*: Sicilia etiam patria mea est! Tu Sosicles es, frater[8] meus[9]!
30 SOSICLES *(voller Freude und erleichtert zugleich)*: Tandem te aspicio, Menaechme! Dei me amant, nam fratrem habeo.

Dies sind die Hauptfiguren:

SOSIKLES: Sohn eines Kaufmanns

MULIER: Frau des Menächmus, dem Sosikles unbekannt

MENÄCHMUS: Zwillingsbruder des Sosikles

[1] mē *mich*  [2] tua *deine*  [3] mihi *mir*  [4] appetere *angreifen*
[5] Moschus, ī *Moschus*  [6] Sicilia *Sizilien*  [7] mea *meine*
[8] frāter, frātris m *Bruder*  [9] meus *mein*

## II prima lesen

Noch lange erzählen sich die Zwillingsbrüder von ihrem Leben. So erfährt Sosikles, wie sein Vater Moschus ums Leben gekommen ist und wie Menächmus, der den Vater begleitet hatte, von einem griechischen Kaufmann aufgenommen und großgezogen wurde. Die Frau des Menächmus hatte Sosikles ja bereits kennengelernt ... Natürlich wollte Menächmus am Ende seinen Bruder unbedingt nach Sizilien begleiten, um Mutter und Großvater wiederzusehen.

### Knifflige Übersetzung

Übersetzt den lateinischen Text. Leider ist er nicht vollständig erhalten. Ihr könnt ihn aber rekonstruieren, wenn ihr zunächst die auf Deutsch angegebenen Füllungen der Lücken ins Lateinische übertragt. Vorsicht: Sie stehen nicht in der richtigen Reihenfolge! Ihr müsst sie jeweils so den lateinischen Sätzen zuordnen, dass diese Sinn ergeben.

1. Menaechmus et Sosicles diu ▭ . 2. Menaechmus Sosicli de amicis atque uxore narrat, Sosicles ▭ . 3. Denique Menaechmus Sosiclem ▭ ducit et fratri[1] ▭ . 4. Statim ▭ mensas ornant et cibos parant. 5. Etiam ▭ et convivio gaudent. 6. Amici Sosiclem et Menaechmum diu spectant et fratrem cum fratre ▭ , sed discrimen *(Unterschied)* non vident. 7. Postea fratribus in Siciliam ▭ placet; iam Menaechmus servos ▭ : „Parate iter et ▭ ad matrem avumque[2]!"

[1] fräter, frätris *m Bruder*

[2] avus *Großvater*

- bleiben im Gasthaus
- nach Hause
- befiehlt
- zu eilen
- die Sklaven und Sklavinnen des Menächmus
- erzählt dem Menächmus von der Heimat und der Reise
- zeigt das Haus
- vergleichen
- Verwandte kommen
- schickt einen Boten

## Das haben wir gelernt

Während der letzten Lektionen hast du Publius bei einer wichtigen Station seines Lebens begleitet. Dabei hast du seine Familie, seine Wohnung, seinen Alltag und vieles mehr kennengelernt.
Du hast aber nicht nur das Haus eines Senators gesehen, sondern bist auch Menschen aus anderen Schichten der römischen Gesellschaft begegnet: Valeria und ihrer Mutter, Servius und seiner Familie …

Welche Unterschiede zu unserer heutigen Lebensweise sind dir besonders aufgefallen?

Um weitere Informationen über die römische Gesellschaft, das römische Wohnen, den römischen Alltag zu erhalten, kannst du dein Geschichtsbuch, Lexika, das Internet … zurate ziehen.

UBI BENE, IBI PATRIA.

ORA ET LABORA!

**ⓐ** Wer oder was war(en) gleich wieder – die Entsprechung für
- ein römisches Unterkleid: **Torques – Torso – Tunika**?
- ein **Triclinium**: Esszimmer – Dreikampf – Dreieck?
- ein **Lararium**: Waschschüssel – Hausaltar – Kinderlied?

**ⓑ** Verbindungen sind wichtig!
Übersetze den folgenden Text und achte besonders darauf, wie die Sätze miteinander verbunden sind. Bestimme dann die Wortarten der Verbindungswörter.

Sitticus servus Aquilio domino epistulam *(Brief)* Corneli amici dat. Aquilius legit: „Librum Ovidi poetae mitte, quod carmina legere cupio." Statim Aquilius in bibliothecam (!) properat. Tum Theodorum servum vocat: „Cornelius senator carmina Ovidi legere cupit. Itaque porta librum ad aedes senatoris!" Theodorus librum capit et aedes Aquili relinquit. Iter autem facere non cupit, nam per Suburam properare non amat.

*Der Dichter Ovid. Kupferstich aus der Renaissancezeit*

**ⓒ** In einem Reiseprospekt wird eine Ferienwohnung im sonnigen Italien ausführlich beschrieben. Leider hat der Besitzer der „Casa Comoda" vergessen, einige Bezeichnungen der Wohnräume ins Deutsche zu übersetzen. Deine Lateinkenntnisse werden dir bestimmt weiterhelfen.
**studio – ospite – entrata**

**ⓓ** Latein in allen Schulfächern
Erschließe die Bedeutung der folgenden Begriffe:
Provence – Lektüre – Mount Everest – Oratorium – Komponist – Sakrament – Labor – Armee – Daten – Vokal – Pater – Kopie

*Casa Comoda*

# Vom Hüttendorf zum Weltreich

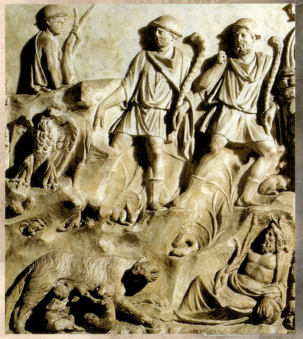

Als kleines Dorf auf einem Hügel gegründet, wurde Rom die Hauptstadt eines riesigen Weltreichs. Bedeutende Gestalten der römischen Geschichte haben zu diesem erstaunlichen Aufstieg beigetragen.

Auf der Karte sind viele römische Provinzen eingetragen.
Welche Staaten befinden sich heute auf dem Gebiet des ehemaligen Römischen Reiches?

# 11 Ein Anfang mit Schrecken

In Rom hatte die Zahl sieben schon immer eine große Bedeutung: Noch heute wird Rom – auf hügeligem Gelände am Tiber gelegen – die Stadt auf den sieben Hügeln genannt. Und in der Frühzeit wurde es nacheinander von sieben Königen regiert. Wie archäologische Funde zeigen, gab es die ältesten, von Hirten bewohnten Siedlungen bereits um 900 v. Chr. auf dem Palatin, der wegen seiner Nähe zum Tiber günstig gelegen war. Im Laufe der Zeit schlossen sich aus Gründen der Sicherheit die auf den Hügeln verstreuten Siedlungen zu einer Gemeinde zusammen. In der Frühzeit übten vor allem die Etrusker im Norden Roms großen Einfluss auf die politische und kulturelle Entwicklung der Stadt aus: Der Forumsplatz entwickelte sich zum Zentrum mit den wichtigsten Gebäuden, und im 6. Jh. v. Chr. erhielt Rom unter König Servius Tullius einen ersten Mauerring.

Philippus et Publius aedes M. Aquili intraverunt.
DIODORUS: „Ubi fuisti, Philippe? Quid spectavistis, pueri?"
3 PUBLIUS: „In foro fuimus. Primo tabernam intravimus; nam Philippus librum emere cupivit."
PHILIPPUS: „Tum Publius multa *(vieles)* de aedificiis fori narravit."
6 PUBLIUS: „Denique cum Philippo ad Capitolium properavi, ubi templum Iovis spectavimus."

Der Sage nach soll die Stadt Rom von den Zwillingsbrüdern Romulus und Remus im Jahre **753 v. Chr.** gegründet worden sein.
Den genauen Ort der künftigen Stadt am Tiber durfte Romulus bestimmen. Er wählte den Palatin, der somit der älteste Bezirk der Stadt Rom war.

Perfekt (v- und u-Perfekt)

# 11 Aus der Geschichte Roms

## T Ein Anfang mit Schrecken

Als Romulus und Remus wegen der Stadtmauer in Streit gerieten, erschlug Romulus seinen Bruder. Wie ein Lauffeuer breitete sich die Kunde vom Brudermord aus. Auch der Hirte Faustulus – er hatte einst die von einer Wölfin gesäugten Knaben am Tiberufer gefunden und zu sich genommen – war Zeuge des Geschehens gewesen und eilte, so schnell er konnte, nach Hause zu seiner Gattin Acca:

Faustulus casam[1] intrat: „Acca, ubi es? Veni et audi de calamitate! Romulus Remum necavit!" Acca ad maritum
3 accedit: „Quid dicis, quid audivi? Tibi[2] credere non possum."
Faustulus autem: „Crede mihi, uxor. Hodie cum comitibus ad montem Palatinum properavi. Etiam Romulus et Remus
6 et multitudo virorum Palatium petiverunt. Tum Romulus viros ad se vocavit et, ubi tacuerunt, orationem habuit: 'Gaudeo, quod venire non dubitavistis. Hodie sacrum facere
9 volumus; nam auxilio deorum Palatium munivimus. Videte murum! Nunc tandem sine periculo vivere possumus!'
Viri verba Romuli clamore probaverunt. Subito autem
12 Remus: 'Ego tuum[3] murum rideo; murus enim hostem ab urbe non prohibet.'
Statim murum transiluit[4]. Tum Romulus per iram[5] Remum
15 petivit et, o Acca, fratrem necavit. Remo adesse non potui."
Faustulus tacet. Acca autem lacrimas tenere non potest et clamat: „O Faustule, frustra lupa[6] pueros in ripa Tiberis
18 servavit et aluit, frustra tu Remum cum fratre domum portavisti, frustra Remo parentes fuimus! O Romule, cur fratrem necavisti?" Tum Faustulus et Acca fleverunt
21 filiique nece doluerunt.

[1] casa *Hütte*
[2] tibi *dir*
[3] tuus *dein*
[4] trānsilīre (Perf. trānsiluī) m. Akk. *überspringen*
[5] per īram *im Zorn*
[6] lupa *Wölfin*

❶ Beschreibe die Reaktion Accas auf die Nachricht des Faustulus (zunächst Z. 2–3, dann Z. 16–20).

❷ Was könnte Remus zu seinem Handeln veranlasst haben? Warum reagiert Romulus so heftig auf das Verhalten seines Bruders?

❸ Formuliere lateinisch mit Hilfe einer Wendung aus T, welche Handlung auf dem Kalksteinrelief unten dargestellt ist.

❹ Sucht im Internet unter den Stichwörtern *Romulus und Remus* oder *Gründung Roms* möglichst viele Informationen über die Geschichte der Zwillingsbrüder. Überprüft eure Ergebnisse anhand eines geeigneten Lexikons und notiert ggf. Unterschiede.

*Römische Wölfin mit Romulus und Remus. Kalksteinrelief als Gartenschmuck (Avenches, Schweiz)*

**HOMINES SUMUS, NON DEI.**

**ET SERVI HOMINES SUNT.**

**HOMO HOMINI LUPUS.**

1. Stelle bedeutungsähnliche Wortpaare und solche entgegengesetzter Bedeutung zusammen:
properare – parere – arma – praebere – ante – emere – videre – velle – post – flere – pax – aspicere – cupere – dare – vendere – dolere – iubere – contendere

2. Nenne jeweils ein lateinisches Substantiv, das zur Wortfamilie der folgenden Verben gehört:
clamare – amare – nuntiare – vocare – gaudere – necare

3. Welche Fremdwörter kennst du zu folgenden lateinischen Begriffen:
vox – credere – frustra – legere

**a** Erstelle eine Tabelle mit vier Spalten (a-, e-, i-, konsonantische Konjugation).
Suche aus **T** alle Perfektformen heraus: Trage sie jeweils in die richtige Spalte ein und schreibe die entsprechende Präsensform in die Zeile darunter.
Zwei Formen lassen sich nicht einordnen. Welche? Wie heißt dazu jeweils der Infinitiv?

**b** Setze die Formen ins Perfekt:
sum – taces – flet – colimus – potes – est – doletis – muniunt – dubito – petitis – sunt – vult – narras – nolunt – possunt

**c** Bestimme die Formen nach Person, Numerus und Tempus.
Gib jeweils den Infinitiv an und übersetze dann die Formen:
potui – complevit – deposuisti – audit – cupitis – habuerunt – estis – fuisti – vis – noluisti – pareo – praebent – tacuimus

**d** Setze die in Klammern stehenden lateinischen Verben in die richtige Perfektform. Übersetze die Sätze dann:
1. Faustulus cum comitibus Tiberim (petere). 2. Repente viri (tacere): Voces puerorum (audire). 3. Faustulus ad pueros accedere non (dubitare). 4. Diu pueros (spectare). 5. Denique viri fratres domum (portare). 6. Faustulus, ubi casam *(Hütte)* (intrare), Accam uxorem ad se (vocare). 7. Acca: „Ubi (esse), Faustule?" 8. Faustulus: „Ad Tiberim cum comitibus (properare). 9. Subito voces puerorum (audire). 10. Ecce: Fratres sunt. Domum eos *(sie)* (portare)." 11. Statim Acca pueros attingere atque alere (cupere).

**e** Füge in die folgenden Sätze jeweils ein passendes Verbum im Perfekt ein. Übersetze die Sätze.
1. Viri Romulum Remumque ad casam *(Hütte)* Faustuli ?.
2. Acca fratres tenere et alere non ?.
3. Tandem pueris parentes ?.

**f** Fülle die Krüge so auf, dass jede Form im richtigen Krug landet. Achtung: Einige Formen müssen öfter verteilt werden.
amico – armorum – puellae – ludis – amice – senibus – consulum – lacrimas – senatores (2x) – forum – consul (2x) – negotia – uxore – oculos – serva (3x) – bestiarum

## 11 Aus der Geschichte Roms

### Der Raub der Sabinerinnen

Nachdem Romulus die neugegründete Stadt befestigt hatte, wollte er für ihr Wachstum sorgen. Doch fehlten den Römern Frauen zur Gründung von Familien. Was tun in solcher Lage? „Wenn wir schon keine eigenen Frauen besitzen, so müssen wir eben unsere Nachbarn, die Sabiner, bitten, uns Frauen zu geben", dachte sich Romulus und sandte sogleich einen Boten zu den Sabinern. Die Sabiner aber waren nicht bereit, ihre Töchter und unverheirateten Frauen den Römern zur Heirat zu geben. Da griff Romulus zu einer bösen List …

[1] Sabīnī, ōrum *die Sabiner*
Sabīnae, ārum *die Sabinerinnen*
[2] vī *gewaltsam*

[3] eō dolō *durch diese List*

[4] nōs *wir*

Romani filias Sabinorum[1] vi[2] capere voluerunt. Itaque Sabinos ad convivium ludosque vocaverunt. Sabini cum puellis
3  ad Romanos venire non dubitaverunt et urbem sine armis intraverunt. Subito Romani Sabinas petiverunt et corripuerunt. Sabini filias servare non potuerunt. Eo dolo[3] Romulus Romanis
6  uxores paravit.
Sabini autem arma capere properaverunt atque Romam petiverunt. Sed urbem capere frustra cupiverunt. Denique filiae Sabinorum
9  patres ad se vocaverunt: „Diu Romam armis petivistis; sed urbem capere non potestis. Nos[4] nunc uxores Romanorum sumus, hic remanere volumus. Deponite arma pacemque facite cum Romanis!"
12  Paulo post Sabini arma deposuerunt: Tandem pax fuit.

Die Geschichte von den Sabinerinnen wurde so berühmt, dass Szenen aus ihr immer wieder in Kunst und Literatur dargestellt wurden. Selbst auf Münzen – wie hier zu sehen – wird an diese Geschichte erinnert.

❶ Welche Szene ist auf dem römischen Silberdenar dargestellt?
❷ Der Name des Münzmeisters lautet L. Titurius Sabinus, dessen Abstammung wohl auf die Sabiner zurückzuführen ist:
Woran sollten sich die Römer durch die Abbildung auf den Geldstücken – die ja in alle Hände gelangten – stets erinnern?
❸ Vergleiche damit, was auf den Euro- und Cent-Münzen verschiedener Länder heute abgebildet ist.

# 12 Das Maß ist voll

Die letzten römischen Könige waren etruskischer Abstammung. Das Kernland der Etrusker, deren Herkunft bis heute ungeklärt ist, umfasste das Gebiet zwischen den Flüssen Arno und Tiber. Es entsprach damit in etwa der heutigen Toskana, deren Name auf die Etrusker – lat. **Tusci** – zurückzuführen ist. Weil sie reiche Bodenschätze (Eisen, Kupfer, silberhaltiges Blei) besaßen und viel Seehandel betrieben, konnten die Etrusker ihre Macht weit nach Norden und Süden hin ausdehnen.

Als im Laufe der Zeit ihre einflussreiche Stellung in ganz Italien zu bröckeln begann und mit dem Etrusker Tarquinius Superbus ein skrupelloser Tyrann auf dem römischen Thron saß, suchten die Römer nach einer günstigen Gelegenheit, sich von Tarquinius und der Königsherrschaft zu befreien (siehe **T**).

*Rekonstruktion des Rundtempels der Vesta auf dem Forum, der schon zur Königszeit unter dem zweiten König Numa Pompilius erbaut wurde. Vesta war die Schutzgöttin der Stadt. Ihre Priesterinnen hüteten im Tempel das heilige Feuer.*

**G** Ein Fremdenführer auf dem Forum:
Ecce Forum Romanum! Forum magnum est.
Ibi multi homines, multae tabernae, multa aedificia sunt.
3 Spectate magnas basilicas, spectate magna templa deorum!
Hic videtis templum Vestae deae.
Vestam multis muneribus colimus.
6 Nam Vesta dea bona et magna est.

Adjektive a- und o-Deklination – Adjektiv als Attribut und Prädikatsnomen

## 12 Aus der Geschichte Roms

### T  Das Maß ist voll

Tarquinius Superbus, der siebte König Roms, ist bei den Römern wegen seiner grausamen Herrschaft zunehmend verhasst. Die Situation verschärft sich, als Lukretia, die Frau des aus einer bedeutenden Familie stammenden Collatinus, von Tarquinius' Sohn Sextus überfallen und vergewaltigt wird. Lukretia, die – obwohl unschuldig – ihre Ehre für immer verloren sieht, weiß keinen anderen Ausweg als sich selbst das Leben zu nehmen.

In Collatia, dem Wohnort der Lukretia in der Nähe Roms, ist die Empörung so groß, dass L. Iunius Brutus, ein Freund des Collatinus, mit einer großen Schar junger Männer bewaffnet nach Rom zieht.

Post mortem Lucretiae Brutus cum multis viris Romam petivit et forum occupavit. Voces et arma et multitudo
3 virorum Romanos terruerunt. Homines statim ad forum properaverunt, quod causam clamoris cognoscere voluerunt. Ubi de scelere filii regis et de sorte misera
6 Lucretiae audiverunt, iram non iam tenuerunt.
Tum Brutus magna voce: „Lucretia", inquit, „semper Collatino marito uxor bona fuit, semper deos coluit.
9 Nunc non iam vivit propter iniuriam Sexti Tarquini. Expellite tandem gentem superbam Tarquiniorum! Scelera regis non ignoratis. Num de nece Servi Tulli¹, num de
12 nece multorum virorum bonorum dicere debeo? Si tuti a sceleribus et iniuriis esse vultis, expellite regem et totam gentem Tarquiniorum, liberate tandem urbem a magno
15 periculo!"
Et Romani et Collatini² verba Bruti probaverunt. Tarquinii autem iram hominum timuerunt et Romam relinquere
18 properaverunt.
Ita Tarquinius Superbus rex ultimus Romanorum fuit.

*Münze mit dem Porträt des Lucius Iunius Brutus*

¹Servius Tullius: *Vorgänger des Tarquinius, den dieser hatte töten lassen*

²Collātīnī, ōrum *die Collatiner*

*Liktor mit Rutenbündel und Beil*

❶ Wie werden die Tarquinier in **T** dargestellt? Stelle alle Hinweise in einer Liste zusammen.

❷ An welchen Formulierungen wird in der Rede des Brutus (Z. 7–15) erkennbar, dass nun „das Maß voll ist"?

❸ Stelle grafisch – z. B. durch Pfeile – dar, in welchem Verhältnis die in **T** auftretenden Personen zueinander stehen.

❹ Als nach außen sichtbares Symbol für die unumschränkte Herrschergewalt des Königs gab es verschiedene Zeichen, wie z. B. Purpurgewand und Goldkranz. Daneben konnte sich der König in der Öffentlichkeit von zwölf Amtsdienern, den Liktoren, begleiten lassen. Sie trugen Rutenbündel (**fasces**) bei sich, aus denen Beile herausragten. Wofür konnte das Beil Symbol sein?

*Römische Götter.
Relief auf dem Triumphbogen von Benevent, 2. Jh. n. Chr.*

**a** Suche alle Adjektive aus **T** heraus und bestimme, in welcher der beiden Funktionen (attributiv oder prädikativ) sie jeweils verwendet werden. Schreibe sie in eine getrennte Liste.

**b** Übersetze die Sätze. Bestimme jeweils den Gebrauch des Adjektivs.
1. Hic videtis multos deos et deas Romanorum.
2. Romani multos deos colunt.
3. Dei boni sunt, nam hominibus adsunt.
4. Homines boni iram deorum non timent.
5. Nam ira deorum magna est.

**c** Wähle aus den gegebenen Adjektiven aus und ergänze die Lücken. Übersetze dann:

multa – tota – multi – multae
1. In Foro Romano ___?___ mercatores et ___?___ tabernae sunt.
2. Itaque homines ___?___ ex urbe forum petunt.
3. Sed etiam ___?___ templa et aedificia fori homines delectant.

bonum – magna – multis
1. Lucius Atiam amicam ___?___ donis delectare vult.
2. Sed Atia Lucium non semper laudat, nam non ___?___ dona amat, sed amicum ___?___.

**d** v- oder u-Perfekt? Bilde jeweils die entsprechende Perfektform:
potestis – prohibemus – petunt – estis – vult – fles – doleo – tacent – complet – cupitis – deponis – servant – colunt – timet – liberamus – cognoscis – alit – sunt – auditis – licet – corripis

uxor bona

homo miser

magnum iter

amicus bonus

„Formenstaffel!" Welches Team gewinnt?
Wir bilden vier Mannschaften. Der Gruppenführer jedes Teams erhält einen Staffelstab, nennt den Nominativ Singular und gibt den Stab an den nächsten Mitstreiter weiter. Dieser „verwandelt" die Form in die nächste verlangte usw.
Vorsicht: Bemerkt der folgende Spieler, dass die Form seines Vordermanns falsch ist, nimmt er den Staffelstab nicht an.
Der Gruppenführer notiert die Formenreihe. Sieger ist das Team, das als erstes alle richtigen Formen beim Lehrer bzw. bei der Lehrerin abgibt.
Nom. Sg. → Pl. → Abl. → Dat. → Sg. → Abl. → Gen. → Pl. → Akk. → Sg.

1. Nenne zu den folgenden Wörtern europäischer Sprachen das lateinische Herkunftswort und gib dessen Bedeutung an:

frz. *porte* / rum. *portal*
sp. *vivir* / port. *viver*
engl. *sign* / frz. *signe*
sp. *hombre* / it. *uomo*
rum. *orador* / frz. *orateur*

engl. *to prove* / sp. *probar*
it. *buono* / frz. *bon*
port. *paz* / engl. *peace*
frz. *défendre* / engl. *to defend*
it. *vedere* / rum. *vedea*

2. Welche der hier genannten europäischen Sprachen gehört nicht zu den romanischen Sprachen? Vergleiche auch die farbig hervorgehobenen Sprachgebiete auf der Karte rechts oben.

LATEIN LEBT

# 12 Aus der Geschichte Roms

*Romanische Sprachgebiete im heutigen Europa*

## Menenius Agrippa

Nach der Vertreibung des Tarquinius lag die Macht nicht mehr bei einem Einzelnen, sondern verteilte sich auf die wenigen führenden römischen Adelsfamilien, die Patrizier (**patriciī, ōrum**). Sie bekleideten die höchsten Ämter des Staates. Die Plebejer (**plēbeī, ōrum**), die den größten Teil der Bevölkerung Roms ausmachten, blieben dagegen von jeglicher Macht ausgeschlossen. Aus Protest gegen diese Ungerechtigkeit zogen diese schließlich zu Beginn des 5. Jh.s v. Chr. aus der Stadt aus. Dem Patrizier Menenius Agrippa gelang es jedoch, sie zur Rückkehr nach Rom zu bewegen …

*Bronzestatue eines Redners. So könnte sich Menenius an die Plebejer gewandt haben.*

[1] mōns Sacer  *Heiliger Berg (Zufluchtsort der Plebejer)*

[2] fābula  *Geschichte*

Ubi Menenius Agrippa in monte Sacro[1] fuit, plebeios ad se vocavit et oravit: „Venite in urbem Romam, viri boni! Facite pacem cum patriciis! Tota urbs in magno periculo est, nam tuti ab hostibus non iam sumus." Sed plebei: „Num patriciis iniurias facere licet? Patricii homines superbi sunt. Hominibus autem superbis non paremus!" Tum Menenius: „Et patricii et plebei urbem defendere debent. Credite mihi, viri boni! Audite fabulam[2] …"

Menenius erzählte den Plebejern die Geschichte vom Magen und den Gliedern: Die Glieder wollten einst dem Magen nichts mehr zuführen, weil dieser immer nur nahm, aber nie etwas gab. Als aber infolge des Hungerns eine Schwächung des gesamten Körpers eintrat, sahen die Glieder ein, dass auch der Magen eine wichtige Funktion hatte, und gaben ihm fortan wieder zu essen.

Tum plebeis placuit Menenio parere Romamque petere. Ita Menenius urbem e magno periculo servavit.

Die Plebejer verstanden sogleich, was Menenius ihnen sagen wollte. Du auch? Übertrage die Geschichte vom Magen und den Gliedern auf die Verhältnisse in Rom.

# 13 Hannibal ante portas

*Schwurszene Hannibals mit seinem Vater*

Nach dem Tod Hamilkars, des obersten Feldherrn der Punier, wählte das Heer 221 v. Chr. unter großem Jubel dessen ältesten Sohn, Hannibal, zum Nachfolger als Heerführer. Er war gerade einmal 26 Jahre alt!

Hannibal hatte von klein auf als Soldat beim Heer gelebt. In jungen Jahren war er mit seinem Vater nach Spanien gezogen und hatte sich dort sogleich bewährt.
Er war beliebt unter den Soldaten und von allen geachtet:

„Sie kannten keinen Feldherrn, dem sie mehr vertrauten, für den sie mehr wagten. Er war äußerst kühn, wenn es galt gefährliche Aufträge zu übernehmen.
Keine Anstrengung konnte seinen Körper ermüden und seinen Mut besiegen.
Gleich groß war seine Ausdauer in Hitze und Kälte. Viele haben ihn gesehen, wie er zwischen Wachen und Soldatenposten auf der Erde schlief, oft nur mit einem Militärmantel zugedeckt. Als Erster zog er in den Kampf, als Letzter verließ er die beendete Schlacht."
Mit solch bewundernden Worten bedachte ihn selbst der römische Historiker Livius.
Antike Quellen berichten aber auch, dass Hannibal von seinem Vater zum ewigen Hass auf die Römer erzogen wurde. Als er neun Jahre alt war, soll er feierlich – mit erhobener Hand vor dem Altar des höchsten karthagischen Gottes Baal stehend – geschworen haben, niemals einen guten Gedanken an die Römer zu verschwenden und erst dann Ruhe zu geben, wenn das feindliche Rom endgültig besiegt sei.

**G** Romani, ubi Collatinos viderunt, primo ita dixerunt:
- Cur ad nos venistis, Collatini? Cur arma cepistis?
3 - Num Romani vobis iniurias fecerunt?
- Cur *tu*, Brute, Collatinos in urbem duxisti?
- Deponite arma, viri! *Nos* cum amicis pugnare non cupimus.
6 Tum Brutus ad Romanos accessit et de sorte Lucretiae narravit.

Perfekt (s- und Dehnungsperfekt) – Personalpronomen

## 13 Aus der Geschichte Roms

### T Hannibal ante portas

Hannibal hielt seinen Schwur und setzte den Kampf seines Vaters Hamilkar gegen Rom mit aller Anstrengung fort. Im Jahr 218 v. Chr. überquerte er von Spanien aus völlig überraschend mit dem gesamten Heer die vereisten Alpen und stand plötzlich in Italien. Die Römer leisteten Widerstand, doch vergeblich: Nach mehreren Niederlagen gegen die Punier verloren sie schließlich bei Cannä 216 v. Chr. trotz zahlenmäßiger Überlegenheit fast das gesamte Heer. Der Weg nach Rom war für Hannibal frei. In Rom löste diese Nachricht Angst und Schrecken aus.

Uxores Romanorum, postquam de calamitate legionum Romanarum audiverunt, totam urbem vocibus suis
3 compleverunt. Uxor quaedam[1]: „Di[2] boni, adeste mihi miserae! Cuncti filii mei cum hoste pugnaverunt. Num filios amisi?" Alia autem uxor: „Cur tu te miseram vocas?
6 Maritus tuus in urbe mansit tibique multi filii sunt. Ego autem maritum non iam habeo mihique unus filius restat. Non solum tu, sed etiam nos saluti virorum nostrorum
9 timemus[3]!"
Etiam senatores statim in curiam convenerunt, de sorte urbis consuluerunt. Unus e senatoribus ita dixit: „Hannibal
12 magnis laboribus milites elephantosque[4] per Alpes in Italiam duxit, multa oppida cepit, legiones nostras vicit, nunc certe Romam contendere cupit. Nobis autem legiones
15 non iam sunt. Equidem ita censeo: Aperite portas victori!"
Alius autem senator: „Ego vero sententiam tuam non probo. Hannibal nos proelio vicit, sed victor belli non est.
18 Moenia Romae alta sunt. Cuncti Romani urbem armis servare debent!"

Hannibal aber nutzte die Gunst der Stunde nicht und verzichtete auf einen sofortigen Angriff gegen Rom.

[1] quaedam *eine*
[2] dī ~ deī
[3] timēre *m. Dat. fürchten um*
[4] elephantus: *vgl. Bild*

*Tellerbild: Zum Krieg gerüsteter Elefant, 3. Jh. v. Chr.*

❶ Zu welcher Zeile aus **T** passt das Tellerbild?
❷ **T** zerfällt in zwei Teile: Z. 1–9 und Z. 10–19. Was bestimmt jeweils thematisch (Personen, Inhalt) die beiden Teile? Was haben beide Teile gemeinsam?

❸ Zitiere lateinische Stellen aus **T**, die Panik und Angst der Menschen belegen (Z. 1–9).
❹ In welche zwei Lager waren die Senatoren offenbar gespalten? Wie lassen sich beide Haltungen begründen (Z. 11–19)?

❺ Sammelt Argumente für und gegen die Kapitulation der Römer. Orientiert euch dabei an den unterschiedlichen Standpunkten der Senatoren in **T**. Arbeitet eure Argumente zu einer kleinen Rede aus. Wählt einen Redner, der die Argumente vorträgt.

**ⓐ** Schreibe alle neuen Perfektformen aus **T** heraus. Gib jeweils den Infinitiv an und bilde die entsprechende Präsensform.

**ⓑ** Dehnungsperfekt oder **s**-Perfekt? Weise jede Form zu und gib den Infinitiv Präsens an. Übersetze die Formen.
mansimus – risisti – pervenerunt – vidistis – egit – fecimus – aspexisti – reliquerunt – accessi – veni

**ⓒ** Bilde zu den vier gelernten Arten der Perfektbildung je drei Beispielformen mit verschiedenen Verben deiner Wahl. Übersetze die Formen.

**ⓓ** Vervollständige die Sätze, indem du aus den Töpfen jeweils eine passende Subjunktion und ein passendes Prädikat auswählst. Übersetze die Sätze.

1. Multi Hannibalem magnum imperatorem vocant, ? milites elephantosque per Alpes ? .
2. Milites Romani, ? elephantos Poenorum ? , saluti suae timuerunt *(fürchten um)*.
3. ? Hannibal magno proelio legiones Romanas ? , multi senatores portas urbis aperire voluerunt.
4. Alii senatores autem: „ ? Romam servare ? , nobis arma deponere non licet."

**ⓔ** Setze folgende Formen passend in den Text ein und übersetze:
vos – nobis – magnos – mihi – nos
Milites Hannibalis: „Quo *(wohin)* ? ducis, Hannibal? Iam multos comites amisimus!"
Hannibal militibus respondet: „ ? labores non ignoro.
 ? per montes Alpium in Italiam duxi. Credite ? :
Nunc Italia ? patet!"

**ⓕ** Irrläufer gesucht! Übersetze auch alle Formen:
moenia – oppida – sententia – itinera
ago – egisti – agit – egi – ego
tacete – audi – arma – vince – credite
repente – ripam – subito – iam – circiter

**ⓖ** Führe jeweils drei Begriffe zu einem Wortfeld zusammen und gib jedem Wortfeld eine passende Überschrift:
arma – poeta – aqua – mater – sacrum – taberna – deus – thermae – liber – hostis – pater – pecunia – templum – mercator – carmen – victor – frigidarium *(Kaltwasserbad)* – liberi

---

ALIUD EST DICERE,
ALIUD FACERE.

LABOR OMNIA VINCIT.

VENI, VIDI, VICI.

omnia *alles*

## 13 Aus der Geschichte Roms

*Hannibals Übergang über die Alpen. Lithografie nach einer Zeichnung von Alfred Rethel (1816–1859)*

Hannibals Übergang über die schneebedeckten Alpen stellte für die damalige Zeit eine unglaubliche militärische Leistung dar. Bis heute versuchen Forscher den genauen Weg Hannibals nachzuzeichnen.
1. Welcher Punkt des Feldzugs ist auf dem obenstehenden Bild erreicht? Woran erkennst du dies?
2. Wie wirkt Hannibal, wie wirken seine Soldaten auf den Betrachter? Gib eine kurze Beschreibung.

*Büste Hannibals*

### Interview mit Hannibal

Mehreren Schülern, die an einem Forschungsprojekt teilnehmen, ist es gelungen, sich mittels Zeitmaschine in die Zeit des Zweiten Punischen Krieges zwischen Rom und Karthago (**Carthāgō, inis** f) zu versetzen und in das Lager Hannibals vorzustoßen. Sie befragen ihn zu den Hintergründen seines spektakulären Feldzugs über die Alpen …

Adulescens: „Magno cum agmine militum et multis cum equis elephantisque in Italiam pervenisti, Hannibal; sed multa arma,
3 bestias, milites amisisti. Cur magnis cum laboribus iter per Alpes fecisti?" Hannibal: „Romanos terrere volui: Agmen per Alpes duxi, cunctos hostes vici, multa oppida cepi. Nunc Romani nos
6 timent, nunc Italia nobis patet." Adulescens: „Militesne tibi semper paruerunt?" Hannibal: „Ita est. Equidem magnos labores belli suscepi[1] – sicut[2] milites mei. Itaque me amant mihique
9 parent." Adulescens: „Cur Romanos armis petitis?" Hannibal: „Romani cum legionibus Italiam relinquere et terras alienas[3] petere non dubitant. Etiam Carthaginem capere cupiunt; itaque
12 Romanos vincere debemus."

[1] suscipere (*Perf.* suscēpī) *auf sich nehmen*
[2] sīcut *wie*
[3] terrae aliēnae *fremde Länder*

# 14 Scipio contra Hannibalem

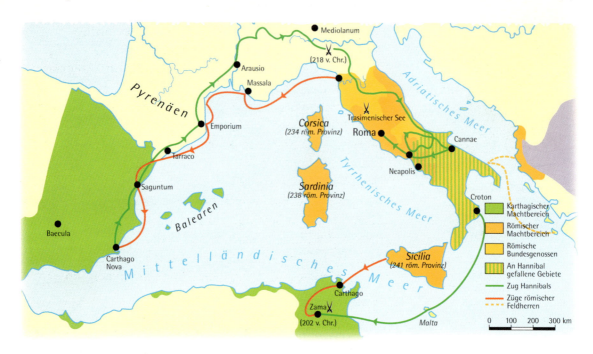

Als im Jahre 204 v. Chr. römische Truppen unter dem Kommando des **Publius Cornelius Scipio** von Sizilien aus nach Afrika übersetzen und Karthago bedrohen, muss Hannibal, der seit dem Sieg bei Cannä keine entscheidenden Erfolge mehr erzielen konnte, unbesiegt Italien verlassen und zur Verteidigung seiner Heimat nach Afrika zurückkehren. Zwei Jahre später gelingt Scipio bei Zama der entscheidende Sieg über das punische Heer. Karthago, die große Rivalin, ist besiegt. Scipio wird in Rom begeistert empfangen und als großer Held gefeiert. In den folgenden Jahren bekommt er die höchsten politischen Ämter und erringt weitere militärische Erfolge. Doch die Neider lassen nicht lange auf sich warten und verwickeln Scipio in Prozesse, sodass er schließlich Rom verlassen muss. 183 v. Chr. stirbt er auf seinem Landgut in Kampanien.

    Certe iam audivistis de Hannibale,
        qui milites suos in Italiam duxit,
3       cuius milites Italiam intrare non dubitaverunt,
        cui milites semper paruerunt,
        quem Romani diu timuerunt.
6 Romanos diu terruit Hannibal,
        de quo certe iam audivistis.
    Multa oppida Italiae Hannibalem (hostes) non prohibuerunt.
9 Quem (Quos) ubi viderunt, statim portas aperuerunt.

*Karthagische Münzprägung: auf der Vorderseite das Porträt Hannibals, auf der Rückseite die Darstellung eines Elefanten*

Relativpronomen – Relativsatz als Attribut – Relativer Satzanschluss

# 14 Aus der Geschichte Roms

Büste Scipios

**T Scipio contra Hannibalem**

Marcus, Titus und Aulus sprechen mit ihrem Lehrer über die römische Geschichte. (Mag = magister *Lehrer*).

MAG: Vos iam de Publio Cornelio Scipione, quem Africanum appellamus, audivistis. Scire volo …
3 AULUS: Sed Scipio vir Romanus fuit. Cur virum Romanum appellamus Africanum?
MAG: Bene rogas, Aule. Potesne respondere, Tite? *Titus tacet.*
6 MAG: Et tu, Marce?
MARCUS: Quia Scipio in Africa, quae est patria Poenorum, hostes superavit.
9 MAG: Non solum hostes vicit, Marce, sed imprimis Hannibalem! Victoria sua Scipio Romam tandem a magno periculo liberavit.
MARCUS: Tamen Scipioni, cui senatores postea triumphum[1]
12 decreverunt, in urbe manere non licuit.
MAG: Ita est, Marce. Propter crimen falsum[2] Scipio, cuius virtutem patres vestri cunctique Romani laudant, Romam
15 reliquit.
TITUS: Fueruntne Scipioni uxor liberique?
AULUS: Nonne scis Corneliam, quae est filia Scipionis, Tite?
18 TITUS: Nescio. Neque vero tu, Aule, cuncta scis.
MAG: Aulus non errat, Tite. Multi Corneliam, cui duodecim[3] liberi fuerunt, exemplum clarae uxoris
21 matrisque vocant. Quae post mortem mariti non desperavit, sed familiam sola curavit. Imprimis Tiberio et Gaio filiis semper consiliis bonis adesse studuit ….
24 *Nunc magister multa de vita Corneliae narrat. Denique pueros dimittit. Qui gaudent, nam ad thermas contendere volunt.*

[1] triumphus *Triumphzug (Siegeszug durch die Stadt zum Kapitol)*

[2] crīmen falsum: *Scipio wurden von seinen Gegnern Bestechung und Unterschlagung von Geld vorgeworfen.*

[3] duodecim *zwölf (nur drei Kinder überlebten)*

❶ Was bedeutet contra in der Überschrift?
❷ Warum ist Scipio berühmt geworden?
❸ Erstellt anhand der Informationen aus **T** jeweils ein Porträt des Scipio und der Cornelia.

Lehrer mit Schülern, Marmorrelief aus Neumagen an der Mosel, 2. Jh. n. Chr. (Trier, Rheinisches Landesmuseum).

---
**MULTUM, NON MULTA**
---

---
**QUOD LICET IOVI,
NON LICET BOVI.**
---

bovī *dem Rind*

**ⓐ** Schreibe alle Relativpronomina aus **T** heraus. Nenne das Bezugswort. Was unterscheidet die Relativpronomina in Zeile 21 und 25 von den übrigen?

**ⓑ** Wandle die Sätze nach dem folgenden Muster um. Übersetze dann.
Beispiel: Philippus tabernam intrat (<u>Philippus</u> librum emere cupit).
Philippus, <u>qui</u> librum emere cupit, tabernam intrat.

1. Thermae magnae sunt (Lucius <u>thermas</u> intrat).  2. Lucius gaudet et ridet (Amici <u>Lucii</u> iam adsunt).  3. Lucius mercatores non videt (<u>Mercatores</u> turbam appellant).
4. Atia hodie ad forum properat (<u>Atia</u> est amica Lucii).  5. Ibi Atia amicas videt (Cum <u>amicis</u> semper tabernas intrat).  6. Postea cum Lucio equos spectat (<u>Equi</u> in Circo Maximo currunt).

**ⓒ** Ergänze die Lücken durch einen relativen Satzanschluss. Übersetze dann.
1. Ad Tiberim Faustulus Romulum et Remum aspicit. ___?___ lupa *(Wölfin)* servavit et aluit.  2. Faustulus pueros Accae uxori dat. ___?___ statim Romulum et Remum tenet et liberos suos vocat.  3. Postea Remus murum Romuli ridet. ___?___ subito fratrem petit et necat.

**ⓓ** Suche den Irrläufer:
quibus – legionis – servis – comitibus
quae – uxor – virtus – bonus
cui – amicae – seni – viginti
quae – scelera – poeta – templa
quem – virum – victorem – miseram
quod – sinistram – iter – clarum
cuius – negotio – agminis – falsae

**WORTSCHATZ**

Beachte jeweils den Bedeutungsunterschied:
1. Marcus forum petit.
   Hostes urbem armis petunt.
2. Tibi gratias ago. Servi bestias in montem agunt. Multa negotia in foro agimus. Senatores de bello paceque agunt.
3. Acca pueros ad se vocat. Acca pueros liberos suos vocat.
4. Amici adsunt. Amici mihi adsunt.

**ⓔ** Was gehört zusammen?
1. rege        5. patrem      A. tuae        E. magnum
2. imperatorum 6. virtutis    B. ultimo      F. altis
3. iter        7. sortes      C. multos      G. miseras
4. moenibus    8. poetas      D. clarorum    H. nostrum

Übrigens: Diese Aufgabe lässt sich in ein „Memory"-Spiel umwandeln: Schreibt dazu die Formen auf Kärtchen, legt diese umgedreht auf den Tisch und los geht's! Wer merkt sich die meisten „Paare"?

**ⓕ** Entschlüssle den folgenden Spruch und erkläre seinen Sinn:

## MULTOSTIMETQUEMMULTITIMENT

## 14 Aus der Geschichte Roms

Übersetze. Achte dabei insbesondere auf die Bedeutung der Adjektive und Pronomina.
1. Multa de Romanis narro. 2. De bonis et malis *(Übel)* cogitamus. 3. Pater suos amat.
4. Cuncti victoria gaudent. 5. Nostri bene pugnaverunt. 6. Multi miseris adsunt.

*Rekonstruktionszeichnung von Karthago im 2. Jh. v. Chr.: Die Größe der Stadt war gewaltig; dreimal so groß wie Rom zählte sie über 150 000 Einwohner. Welchen Eindruck musste die Stadt auf den Betrachter machen? Beschreibe ihr Aussehen.*

### Z Rom oder Karthago?

Der einflussreiche Politiker M. Porcius Cato warnte die Römer nach Scipios Sieg über die Punier vor verfrühter Freude und verlangte die vollständige Zerstörung Karthagos.

Postquam Scipio Poenos in Africa vicit, senatores Romani virtutem victoris multis verbis laudaverunt: „Virtus tua, qua
3 hostem vicisti, sine exemplo est." „Tu Poenos, qui magno cum agmine militum nostros petiverunt, non solum in Africa, sed etiam uno proelio superavisti." „Neque elephanti, magnae bestiae,
6 quas Poeni secum[1] duxerunt, te terruerunt."
M. Porcius Cato autem ita dixit: „Cur Scipio in Africa non remansit, cur Carthaginem[2] non petivit, cur moenia alta urbis non
9 delevit[3], cur Hannibalem, imperatorem Poenorum, non cepit? Qui non solum vivit, sed iam de novo[4] bello cogitat. Dum[5] Carthago muros habet, victoria paceque gaudere nobis non licet.
12 Ceterum censeo Carthaginem esse delendam!"
*(Im Übrigen meine ich, dass Karthago zerstört werden muss.)*

[1] sēcum *mit sich*
[2] Carthāgō, Carthāginis f *Karthago*
[3] dēlēre *(Perf.* dēlēvī*) zerstören*
[4] novus, a, um *neu*
[5] dum *solange*

# 15 Anschlag auf den Konsul Cicero

Cicero klagt Catilina vor dem Senat an (63 v. Chr.). Wandgemälde von Cesare Maccari aus dem 19. Jh. (Rom, Palazzo Madama).

Im Jahre 70 v. Chr. machte zum ersten Mal ein junger Mann namens **M. Tullius Cicero** auf sich aufmerksam, als er einen aufsehenerregenden politischen Prozess gegen einen einflussreichen Gegner für sich entschied. Fortan ging die politische Karriere Ciceros steil bergauf.

Im Jahre 63 v. Chr. erlangte der **homo novus** – so nannte man einen Emporkömmling, der nicht aus einer der adligen Familien Roms stammte – das Konsulat und damit den Höhepunkt seiner Laufbahn.

 Quid de Marco Tullio Cicerone scitis?

3 Is vir consul clarus fuit.
  Multi eum bonum virum vocant.

    Orationes eius clarae sunt.
    Eas orationes hodie quoque legimus.

M. Tullius Cicero (106–43 v. Chr.). Marmorbüste aus augusteischer Zeit (Rom, Kapitolinisches Museum).

Perfekt (Reduplikation, ohne Stammveränderung) – Pronomen **is** – Ablativ der Zeit

## Aus der Geschichte Roms

### Anschlag auf den Konsul Cicero

Im Jahre 63 v. Chr. plante eine Gruppe von Verschwörern unter Führung Catilinas die politischen Verhältnisse in Rom radikal zu verändern und die Macht an sich zu reißen. Als eine gewisse Fulvia über ihren Geliebten Quintus Curius erfuhr, dass der Konsul Cicero noch in derselben Nacht von den Verschwörern ermordet werden sollte, eilte sie sofort zu dessen Haus. Da sie sich als Frau an die Hausherrin zu wenden hatte, bat sie Ciceros Sekretär Tiro, der die Tür öffnete, Ciceros Frau Terentia zu benachrichtigen.

Multa nocte Tiro dominam suam e somno excitavit. Terentia, ubi eius vocem sollicitudinemque[1] animadvertit,
3 statim surrexit. Tum Tiro: „Dominus", inquit, „in summo periculo est. Ecce Fulvia, quae te convenire vult." Terentia eam salutavit[2], tum Fulvia dixit: „Quintus Curius meus et
6 pauci viri hodie apud M. Porcium Laecam[3] fuerunt. Audi ea, quae consuluerunt: Consulem, maritum tuum, in aedibus vestris necare volunt!"
9 Terentia, postquam verba Fulviae audivit, ad Ciceronem contendit eique periculum nuntiavit. Qui statim e cubiculo[4] cucurrit, cunctos servos arcessivit, eis imperavit: „Currite
12 ad ianuam[5] et claudite eam! Defendite me ab iis hominibus, qui me necare volunt!"
Prima luce profecto duo homines ad aedes consulis
15 accesserunt. Diu ante ianuam steterunt, tum eam aperire frustra studuerunt, denique discesserunt.
Postridie[6] Cicero senatores in templum Iovis Statoris[7]
18 convocavit. Ubi Catilinam vidit, iram non iam tenuit eumque ita accusavit: „Iam diu, Catilina, consilia tua cognovimus. Me bene defendi ab insidiis, quas mihi in
21 aedibus meis paravisti. Ita periculum mortis vitavi. Ego te moneo, a te postulo: Libera nos a periculo tuo, relinque tandem id templum urbemque nostram!"
24 Qua oratione Cicero Catilinam ex urbe pepulit.

[1] sollicitūdō, inis *Unruhe*

[2] salūtāre *begrüßen*
[3] M. Porcius Laeca: *ein Mitverschwörer des Catilina*

[4] cubiculum *Schlafzimmer*

[5] iānua *Eingangstür*

[6] postrīdiē *am folgenden Tag*
[7] templum Iovis Statōris *der Tempel des Jupiter Stator (in dem oft Senatssitzungen stattfanden)*

❶ Suche alle Zeitangaben aus **T** heraus. Wie können Zeitangaben im Lateinischen ausgedrückt werden?
❷ Gliedere den Text nach Zeitabschnitten. Gib jedem Abschnitt eine passende Überschrift.

❸ Welche Szene des Textes spiegelt sich in dem Wandgemälde auf der linken Seite wider? Was sagt das Bild über die Situation Catilinas aus?

**ⓐ** Setze die richtigen Formen von *is, ea, id* ein und übersetze.
Quis est Tiro?
1. Multa de ? viro scimus. 2. Terentia ? saepe *(oft)* laudat. 3. Nam Tiro semper ? , quae Terentia imperat, bene facere studet. 4. Et familiam et ? , qui aedes intrant, bene curat. 5. Etiam Cicero Tironem amat: ? ad consilia admittit; cum ? itinera facit ? que libros suos et multa negotia mandat *(vertraut an)*. 6. Itaque multi Tironem non servum Ciceronis, sed ? amicum vocant.

**ⓑ** Mit Reduplikation oder ohne Stammveränderung?
Bilde die entsprechende Perfektform und übersetze.
stas – pellitis – animadverto – currimus – contendunt – do – restat – defendunt – instituit – attingo

**ⓒ** Füge die Sätze sinnvoll in der zeitlichen Abfolge von **T** zusammen. Übersetze dann.
1. Ubi Cicero Catilinam apud senatores animadvertit,
2. Ubi Terentia ei periculum nuntiavit,
3. Postquam Fulvia aedes Ciceronis reliquit,
4. Postquam duo homines ad aedes accesserunt,
a) Cicero cunctos servos arcessivit.
b) servi Ciceroni signum dederunt.
c) eum multis verbis accusavit.
d) Terentia ad maritum suum cucurrit.

**ⓓ** Welche der folgenden Formen können sowohl Perfekt als auch Präsens sein? Bestimme jede Form:
respondit – contendit – defendi – ostenderunt – reliquit – venit – vidit – animadvertit – vitavisti – instituunt

**ⓔ** 1. Sortiere nach folgenden Gesichtspunkten:
a) Präpositionen mit Akk. b) Präpositionen mit Abl. c) Adverbien
in – ante – e/ex – in – sine – certe – per – ad – bene – profecto – a/ab – de – post – vero – pro – propter – subito – hodie – apud – cum
2. Erkläre die Bedeutung folgender Wörter: *prowestlich – Exminister – postmortal – abnormal*

---

1. Führe jeweils die unterstrichenen Wörter auf ihre lateinische Wurzel zurück und erschließe den Satzinhalt:
   <u>Ride</u> <u>bene</u> chi <u>ride</u> <u>ultimo</u>. (italienisch)   Te <u>digo</u> „<u>muchas gracias</u>". (spanisch)

2. Erschließe, welche Wörter jeweils zusammengehören:
   | | | | | |
   |---|---|---|---|---|
   | amicus | italienisch | sempre | deutsch | sehen |
   | videre | französisch | homme | deutsch | Tempel |
   | homo | italienisch | amico | deutsch | eintreten |
   | semper | italienisch | tempio | deutsch | Freund |
   | templum | spanisch | entrar | deutsch | Mensch |
   | intrare | französisch | voir | deutsch | immer |

*LATEIN LEBT*

## 15 Aus der Geschichte Roms

Ubi Tiro ianuam *(Eingangstür)* aperuit, Fulvia ei dixit: „Ad aedes vestras venio, quod consul, dominus tuus, in summo periculo est. Curre ad dominam nuntiaque ei periculum!"

1. Beurteile die folgende Übersetzung nach Genauigkeit und Korrektheit. Ergänze bzw. korrigiere: Nachdem Tiro die Tür geöffnet hatte, sagte Fulvia: „Ich komme zu euch, weil dein Herr in großer Gefahr schwebt. Laufe zu deinem Herrn und melde ihm dies!"

2. Auf welche Wörter des Textes treffen die folgenden Angaben jeweils zu?
Verbform im Imperativ / Präposition mit Ablativ / weibliches Dativ-Objekt / s-Perfekt / kausale Subjunktion / temporale Subjunktion / Verbum der i-Konjugation / männlicher Nominativ

### Cicero wird gejagt

Viele Jahre später (43 v. Chr.) hatte Cicero den übermächtigen Politiker Marcus Antonius in mehreren Reden scharf angegriffen; dieser schwor Rache und befahl seinen Leuten, den Widersacher zu töten.
Als Cicero, der sich außerhalb Roms befand, von Freunden über den Racheplan des Antonius erfuhr, blieb ihm nur die Flucht, und er beklagte sich bitter über sein Schicksal:

Postquam Cicero amicis gratias egit eosque dimisit, statim de fuga[1] cogitavit:

3 „Di[2] boni, adeste mihi familiaeque meae miserae! Antonium in foro ‚bestiam' et ‚hostem patriae' appellavi. Qui certe iam milites suos ad me misit; mihi hic manere non licet. Num ego patriam
6 e multis periculis frustra servavi? Nonne ego fui is consul, qui Catilinam ex urbe expulit atque ita patriam ab eius sceleribus liberavit? Tum senatores virtutem meam laudaverunt meque
9 ‚patrem patriae' vocaverunt. Semper ego cuncta pericula superavi et libertatem[3] rei publicae[4] defendi. Nunc autem patriam Italiamque relinquere atque vitam meam servare debeo."

[1] fuga *Flucht*
[2] dī ~ deī
[3] lībertās *Freiheit*
[4] reī pūblicae *des Staates*

Was bedeutet **pater patriae** (Z. 9) wörtlich? Finde eine passendere Übersetzung.

*Anfang einer Ausgabe von Ciceros Briefen. Mittelalterliche Handschrift. Welche lateinischen Wörter kannst du entziffern?*

# 16 Cäsar im Banne Kleopatras

Fast zeitgleich mit Cicero erlebte ein anderer großer Römer seinen politischen Aufstieg: C. Iulius Caesar, der – 100 v. Chr. geboren – aus einer der angesehensten römischen Adelsfamilien stammte. 59 v. Chr. wurde Cäsar Konsul. Um seine politisch ehrgeizigen Ziele durchzusetzen, war ihm beinahe jedes Mittel recht.

Seine Gegner warfen ihm vor, gegen die Gesetze verstoßen und das Konsulat für seine persönlichen Zwecke missbraucht zu haben.
58–51 v. Chr. eroberte Cäsar Gallien und dehnte den römischen Machtbereich weit nach Norden hin aus. Zu dieser Zeit stand er in Rom in höchsten Ehren.

Doch seine Gegner klagten ihn erneut an. Da Cäsar nicht bereit war, sich freiwillig der Anklage zu stellen, kam es zum Bürgerkrieg und zur Auseinandersetzung mit Pompejus, dem neben Cäsar mächtigsten Mann Roms. Nachdem Pompejus in der entscheidenden Schlacht bei Pharsalos (48 v. Chr.) unterlegen war, musste er nach Alexandria in Ägypten fliehen, wo er durch Verrat ermordet wurde.

**G** Cicero, postquam se ab insidiis bene defendit, statim senatores in templum convocavit.
3 Ubi Catilina templum intravit, Cicero iram non iam tenuit eumque verbis vehementibus accusavit.
Dum Cicero de sceleribus Catilinae dicit, multi senatores
6 surrexerunt et magna voce clamaverunt.
Ea oratione Cicero ingentem gloriam *(Ruhm)* paravit.

*Königin Kleopatra VII. (69–30 v. Chr.). Marmorbüste, um 30 v. Chr. (Berlin, Staatliche Antikensammnlung)*

Adjektive 3. Deklination (einendige) – Gliedsätze – Satzgefüge

## 16 Aus der Geschichte Roms

### T Cäsar im Banne Kleopatras

Anstatt sich weiter um seine Gegner zu kümmern, hatte Cäsar, der Sieger über Pompejus, nur noch Augen für Kleopatra, die schöne Königin der Ägypter. In Rom begann man sich Sorgen zu machen.

Multi homines in forum conveniunt; de Caesare atque Cleopatra verba vehementia faciunt[1]:

- Num Caesar, qui cunctis imperatoribus virtute praestitit, propter eam mulierem totum annum in Aegypto manere vult? Quid? Num id verum est? Num id credere licet? Etsi alii potentem, alii pulchram eam vocant, mulier est. Num mulier plus valet quam[2] victoriae Romanorum? Num victor totius Galliae mulieri paret?

- Multi te, o Caesar, servum Cleopatrae vocant; nam cum multas horas apud reginam[3] es, ei placere studes eamque magnis donis delectas. Aegyptum relinquere non vis, quamquam fratrem Cleopatrae[4] vicisti pacemque iam paravisti.

- Num Caesar morte Pompei contentus est? Nonne pericula novi belli videt, nonne consilia inimicorum perspicit? Qui magnas copias parare instituerunt, dum Caesar cum Cleopatra nave iter per Nilum facit.

- Num monumenta Aegypti apud Caesarem plus valent quam victoriae? Iam multos annos Caesar bella gerit. Si patriam servare et imperium temperare vult, Aegyptum statim relinquere debet.

- Cleopatra Caesarem et corpore pulchro et ingenti copia auri et multis aliis illecebris[5] sibi adiunxit. Eam timere debemus, quia non solum regnum Aegypti, sed etiam Romam tenere studet. Multis e nuntiis conicio: Ea mulier non Caesarem amat, sed eius potentiam.

[1] verba facere *Gespräche führen*
[2] plūs valēre quam *mehr gelten als*
[3] rēgīna *Königin*
[4] frātrem Cleopatrae: *Gemeint ist Ptolemaios XIII., der die Römer in Alexandria angreifen ließ.*
[5] illecebra *Verlockung*

❶ Der Text gliedert sich in vier Abschnitte (Z. 1–2 / Z. 3–12 / Z. 13–20 / Z. 21–25). Fasse kurz den Inhalt jedes Abschnittes zusammen.
❷ Worin sehen die Römer die größten Gefahren in der Beziehung zwischen Cäsar und Kleopatra?
❸ Der Historiker Christian Meier schreibt in seinem Cäsar-Buch über Kleopatra:

*Sie war nicht eigentlich schön, wenn man nach den überlieferten Porträts urteilen darf, die Nase in der Tat beachtlich, an der Spitze etwas eingebogen, die Lippen sehr voll. Aber sie muss Cäsar bezaubert haben ... Kleopatra war aber zugleich eine hochgebildete Frau, sprach viele Sprachen wie ihre Muttersprache. Sie war politisch von überragender Klugheit, verschlagen, zu jeder Intrige fähig. Bestrickend seien ihre Umgangsformen gewesen, unwiderstehlicher Reiz sei von ihr ausgegangen und habe jeden in seinen Bann geschlagen. Alle ihre körperlichen Vorzüge stellte sie in den Dienst ihrer Politik.*

a) Welche Informationen über Kleopatra stimmen mit **T** überein? Was erfährst du darüber hinaus über Kleopatra?
b) Vergleiche die Büste Kleopatras mit der Comic-Zeichnung (S. 80): Gib die Unterschiede an. Erkläre sie.

Büste Cäsars, um 20 v. Chr. (Rom, Vatikanische Museen).

Zeit für eine „**Formenstaffel**" (vgl. 12 Ü, S. 66)!
Drei Gruppen deklinieren um die Wette (Singular und Plural).
Auf die Plätze, fertig, los!

vir potens    oratio vehemens    ingens periculum

**Ü**

**ⓐ** Suche den Irrläufer:

doni – genti – vehementi – multo – altae – viro – saluti
potentium – tutum – vocum – carminum – insidiarum
moenia alta – tota gens – magna voce – reges boni

**ⓑ** Verbinde die Aussagen sinnvoll. Ergänze auf der linken Seite eine der angegebenen Subjunktionen. Übersetze die Sätze dann und gib an, auf welche Lektion sie sich jeweils beziehen.

quod (quia) – cum – postquam – dum – etsi – quamquam – si – ubi

1. ? Romani de scelere filii regis audiverunt,
2. ? servi ianuam (Eingangstür) claudunt,
3. ? lupa (Wölfin) pueros servavit et aluit,
4. ? Scipio Hannibalem in Africa vicit,
5. ? pueri bene respondent,
6. ? pauci viri sumus,
7. ? tuti ab insidiis esse vultis,
8. ? inimici novas copias paraverunt,

a) Faustulus eos Accae uxori dedit.
b) urbem armis defendere debemus.
c) iram non iam tenuerunt.
d) magister (Lehrer) eos laudat.
e) tamen Caesar apud Cleopatram mansit.
f) Tarquinios superbos expellere debetis.
g) timor (Furcht) Ciceronem occupavit.
h) Romani eum Africanum appellant.

Karl von Piloty (1826–1886): Die Ermordung Cäsars (Hannover, Niedersächsische Landesgalerie).

## Aus der Geschichte Roms

Erschließe den Inhalt des folgenden italienischen Textes zum Forum Romanum. Welche lateinischen Wörter erkennst du? Welche Wörter, die du noch nicht gelernt hast, kannst du erschließen?

Qui vedete il Foro Romano. Era il centro politico, religioso, economico, giudiziario e sociale della Roma antica. Questi sono i pochi resti dei tempi, basiliche, archi trionfali e della curia, la sede del senato Romano.

*Blick auf das heutige Forum Romanum*

### Die Ermordung Cäsars

Mehr und mehr Stimmen in Rom erhoben sich gegen die Macht Cäsars:

„Caesar, cuius ingentem potentiam timemus, regnum capere vult."
„Tarquinius rex ultimus non fuit: Nam Caesar rex novus esse
3 cupit." „Quod si prohibere volumus, Caesarem necare debemus."

Schließlich in der Senatssitzung des 15. März 44 v. Chr. …

Senatores, postquam in curiam convenerunt, Caesarem
exspectaverunt. Qui curiam petere dubitavit, quod Calpurnia
6 uxor eum verbis vehementibus monuit: „Ea nocte somnium[1]
me terruit: Te mortuum[2] vidi. Mane hic, Caesar, quia saluti
tuae timeo[3]!"
9 Paulo post Brutus senator ad aedes Caesaris venit eumque
rogavit: „Ubi es, Caesar? Cur in curiam non venis? Senatores
te exspectant." Quamquam Calpurnia maritum tenere studuit,
12 is denique cum Bruto curiam petivit. Quam dum Caesar intrat,
senatores surrexerunt eumque salutaverunt[4].
Unus e senatoribus …

[1] somnium *Traum*
[2] mortuus, a, um *tot*
[3] timēre *m. Dat. fürchten um*

[4] salūtāre *begrüßen*

Vollende den letzten Satz auf Deutsch. Betrachte dazu das Bild links: Was sollte der Senator, der unmittelbar vor ihm kniet, tun?
Wie ist Cäsar schließlich ermordet worden? Beschreibe die Beteiligten.

*nach Gellius, Noctes Atticae*

Multa nocte ad Tarquinium Superbum mulier venit eique novem[1] libros ostendit. Tarquinius: „Quis es, mulier? Quid cupis? Te numquam vidi." Mulier autem regi dixit: „Vide libros, quos mecum porto! Verba, quae in iis libris legis, oracula[2] deorum sunt. Libros vendere volo." Ubi Tarquinius pretium[3] rogavit[4], mulier magnam copiam pecuniae postulavit. Tarquinius autem pecuniam dare noluit: „Pretium, quod postulas, ingens est. Num me ridere vis?"

[1] novem *neun*   [2] ōrāculum *Weissagung*   [3] pretium *Preis*
[4] rogāre *m. Akk. fragen nach etwas*

Statim mulier tres[1] libros cepit eosque in ignem[2] misit. Tum regi dixit: „Eos tres libros restituere[3] non possum, sed nunc tibi sex[4] libros vendo." Quod mulier pro sex libris idem[5] ingens pretium postulavit, rex eam risit: „Num fur es, mulier? Solum sex libri restant, tamen idem pretium postulas. Quod ego crimen voco!"

[1] trēs *drei*   [2] īgnis *Feuer*   [3] restituere *wiederherstellen*   [4] sex *sechs*
[5] idem *Akk. n denselben*

Sed mulier non dubitavit iterum[1] tres libros in ignem mittere. Tum dixit: „Nunc tres libri restant. Tibi licet eos emere, sed idem pretium postulo." Tarquinius diu de verbis mulieris cogitavit; denique dixit: „Fiducia[2] tua mihi placet, mulier. Vende mihi eos libros! Pecuniam, quam cupis, do." Mulier regi libros praebuit; tum ei gratias egit et discessit.

[1] iterum *Adv. wiederum*   [2] fīdūcia *Zuversicht*

So kaufte Tarquinius drei Bücher für den Preis von neun Büchern, weil er deren Wert nicht sofort erkannt hatte. Die Frau aber wurde nie mehr wiedergesehen. Viele glaubten, dass es die griechische Seherin Sibylle gewesen sei, die in einer Grotte nahe bei Cumae in Kampanien ein Orakel hatte. Nach ihr wurden die drei Bücher Sibyllinische Bücher genannt; die Römer bewahrten sie sicher in einem Tempel auf, um in Notzeiten Rat über die Zukunft einholen zu können.

## Knifflige Übersetzung

Die Seherin Sibylle soll auch Äneas, den Stammvater der Römer, in die Unterwelt geführt haben, damit dieser seinen Vater nach der Zukunft befragen konnte. Das Zusammentreffen der beiden wurde von einem Dichter so geschildert. Leider sind nicht alle Wörter gut zu lesen. Ergänze die fehlenden Buchstaben und übersetze dann.

[1] Tartarus *Unterwelt*
[2] Aenēās, ae *m*, Aenēan *Akk.*, Aenēā *Vok.*

1. Aeneas: „Salve, Sibyll ?! Ubi ??? porta Tartari[1]?"
2. Sibylla: „Ven ? mecum, Aenea[2]!"
3. Tum Aenean in Tartarum alt ?? duc ??.
4. In Tartar ? Aeneas voces au ??? ; tum comitem suam rogat: „Quis Tartarum clamor ? compl ???"
5. Sibylla ei respondet: „Multi propter sceler ? su ? iram de ???? excitaverunt; itaque sors miser ? eos in Tartaro exspectat.
6. Specta Tantalum: Qui bibe ?? frustra studet neque cibos habet.
7. Tantal ? non licet Tartarum rel ???????."
8. Paulo p ??? Aeneas rogat: „Ubi pat ?? me ?? est, Sibylla?"
9. Sibylla ei iter ostendit et dicit: „Tac ? atque vita pericula! Audi verb ? me ?!"
10. Denique Aeneas p ????? aspicit, qui gaudet et virtut ?? filii laudat.

Äneas in der Unterwelt. Gemälde von Jan Brueghel d. Ä. Um 1600. (Wien, Kunsthistorisches Museum)

Was können wir **aus der Geschichte Roms** lernen?
– Sie zeigt uns beispielhaft, wie aus einem winzigen Staat ein riesiges Weltreich entstehen kann und dass der Lauf der Ereignisse sehr oft vom Verhalten und Einsatz einzelner Personen bestimmt wird.
– Sie erklärt auch, warum das Lateinische bis heute in vielen europäischen Sprachen fortlebt: Weil es infolge der Ausdehnung Roms zum Weltreich von einer unbedeutenden Regionalsprache für lange Zeit zu einer internationalen Handels- und Verkehrssprache wurde. Dies können wir vergleichen mit der Bedeutung des Spanischen in Lateinamerika oder des Englischen heute in vielen Bereichen!

Viele Gestalten der römischen Geschichte sind heute so berühmt wie damals. Schreibe aus deiner Kenntnis der letzten sechs Lektionen in jeweils einem Satz auf, weswegen folgende Personen berühmt geworden sind: Romulus, Tarquinius Superbus, Hannibal, Scipio Africanus, Cicero, Cäsar, Kleopatra. Zeige, dass diese Berühmtheit nicht nur positive Seiten hat!

*Cäsar auf der Vorderseite eines Denars: erste Münzdarstellung einer lebenden Person in Rom (44 v. Chr.)*

**ⓐ** Im Lateinischen gibt es, wie du jetzt weißt, unterschiedliche Arten der Perfektbildung. Um die Perfektformen rasch bestimmen zu können, solltest du zu jeder Perfektform den Infinitiv Präsens, die „Lernform", angeben können.
Ordne die Verben der folgenden Liste nach ihrer Art der Perfektbildung zu Gruppen. Gib jeweils den lateinischen Infinitiv Präsens an.
flevi – duxerunt – defendisti – stetimus – pepulistis – cupivit – monuerunt – vidi – cucurristi – venimus – vicistis – mansit – voluistis – animadverti – cognovisti – audivimus – deposuit – risimus – feci – aspexerunt – dedit – clausisti

**ⓑ** Du hast gelernt, dass die lateinischen Adjektive in Kasus, Numerus und Genus mit ihrem Bezugswort übereinstimmen. Doch Vorsicht: Dies bedeutet nicht, dass Bezugswort und Adjektiv immer die gleichen Endungen haben müssen! Ergänze bei den folgenden Beispielen die Adjektivendungen und übersetze.

viri potent ?   uxorum bon ?
carmen pulchr ?   in mult ? itineribus
sortem miser ?   poeta clar ?
nostr ? ex urbe   ingent ? corpora

**ⓒ** Im Unterschied zum Adjektiv stimmt das Relativpronomen (qui, quae, quod) nicht in allen drei Punkten (Kasus, Numerus, Genus) mit seinem Bezugswort überein. Übersetze die folgenden Sätze und stelle fest, in welchem Punkt das Relativpronomen sich nicht nach seinem Bezugswort richtet. Überlege, warum das so ist.
1. Libros Ciceronis, qui Romam e magno periculo servavit, hodie quoque legimus.
2. Itaque scelera, quibus Catilina Romanos terruit, non ignoramus.

# Wer hat Cäsia geraubt?

**Was lernt ihr kennen?**
In den nächsten vier Lektionen wird eine spannende Geschichte erzählt, in der viel Aufregendes passiert. Aber es soll nicht zu viel verraten werden.
Dabei werden zahlreiche Themen des Lebens in der Antike angesprochen; ihr erfahrt z. B. etwas über Reisen im Altertum. Überlegt:
Welche Fortbewegungsmittel gab es?
Wie bequem waren Reisen damals?
Mit welchen Gefahren musste man rechnen?

Es wäre gut, wenn ihr euch mit einer Karte des Mittelmeerraumes vertraut macht.

Eine wichtige Rolle, wenn auch nur am Ende unserer Sequenz, spielt der berühmte Pompejus, den ihr als politischen Gegner Cäsars bereits kennt.

Gibt es in der Nähe eures Wohnortes Spuren aus der Römerzeit? Wo? Wo verliefen alte Römerstraßen?

Verschafft euch Informationen darüber, wie die Römer ihre Straßen bauten – und wie man sie heute baut.

Eine Zeitungsmeldung aus dem Jahr 2001:

### Störtebeckers Erben werden immer brutaler
**Djakarta.** 466 Schiffe wurden im Jahr 2000 von Piraten auf den Weltmeeren gekapert. Der Schaden beläuft sich auf sieben Milliarden Mark. 72 Seeleute wurden bei den Überfällen getötet.

◆ Informiert euch darüber, welche Gefahren in der römischen Antike von Seeräubern ausgingen und wer gegen sie kämpfte. Was kann man heute gegen Seeräuber unternehmen?

# 17 Aufregung im Hause des Senators

Unsere Geschichte beginnt auf dem Esquilin, einer für römische Verhältnisse Topwohnlage, denn hier wohnen die Reichen und Mächtigen. In einer ruhigen, nicht sehr belebten Straße befindet sich auch das Haus des einflussreichen Senators Lucius Cäsius Bassus.

Schon mehrfach ist er in der Kurie durch kluge Äußerungen aufgefallen. Leider gibt es auch Neider, so zum Beispiel seinen politischen Gegner Marcus Fundanius Secundus, der keine Gelegenheit auslässt, ihn schlechtzumachen. Senator Lucius hegt deshalb tiefen Groll gegen seinen Intimfeind. Lucius hat einen großen Haushalt: Zu seiner **familia** zählen nicht nur seine Frau und seine Tochter Cäsia, sondern auch viele Sklaven. Einer davon ist Balbus, der Türhüter ...

 Nonnulli *(einige)* senatores in curiam properant.
Video nonnullos senatores in curiam properare.
3 Consules senatores in curiam convocavisse scimus.
Eos nunc de bello et pace agere puto.
Postea consules urbem Romam tutam esse in foro nuntiant.

Infinitiv Perfekt – Akkusativ mit Infinitiv (AcI)

## 17 Abenteuerliche Reisen

### Aufregung im Hause des Senators

Balbus servus ante aedes Luci Caesi Bassi senatoris stat. Subito Caesia, filia senatoris, ex aedibus excedit. Videt
3 Balbum eumque intro[1] mittit: „Abi intro[2], serve! Quid ante aedes facis?" Servus, dum aedes intrat, in via subito clamorem audit. Quid videt? Nonnulli viri, quorum capita
6 velata[3] sunt, Caesiam capiunt atque abducunt – filiam domini rapiunt. Protinus Balbus in aedes ruit et clamat: „Adeste! Adeste! Latrones[4] filiam domini rapere puto!"
9 Cuncti, qui in aedibus sunt, magno cum clamore in atrium[5] ruunt. Etiam Lucius Caesius Bassus senator adest: „Quid dixisti, Balbe? Quis filiam meam rapuit?"
12 Balbus nuntiat: „Nonnullos viros filiam tuam capere et abducere vidi." – „Quin tu Caesiae adfuisti?"
Nunc Chrysalus servus accedit: „Domine, Balbus filiae
15 tuae adesse non potuit. Nam Caesiam eum in aedes misisse audivi."
Senator magna voce clamat, quod Marcum Fundanium
18 secundum auctorem sceleris putat: „Nemo nescit Marcum Fundanium mihi semper inimicum fuisse et nuper in curia verbis improbis me laesisse. Manifestum est Marcum
21 Fundanium filiam meam rapuisse." Uxor senatoris accedit: „Scisne certe Fundanium auctorem esse? Ego Fundanium id scelus commisisse non puto. Crimen tuum
24 falsum esse conicio." Lucius Caesius Bassus iubet: „Tacete! Quaerite latrones! Interrogate vicinos[6]! Reperite filiam meam! Capite latrones! Puellam eis eripite!"

[1] intrō *hinein*
[2] abī intrō! *Geh hinein!*
[3] vēlātus, a, um *verhüllt*
[4] latrō, ōnis *Räuber*
[5] ātrium *Atrium*
[6] vīcīnus *Nachbar*

❶ Auf welche Stelle in **T** bezieht sich das Bild links?
❷ Charakterisiere die auftretenden Personen mit Hilfe von Wendungen aus **T**.
❸ Beurteile die Reaktionen der einzelnen Personen (ab Z. 7). Sind sie jeweils angemessen?
❹ Stelle Vermutungen an, wie die Geschichte weitergehen könnte; bedenke, dass bei Kriminalgeschichten oft auch unvorhersehbare Wendungen auftreten. Beziehe in deine Überegungen folgende Fragen mit ein: Wer könnte Cäsia geraubt haben? In welcher Absicht?
❺ Wie beurteilst du die Schuldzuweisung des Senators in Z. 17 ff.? Begründe dein Urteil mit einem Rechtsgrundsatz.
❻ Welches Vorgehen nach einer Entführung würdest du heute empfehlen? Wie unterscheidet sich dein Vorschlag von dem des Senators Lucius Cäsius Bassus?
❼ Plant für **T** eine Comic-Sequenz: Wie viele Bilder benötigt ihr? Verteilt den Text geschickt auf Sprechblasen und Bildunterschriften.

**a)** Bilde zusammenhängende Sätze, indem du wie im folgenden Beispiel jeweils den zweiten Satz zum AcI machst:

Beispiel: Chrysalus servus nuntiat: Caesia ad portam properavit.
→ Der Sklave Chrysalus berichtet: Cäsia ist zur Tür geeilt.
→ Der Sklave Chrysalus berichtet, dass Cäsia zur Tür geeilt ist.
→ Chrysalus servus nuntiat Caesiam ad portam properavisse.

1. Chrysalus narrat: Caesia Balbum intro *(hinein)* misit.
2. Vidi: Nonnulli viri filiam domini abduxerunt.
3. Senator putat: Balbus servus improbus est.
4. Magna voce senator dixit: Marcus Fundanius Secundus est sceleris auctor.
5. Scio: Marcus Fundanius me verbis laesit.
6. Manifestum est: Balbus filiae senatoris non adfuit.

**b)** Welche Endung passt? Wähle aus.

am – visse – um – re – is – as – am – isse

1. Marcus Iuliam amicam pulchr ? esse scit.
2. Claudia Marcum Iuliae amic ? esse putat.
3. Manifestum est Marcum Iuliam ama ?.
4. Claudia Marcum amicam don ? delecta ? nuntiat.

**c)** Stellt aus dem Wortschatz der Lektionen 1–17 in zwei Spalten alle Verben des Sagens und der Wahrnehmung zusammen, weil von solchen Verben ein AcI abhängen kann.

**d)** Bilde zu den Formen des Infinitiv Präsens die des Infinitiv Perfekt und umgekehrt:

laudare – induxisse – excedere – dixisse – laedere – quaesivisse – reperire – praestitisse – valere – respondisse – esse

---

**Welche Übersetzung ist richtig?**

1. Scimus Lucium Caesium senatorem fuisse.
a) Wir wissen, dass Lucius Cäsius Senator ist.
b) Dass Lucius Cäsius Senator war, wissen wir.
c) Wir kennen Lucius Cäsius, der Senator gewesen ist.

2. Manifestum est servos filiam senatoris non repperisse.
a) Es ist nicht klar, dass die Sklaven die Tochter des Senators gefunden haben.
b) Es ist offensichtlich, dass die Sklaven die Tochter des Senators finden.
c) Es war klar, dass die Sklaven die Senatorentochter nicht finden würden.
d) Es ist offensichtlich, dass die Sklaven die Senatorentochter nicht gefunden haben.

3. Senator servos filiam quaerere iubet.
a) Der Senator befiehlt den Sklaven, die Tochter zu suchen.
b) Der Senator befahl, dass die Sklaven die Tochter suchen sollten.
c) Der Senator ordnet an, dass Sklaven seine Tochter gesucht haben.

# 17 Abenteuerliche Reisen

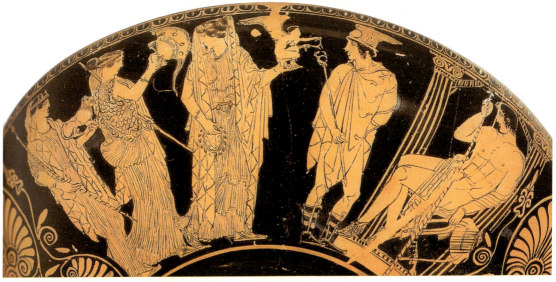

*Das Urteil des Paris. Griechische Vasenmalerei, 5. Jh. v. Chr. (Berlin, Staatliche Antikensammlung). Paris (rechts) sollte unter Hera, Athene und Aphrodite (von links) die schönste Göttin auswählen. Jede versprach ihm ein großzügiges Geschenk – Aphrodite wollte ihm die schönste Frau der Welt geben.*

## Wer hat die schöne Helena geraubt?

Im Auftrag seines Vaters Priamos machte der trojanische Königssohn Paris eine Gesandtschaftsreise nach Griechenland. Dabei gelangte er auch nach Sparta. Der König von Sparta, Menelaos, war aber nicht anwesend. Seine Gattin, Helena, die damals schönste Frau der Welt, empfing den Gast. Und die Göttin Aphrodite bewirkte, dass sich Helena in Paris verliebte …
Wir sehen einige Zeit später Menelaos von seiner Reise zurückkehren:

Menelaus: „Servi, ubi est uxor? Quis Helenam vidit?"
Nemo respondet. Denique unus e servis accedit: „Domine,
3 reginam[1] non iam adesse puto."
Menelaus, quem verba servi excitant: „Quid dixisti, improbe?
Narra! Quid scis?"
6 Servus: „Nuper magnum agmen hospitum Sparta[2] venit.
Quorum dux[3] fuit Paris[4], filius regis Troianorum[5]. Uxor tua
hospites in aulam[6] induxit. Nos servi Paridem vestes pulchras
9 gerere et uxori tuae munera dare vidimus. Servae reginam
formam[7] adulescentis laudavisse dixerunt."
Rex clamat: „Verum non dicis! Iram meam excitas. Ubi nunc est
12 Helena? Vocate reginam!"
Servus: „Valde[8] doleo, domine. Nemo nescit Paridem uxorem
tuam abduxisse. Nonnulli reginam sua sponte[9] cum filio regis
15 Troianorum ex aedibus tuis excessisse putant."
Menelaus: „Tace, improbe! Ea dicere non licet. Ad naves! Capite
arma! Convocate cunctos reges Graecorum[10]! Uxorem liberare
18 debemus."

[1] rēgīna  *Königin*
[2] Spartam  *nach Sparta*
[3] dux  *Anführer*
[4] Paris, idis  *Paris*
[5] Trōiānī, ōrum  *die Trojaner*
[6] aula  *Palast*
[7] fōrma  *schönes Aussehen*
[8] valdē  *sehr*
[9] suā sponte  *freiwillig*
[10] Graecī, ōrum  *die Griechen*

# 18 Den Entführern auf der Spur

Reisen in der Antike war beschwerlich, auch wenn die Römer hervorragende Straßenbauer waren. Einfache Leute gingen zu Fuß. Zu Pferde war man schneller, aber bequemer ging es sicherlich im vierrädrigen, gefederten Reisewagen mit beweglicher Vorderachse und Deichsel. Übernachten konnte man in den **tabernae** oder in Stationen, wo die Pferde gewechselt wurden. Aber auch die Wirte **(caupones)** einer Straßenschenke boten ein einfaches Lager an. Natürlich gab es in größeren Städten auch luxuriöse Herbergen mit Bädern und guter Küche. Im Römischen Reich reiste man sicherer und schneller als z.B. um 1800 irgendwo in Europa; denn das Straßennetz wurde überwacht.

**G** Dominus Balbum servum vocat; eum accedere iubet.
Balbus statim accedit; se iam adesse dicit.
3 Dominus eum esse servum bonum putat.
Et Balbus se servum bonum esse putat.

Reflexivpronomen – Pronomina im AcI – Konnektoren

## 18 Abenteuerliche Reisen

### Den Entführern auf der Spur

Die Nachforschungen des Senators Lucius Cäsius Bassus in Rom ergeben, dass die Entführer seiner Tochter die Stadt auf der Via Appia in Richtung Capua verlassen haben. Zusammen mit seinem Freund Titus und einem Sklaven macht er sich zu Pferde auf die Verfolgung. Auf dem beschwerlichen Landweg geht es über die Albaner Berge nach Kampanien in die Landstadt Capua. Hier, in den verwinkelten Straßen mit Kneipen und zweifelhaften Unterkünften, endet vorläufig die Spur; nur ein Zufall kann weiterhelfen:

Senator: „Paene totam noctem filiam quaesivimus, paene cunctis in tabernis fuimus. Sed caupones[1] se filiam meam
3 et latrones[2] vidisse negaverunt. Ubi sunt latrones? Eos Capuam numquam petivisse existimo."
Nunc Titus vires amicum deficere sentit et dicit: „Tu es
6 Lucius Caesius Bassus senator! Animo deficere non debes."
Et Lucius, qui Titum sibi adesse gaudet, umerum amici capit: „Bene dixisti! Iam vires crescere sentio."
9 Titus: „Caupo, quem paulo ante interrogavimus, contendit plerosque peregrinos[3] in id hospitium[4] convenire, quod prope[5] forum est." Senator: „Veni mecum, Tite! Ad id
12 hospitium accedere volo."
Nunc viri per vias angustas oppidi currunt; iterum atque iterum viam ex hominibus quaerunt. Tandem ante eas
15 aedes stant, quas quaesiverunt. Sed Titus: „Eh, non oportet senatorem eam speluncam[6] intrare." Senator: „Equidem sentio filiam meam hic esse, immo vero certe
18 scio eam hic esse."
Intrant hospitium et cauponem interrogant. Sed caupo primo respondere dubitat – postea dicit: „Concedo, domini:
21 Profecto nonnulli viri hic fuerunt, qui virginem pulchram secum duxerunt. Unus e viris umerum virginis tenuit. Sed in hospitio meo non iam sunt: Et hospitium et oppidum
24 heri[7] reliquerunt. Eos nave Athenas petere audivi."

[1] caupō, ōnis *Gastwirt*
[2] latrō, ōnis *Räuber*

[3] peregrīnus *Fremder*
[4] hospitium *Gasthaus*
[5] prope *m. Akk. nahe bei*

[6] spēlunca *Spelunke*

[7] herī *gestern*

❶ Entscheide anhand von T, welche Aussage jeweils zutrifft:
a) Senator Lucius ist:
niedergeschlagen – fröhlich – optimistisch
b) Sein Freund Titus ist:
lustlos – albern – aufmunternd
c) In die Kneipe hineinzugehen findet Titus:
nicht schlecht – nicht angemessen – nicht nötig
d) Der Wirt ist:
redselig – nur gezwungenermaßen zur Auskunft bereit – geheimnisvoll – zögernd mit seiner Antwort
e) Die Auskunft führt:
zurück nach Rom – in ein anderes Gasthaus – aufs Meer – zu dem schönen Mädchen

❷ Finde mit Hilfe der Karte im Buchdeckel heraus, welche Route die beiden Freunde genommen haben.

**Ü** **ⓐ** Stelle in Anlehnung an **T** sinnvolle Sätze zusammen:

| Lucius senator | nonnullos viros | amicum deficere | negaverunt |
|---|---|---|---|
| Caupo | vires | Capuam numquam petivisse | existimat |
| Caupones | latrones | filiam senatoris in tabernis suis vidisse | concedit |
| Titus | se | cum virgine pulchra in taberna fuisse | sentit |

**ⓑ** Übersetze die Sätze. Bestimme dort, wo du einen AcI entdeckst, den Akkusativ und den Infinitiv. Entscheide jeweils, ob die Aussage des AcI im Verhältnis zum Prädikat des Satzes gleichzeitig oder vorzeitig ist.

¹caupō, ōnis *Gastwirt*

1. Lucius et Titus in tabernis caupones¹ interrogant. 2. Tandem unus e cauponibus se adulescentem et virginem vidisse putat: 3. „Audivi eos de Athenis dicere. 4. Sed certe non scio. 5. Nam homines hic in taberna multa de Graecia et Athenis narrare manifestum est. 6. Multos viros Athenas petere non ignoramus." 7. Nunc Lucius: „Tibi, caupo," inquit, „gratias ago. 8. Sed et amicum meum et me vires defecisse puto. 9. In aedibus tuis nos recreare² volumus. 10. Da nobis cibos et vinum!" 11. Caupo: „Vos in aedibus meis manere gaudeo." 12. Titus, qui iam bibit: 13. „Ah, vinum tuum bonum esse animadverto. 14. Iam vires crescere sentio." 15. Titus: „Graecia et Athenae nos iam exspectant." 16. Lucius: „Sed antea³ mare⁴ nos exspectat." 17. Titus: „Oh! – Iterum bibere volo."

²recreāre *erholen*

³anteā *vorher*
⁴mare *Meer*

**ⓒ** Stelle die Konnektoren (Bindewörter) zusammen, die in **T** die Sätze miteinander verknüpfen. Gib jeweils die Wortart (z. B. Demonstrativpronomen, Adverb) an. Ermittle ggf. das Beziehungswort aus dem vorausgehenden Satz oder die Sinnrichtung eines Adverbs.

**ⓓ** Leicht zu verwechseln!
Bestimme jeweils Wortart und Form und übersetze dann:

| virginum – virium – virum | via – vita (2x) – vivis – viis |
| sumimus – sumus – summus | muneris – muris – munus |
| aliis – altis – alitis – alis | negat – necant – negotia |
| liberi – libri – liberatis | patet – parant – parent – parentes |

existimare
quaerere
adiungere
deficere
defendere
sentire
reperire

**„Perfektwürfel"**
Jede Gruppe erhält einen Würfel. Reihum werden die folgenden Verben gemäß der gewürfelten Zahl „verwandelt": Wer ⚀ würfelt, bildet die 1. Pers. Sg. im Perfekt, wer ⚁ würfelt, die 1. Pers. Pl. usw. Wer eine falsche Form bildet, scheidet aus.

## 18 Abenteuerliche Reisen

**Welche Übersetzung ist richtig?**

Vires crescere sentio.
a) Die Männer fühlen, dass sie wachsen
b) Ich habe bemerkt, dass die Kräfte zunehmen.
c) Dass meine Kräfte zugenommen haben, fühle ich.
d) Ich fühle, dass die Kräfte wachsen.
e) Ich merke, meine Kräfte nehmen ab.

Caupo hospites nave Athenas petere audivit.
a) Der Wirt hat gehört, dass die Gäste mit einem athenischen Schiff fahren wollten.
b) Der Wirt hörte, dass die Gäste mit einem Schiff Athenes fahren wollten.
c) Der Wirt hörte, dass die Gäste zu Schiff nach Athen wollten.
d) Der Wirt hat gehört, dass die Gäste mit einem Schiff nach Athen gefahren sind.

### Herkules und Deianira

In dieser Geschichte geht es um den Halbgott Herkules, der für seine großen Kräfte berühmt war. Sie spielt im Reich des Königs Oeneus, wo es Herkules mit dem Kentauren Eurytion (vgl. Bild) zu tun bekommt.

[1] Herculēs, is  *Herkules*
[2] libenter  *gern*
[3] nūptiae, ārum  *Hochzeit*
[4] Eurytiōn, ōnis  *Eurytion*
[5] in mātrimōnium dūcere  *heiraten*

Hercules[1], postquam ad Oeneum regem venit et Deianiram, filiam eius, aspexit, eam uxorem habere cupit. Quod Oeneus hospiti
3  libenter[2] concedit. Tum Hercules ex aedibus Oenei discedit, dum Deianira nuptias[3] exspectat. Sed paulo post Eurytion[4] centaurus Deianiram a rege petit; nam eam in matrimonium ducere[5] vult.
6  Et pater, qui vim centauri timet, id hospiti improbo concedit. Tum Eurytion fratres convocat et cum iis nuptias parat, dum filia regis dolet et flet.

[6] spōnsa  *Braut*
[7] vīsere  *besuchen*
[8] sagitta  *Pfeil*

9  Hercules autem paulo post sponsam[6] suam visit[7] et aedes Oenei intrat: Ibi centauros nuptias parare videt. Statim Eurytionem sagitta[8] necat. Etiam alios centauros vincit. Denique Deianiram
12  capit eamque abducit.

Herkules heiratet Deianira und führt mit ihr eine glückliche Ehe. – Doch einige Jahre später haben die beiden Ehegatten eine Begegnung mit dem Kentauren Nessus, der nicht vergessen hat, was Herkules seinem Verwandten Eurytion und dessen Brüdern angetan hatte.

Informiere dich über das weitere Schicksal des Herkules und der Deianira in einem Lexikon.

Beschreibe die abgebildete Sagengestalt eines Kentauren.

# 19 Auf hoher See

Reisen auf See war in der Antike immer ein Wagnis. Da die Schiffe nur geringen Tiefgang hatten, konnten sie leicht kentern. Zwar gilt das Mittelmeer als recht ruhiges Meer; aber bei Stürmen können doch hohe und gefährliche Wellen entstehen.

Die antiken Seefahrer scheuten das Kreuzen auf offenem Meer und fuhren in Sichtweite der Küste. Gefährlich war das Reisen zur See auch wegen der Seeräuber, die zwischen den zerklüfteten Ufern lauerten, um die Schiffsladungen zu rauben und die Passagiere zu versklaven. Oft wurden Menschen auch als Geiseln genommen, um Lösegeld von den Angehörigen zu erpressen.

Im Jahre 67 v. Chr. sah sich der Senat in Rom gezwungen, den tüchtigen Feldherrn Pompejus mit dem Oberbefehl über das gesamte Mittelmeer zu betrauen. Dieser wurde dann in nur drei Monaten Herr der Lage und befreite das Reich von der Plage der Seeräuber.

❶ Informiere dich und erkläre folgende Fachbegriffe: Galeere - Rammsporn - Triere - Enterbrücke
❷ Beschreibe die Situation auf dem Bild. Mit welchen Gefahren mussten Matrosen, Soldaten, Passagiere und Ruderer rechnen?

G  Iter facere pulchrum est.
Apud Romanos iter facere pulchrum non erat.
3 Ii, qui hodie iter faciunt, pauca solum pericula timent.
Romani, qui iter faciebant, multa pericula timebant.
Itaque sine comitibus itinera non faciebant.

Imperfekt – Tempora in erzählenden Texten

## 19 Abenteuerliche Reisen

### Auf hoher See

Senator Lucius hat mit seinem Freund Titus in Capua erfahren, dass die beste Möglichkeit zur Überfahrt nach Athen die Schiffsreise von Brundisium aus sei. Dorthin müssen die beiden Freunde aber eine harte und beschwerliche Route über mehrere Tage durch das mittelitalische Gebirge bewältigen, ehe sie endlich im Hafen von Brundisium ein Schiff finden, das sie für eine beträchtliche Summe mitnimmt …

Inzwischen sind zwei Tage vergangen. Und wo befinden sich unsere beiden Freunde? Wir sehen sie unter Deck eines unbekannten Schiffes. Sie sind gefesselt.

Was in der Zwischenzeit passiert ist, erfahren wir aus der Erinnerung des Senators Lucius:

[1] puppis, is *Achterdeck (Plattform am Ende eines Schiffes, wo sich das Steuerruder befand)*
[2] gubernātor, ōris *Steuermann*
[3] vector, ōris *Reisender*

Nox erat obscura. In puppi[1] gubernatorem[2] solum videbam. Ceteri vectores[3] et nautae quiescebant. Neque
3  venti vehementes mare turbabant neque Neptunus vectores magnis undis terrebat. Ego in puppi sedebam, gubernatorem observabam. Nos in tuto esse existimabamus et finem
6  itineris desiderabamus.

Repente unus e nautis clamavit. Navem aliam ostendit, quae magna celeritate per undas volabat: „Defendite
9  navem nostram! Sunt piratae. Qui nos capere cupiunt."
Quamquam nautae navem nostram e periculo servare studebant, tamen piratae navem ceperunt et nos
12  superaverunt; tum magno cum clamore pecuniam nostram rapuerunt.

Etiam me amicumque meum scelerati in navem suam

[4] alveus *(Schiffs-)Bauch*

15  traxerunt nosque in alveum[4] obscurum duxerunt. Ibi iam alios captivos esse animadvertimus.
Subito vocem audivi: „Pater! Esne hic?" Tum unam
18  e captivis surgere et ad me accedere vidi. Iam Titus clamavit: „Est filia tua, quam diu quaesivimus!" Tum ego:

[5] latrō, ōnis *Räuber*

„Quotiens desperavi! Nam latrones[5] te rapuisse conieci.
21  Tandem te repperi. At piratae te ceperunt, nunc etiam me. O nos miseros!"

❶ Stelle fest, welches Tempus in den einzelnen Textabschnitten vorherrscht (ausgenommen die wörtliche Rede).

❷ Überprüft, mit welchem Tempus im lateinischen Text jeweils das Folgende ausgedrückt wird:

– Beschreibung der Situation
– Erzählung
– Spannung
– andauernde Handlung

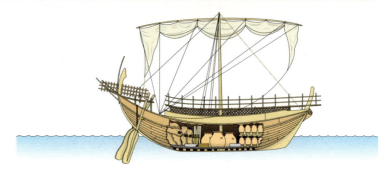

*Modell eines römischen Handelsschiffes, auf dem auch Passagiere fuhren*

**a** Ordne die Formen in die Säcke:

valebam – negat – occupavit – cogitabat – gaudebat – eratis – miserunt – erant – interest – monet – vitabamus – necavistis – probamus – damus – praebetis – servant – admittebam – surgis – consulo – cupiebas – vivunt – defendi – fuit – vidistis – capiebas

**b** Sortiere die Formen aus Üa nach Singular und Plural.
Übersetze alle Formen.

**c** Welche Form passt nicht in die Reihe?
1. tenebam – parabam – eram – victoriam – quaerebam
2. gaudent – consulunt – sunt – appellant – probabant
3. agitis – comitis – mittitis – narratis – estis
4. dubitat – liberat – laborat – probat – manebat
5. exemplo – cognosco – neco – erro – moneo – sum

**d** Ich weiß alles!
Nautae clamant. – Scio naut<u>as</u> clama<u>re</u>.
Mache auch die folgenden Sätze von **scio** abhängig, notiere sie und unterstreiche – wie im Beispiel – die Veränderungen.
1. Mercator laboravit. 2. Viri equos tenent. 3. Homines in viis stant. 4. Pueri venerunt. 5. Puellae discedunt. 6. Piratae puellam rapuerunt. 7. Senator finem itineris desiderat.

---

**„Stumme Staffel"**
Wir bilden mehrere Teams. Jeder Mannschaftsführer erhält ein Blatt Papier, notiert die Verbform der ersten Formenkette **(video)** und gibt das Blatt an den nächsten Mitspieler weiter. Jedes Teammitglied verwandelt die Form des Vordermanns schriftlich gemäß der Aufgabe.
Gewonnen hat das schnellste „fehlerfreie" Team. Das Gleiche gilt für die folgenden Formenketten.
1. video – 2. Pers. Pl. – Impf. – Sg. – 3. Pers. – Pl. – Präs. – 2. Pers. – Sg. – Impf.
2. surgunt – 1. Pers. – Impf. – Sg. – Präs. – 2. Pers. – Impf. – Pl. – Präs.
3. perspicis – Pl. – Impf. – 3. Pers. – Sg. – Präs. – Pl. – Impf. – 1. Pers.
4. est – Pl. – 2. Pers. – Impf. – Sg. – 1. Pers. – Pl. – Präs. – 3. Pers. – Impf.
5. statis – Sg. – Impf. – 3. Pers. – Pl. – Präs. – Sg. – 1. Pers. – Impf. Pl.

## 19 Abenteuerliche Reisen

Vergleicht die in **Z** abgedruckte Übersetzung mit dem lateinischen Text. Überlegt, warum der lateinische Text kürzer ist. Wo ist die Übersetzung gegenüber der lateinischen Vorlage relativ frei?

### Z  Ein unverhofftes Wiedersehen

Senator Lucius spricht im Schiffsbauch mit seiner Tochter:

*Unbekannte Wörter sind im lateinischen und deutschen Text kursivgedruckt.*

LUCIUS: Deis gratias ago. Nam me ad filiam duxerunt.
CAESIA: O pater, te oro: *Ignosce* mihi! Te *fefelli*, quamquam te *fallere* non cupivi.

LUCIUS: Quid dicis? Esne *insana*?
CAESIA: Neque latrones me rapuerunt neque inimici tui. Immo vero *mea sponte* cum amico meo *Roma fugi.* Nam te timebamus.

LUCIUS: Mene *fugisti*? Non *intellego*. Sed quis amicus tuus est?
CAESIA: *Iam dudum* amo Publium Fundanium Secundum; qui me quoque amat. Sed *obstatis* vos patres, tu et pater Publi. Itaque *dolum adhibuimus*: Latrones me rapuisse *simulavimus*. *Quo modo* patres nostros *fallere* studuimus. Postea in Graecia vivere cupiebamus.

LUCIUS: Sed ubi est amicus tuus?
CAESIA: Nescio. Piratae navem nostram ceperunt. Publius autem piratas *fugit* et in undas *desiluit*. *Fortasse mortuus* est.

LUCIUS: Den Göttern Dank! Denn sie haben mich zu meiner Tochter geführt!
CÄSIA: Ach Vater, ich bitte dich: *Verzeih* mir! Ich habe dich *getäuscht*, obwohl ich dich nicht *täuschen* wollte.

LUCIUS: Was sagst du da? Bist du *verrückt*?
CÄSIA: Weder haben mich Räuber entführt noch deine Feinde. Im Gegenteil, ich bin *freiwillig* mit meinem Freund *aus Rom geflohen.* Denn wir hatten Angst vor dir.

LUCIUS: Vor mir *bist du geflohen*? Das *verstehe ich* nicht. Aber wer ist denn dein Freund?
CÄSIA: Ich liebe *schon lange* Publius Fundanius Secundus; dieser liebt mich auch. Aber ihr Väter *steht dem im Wege*, du und der Vater des Publius. Deshalb *griffen wir zu einer List: Wir täuschten vor*, dass Räuber mich geraubt hätten. *Auf diese Weise* suchten wir unsere Väter zu *täuschen*. Später wollten wir in Griechenland leben.

LUCIUS: Aber wo ist dein Freund?
CÄSIA: Ich weiß es nicht. Die Piraten haben unser Schiff gekapert. Publius aber *entfloh* den Piraten und *sprang* in die Fluten. *Vielleicht* ist er *tot*.

# 20 Ein glückliches Ende?

*Pyramus und Thisbe*

Bereits in der Antike gab es die Literaturgattung „Roman". In allen antiken Romanen kamen bestimmte Motive und Themen vor:
- Eine Liebe wird durch widrige Einflüsse unmöglich gemacht.
- Held und Heldin werden getrennt.
- Einer von beiden oder beide müssen eine lange Irrfahrt (Odyssee) auf sich nehmen.
- Diese Irrfahrt ist geprägt von zahlreichen Abenteuern.
- Am Ende gibt es eine Wiedererkennungsszene.
- Meist grenzt das überraschende Happy-End an ein Wunder.

In unserer Geschichte ist auch ein Motiv, das in die Weltliteratur Eingang gefunden hat, verarbeitet:

*Daphnis und Chloë*

Zwei Liebende können nicht zueinanderfinden, weil die Eltern oder die Begleitumstände dagegen sind.

**❶** Informiert euch über eines der nachstehenden Werke der Weltliteratur, in denen dieses Motiv verarbeitet ist, und referiert darüber kurz vor der Klasse:
- Pyramus und Thisbe
- Romeo und Julia
- Porgy und Bess
- Westside-Story
- Denn sie wissen nicht, was sie tun.

**❷** Informiert euch – z. B. mit Hilfe eines Literaturlexikons – über den Inhalt des griechischen Hirtenromans Daphnis und Chloë (2./3. Jh. n. Chr.).

**G** Nuper Publius ad forum ibat. Subito Marcum amicum vidit; eum adiit: „Quo *(wohin)* is, Marce?" Marcus: „In circum ire
3  cupio. I mecum, Publi!" Tum in Circum ierunt. Marcus: „Vidistine equum patris mei? Is equus et celer et fortis est." Publius: „Eum equum et celerem et fortem esse scio. Neque
6  omnes equi tam *(so)* celeres sunt."

Adjektive 3. Deklination (zwei- und dreiendige) – ire

## 20 Abenteuerliche Reisen

### Ein glückliches Ende?

Das Piratenschiff ist auf dem Weg zu seinem Versteck irgendwo an der zerklüfteten illyrischen Küste. Da meldet der Beobachter im Mastkorb mit einem Entsetzensschrei:

„Adite! Adeste! Video naves Romanas adire. Periculum nobis instare puto." Et omnes piratae ad puppim¹ ruunt.
3 Quid vident? Profecto naves celeres classis Romanae adeunt et piratis instant; eorum navem petunt. Dum scelerati clamant: „Nunc periimus!", milites fortes
6 Romanorum iam in navem piratarum transeunt. Nonnullos piratas in undas mittunt, ceteros necant. Unus e militibus: „Inite in alveum²! Sumite praedam et liberate captivos!"
9 Postea captivi piratarum ad Pompeium, qui classem Romanam regit, eunt: „Salve, Pompei! Tu nos e periculo eripuisti." Pompeius respondet: „Non facile erat piratas
12 superare. Sed is vir nobilis, quem hic videtis, nobis adfuit: Publius Fundanius Secundus." Protinus Caesia Publium adit et clamat: „Publi, quomodo³ ad classem Romanam
15 venisti? Ego te in undis perisse putavi, postquam piratas fugisti et de nave desiluisti⁴." Publius Fundanius: „Fortuna fortibus adest. Audi!" Et de calamitate narrat …

¹puppis, is *Achterdeck*

²alveus *(Schiffs-)Bauch*

³quōmodo *wie*

⁴dēsilīre *(Perf.* dēsiluī*) hinabspringen*

Publius erzählt, dass der Piratenüberfall in Sichtweite der Küste stattgefunden habe, sodass er sich – den Göttern sei Dank – an Land habe retten können; mit Hilfe mitleidiger Küstenbewohner sei er einen Tag später zur Flotte des Pompejus gelangt, die – welch ein Zufall – in der Nähe vor Anker gelegen habe. Pompejus sei über seinen Hinweis, in welche Richtung die Piraten gefahren seien, sehr erfreut gewesen und habe tags darauf mit mehreren Schiffen die Verfolgung aufgenommen.

18 Tum Lucius Caesius Bassus clamat: „Adulescens, tu filiaque mea me fefellistis; sed Pompeius, imperator nobilis, auxilio deorum et virtute sua nos omnes liberavit. Quamquam es
21 filius Marci Fundani Secundi, inimici mei, tamen tibi gratus sum. Te adulescentem probum puto; nam ceteris virtute praestitisti, Caesiam numquam deseruisti. Manifestum est te
24 filiam meam amare."

*Marmorbüste des Pompejus, 1. Jh. v. Chr. (Kopenhagen, Ny Carlsberg Glyptothek).*

❶ Erkläre mit Textbelegen, welche Momente der Geschichte zum Happy-End geführt haben. Welche Personen hatten Anteil an der Rettung?

❷ Stellt aus den Lektionstexten 17–20 alle Fakten so zusammen, dass sich eine schlüssige Abfolge der Geschichte ergibt.

❸ Vergleicht eure Vermutungen zum Verlauf des Geschehens (Lektion 17, S. 89 Aufgabe 4) mit dem tatsächlichen Verlauf der Geschichte.

❹ Die Geschichte lässt sicherlich Fragen offen: Warum haben die Liebenden Rom verlassen? Mit welchem Ziel inszenierten sie die Entführung?
19 **Z** (S. 99) kann dir bei der Beantwortung helfen.

❺ Verfasst auf Deutsch Berichte aus der Perspektive verschiedener Personen (Pompejus, Publius Fundanius Secundus, Senator Titus, Cäsia). Vergleicht sie und stellt fest, wo es Unterschiede in der Berichterstattung gibt. Worauf sind diese Abweichungen jeweils zurückzuführen?

---

IMPERIUM SINE FINE DEDI.

---

TE HOMINEM ESSE MEMENTO!

---

SAPIENS OMNIA SUA SECUM PORTAT.

---

mementō  *bedenke*
sapiēns  *der Weise*

ⓐ Übersetze:

| ibam | ibatis | istis | iimus |
| i | eunt | eo (!) | is (!) |
| ibant | ii | ite | imus |
| ierunt | ibamus | it | ibas |
| itis | isti | ibat | ire |

Übrigens: Auch diese Übung lässt sich in ein kniffliges „Memory" (vgl. 14 **Ü** e) verwandeln, indem ihr z. B. die Formen der ersten und zweiten Spalte und die richtigen Lösungen dazu auf Karten schreibt.

ⓑ Setze in die angegebenen Tempora und übersetze dann alle Formen:
imus (Impf./Perf.)            transeo (Impf./Perf.)
adibant (Präs./Perf.)         inistis (Präs./Impf.)

ⓒ Welche Adjektivform(en) passt (passen)?
viri (nobiles / nobili / nobilis / nobile)
militem (fortium / fortem / fortes)
equis (celeris / celeri / celeribus)
vestes (miseras / miseris / miserae)
poetae (nobili / nobiles / nobilis)

ⓓ Welche Form passt nicht in die Reihe?
omnis – manifestae – celeris – ceteris – fortis – contenti
multorum – facilium – bonorum – forum – omnium
plerasque – nonnullas – potentes – celeritas – faciles
pulchrum – vestrum – totum – superbum – fortium

ⓔ In der Buchhandlung des Athenodorus ist eine neue Lieferung eingetroffen. Nun beschriftet der Buchhändler die Rollen, indem er gemäß dem Beispiel Etiketten anbringt. Kannst du ihm helfen?

ⓕ Wer ist mit welchem Pronomen gemeint?
1. Piratae virtute sua se servare volunt.  2. Nam piratae se viros fortes esse existimant.  3. Etiam Romani eos fortes esse existimant.  4. Tamen piratae se perire sentiunt.
Markiere in den Sätzen 2–4 jeweils den Wortblock, der den AcI bildet.

ⓖ Kombiniere die folgenden Adjektive jeweils mit **vir, nuntius, nauta** und **mulier**; dekliniere dann laut im Singular und Plural.
fortis, nobilis, probus, sceleratus, potens

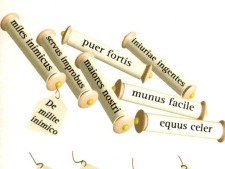
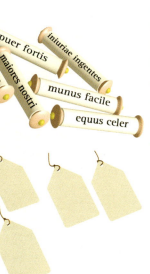

## Abenteuerliche Reisen

Erkläre die kursivgedruckten Wörter im folgenden *„Quiz"*:
1. Wer kennt Kapitän *Nemo* aus dem Roman „20 000 Meilen unter dem Meer" des französischen Schriftstellers Jules Verne? 2. Für wen ist ein *Omnibus*? 3. Was ist in der Mathematik ein *Quotient*? 4. Wer von euch hatte schon einmal in einem Schulfach ein *Defizit*? 5. Was versteht man unter einem *sensiblen* Menschen? 6. In welchem *Kapitel* des Buches „Winnetou" lässt der *Autor* Karl May den Helden sterben? 7. Was macht ein Detektiv, wenn er Leute *observiert*? 8. Warum steht auf manchem LKW ein Schild mit der Aufschrift *Transit*?

### Herkules besiegt den Riesen Kakus

Herkules (lat. Herculēs, Herculis) ist berühmt geworden durch die zwölf „Arbeiten", die er verrichten musste. Unter anderem hat er in Spanien auch Geryon, einen gewalttätigen Riesen mit drei Oberkörpern, im Kampf besiegt. Als Siegesbeute nahm Herkules dessen große Rinderherde mit und trieb diese auf einem beschwerlichen Landweg über Südfrankreich bis nach Italien.

Herkules tötet Kakus. Marmorgruppe von Baccio Bandinelli (1534) in Florenz (Piazza della Signoria)

Hercules postquam Alpes transiit, eo loco[1], ubi postea Romulus
3 urbem Romam condidit[2], constitit et quievit. Ibi Cacus vivebat, qui erat latro[3] sceleratus. Dum Hercules
6 quiescit, Cacus ad eum adiit et nonnullos boves[4] Herculis in speluncam[5] suam duxit.
9 Boves autem retro[6] ibant, quia Cacus eos caudis[7] traxit. Ibi se tutum esse putabat. Postridie[8]
12 Hercules boves quaesivit. Primo boves reperire non poterat[9], quia vestigia[10] boum
15 non intellegebat[11]. Subito autem voces boum audivit.
18 Nunc difficile[12] non erat in speluncam inire et latronem vi superare. Homines, qui in ea
21 regione[13] vivebant, postquam Cacum perisse audiverunt, convenerunt et virum fortem
24 laudaverunt. Tum Hercules boves secum duxit et in Graeciam rediit[14].

[1] locus *Ort*
[2] condere (*Perf.* condidī) *gründen*
[3] latrō, ōnis *Räuber*
[4] bovēs, boum m *Rinder*
[5] spēlunca *Höhle*
[6] retrō *rückwärts*
[7] cauda *Schwanz*
[8] postrīdiē *einen Tag später*
[9] poterat *er konnte*
[10] vestīgium *Spur*
[11] intellegere *verstehen*
[12] difficilis, e *schwierig*
[13] regiō, ōnis *Gegend*
[14] redīre *zurückgehen*

## IV prima lesen

nach Fabeln des Phädrus

Die folgenden Fabeltexte sind nach den Originalen des römischen Dichters Phädrus erzählt. Dabei fehlt jeweils die mit den Fabeln verbundene Lebensweisheit oder Moral. Formuliert sie auf Deutsch und versucht sie dann ins Lateinische zu übersetzen.

Ad aquam rana[1] bovem[2] aspexit.

Ego magna non sum; sed ingens corpus bovis habere cupio.

Tum rana aere[3] se complevit et filium ad se vocavit.

Responde, mi fili[4]: Egone corpus bovis habeo?

Quod filius negavit.

Protinus rana iterum aere se complevit.

Nonne mihi nunc corpus bovis est?

Quod filius iterum negavit.

Rana, quia verbis filii contenta non fuit, summis viribus se inflat[5]. Repente autem copia aeris eam rupit[6].

[1] rāna *Frosch*  [2] bōs, bovis *m Ochse*  [3] āēr, āeris *m Luft*  [4] mī fīlī *(Vok.) mein Sohn*
[5] īnflāre *aufblasen*  [6] rumpere *(Perf.* rūpit*) zerreißen*

[1] vīnea *Weinberg*
[2] ūva *Weintraube*
[3] haerēre *hängen*
[4] vulpēs, is f *Fuchs*

In vinea[1] alta multae uvae[2] bonae haerent[3]. Quas vulpes[4] summis viribus capere studet, sed frustra.
3 Vulpes: „Uvae bonae non sunt, eas sumere nolo."
Tum vulpes discedit.

[1] mūlus *Maultier*
[2] hordeum *Gerste*
[3] onus, oneris n *Last*

[4] vulnus, vulneris n *Wunde*

Duo muli[1] per vias angustas in montem ibant: Unus pecuniam portabat. Comes autem hordeum[2] portabat; quod ingens onus[3]
3 erat. Subito homines scelerati eum mulum, qui pecuniam portabat, petiverunt et paene necaverunt.
Comes primo vulnera[4] amici spectavit et curavit.
6 Deinde dixit: „Gratus sum et gaudeo, quod non pecuniam, sed hordeum porto; nam neque onus amisi neque corpus mihi dolet."

## Knifflige Übersetzung
Leider ist der Schluss des folgenden Fabeltextes nur bruchstückhaft erhalten. Übersetzt den erhaltenen Text und erfindet deutsche Ergänzungen für die Lücken. Was lehrt uns diese Fabel und was unterscheidet sie von den Fabeln auf dieser Doppelseite?

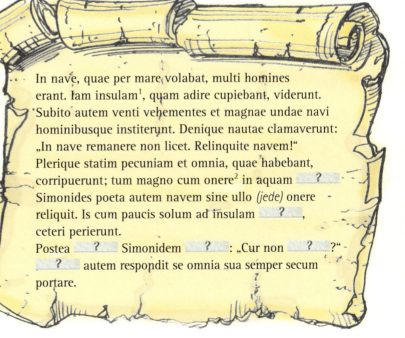

[1] īnsula *Insel*

[2] onus, oneris n *Last*

In nave, quae per mare volabat, multi homines erant. Iam insulam[1], quam adire cupiebant, viderunt. Subito autem venti vehementes et magnae undae navi hominibusque institerunt. Denique nautae clamaverunt: „In nave remanere non licet. Relinquite navem!"
Plerique statim pecuniam et omnia, quae habebant, corripuerunt; tum magno cum onere[2] in aquam ? .
Simonides poeta autem navem sine ullo *(jede)* onere reliquit. Is cum paucis solum ad insulam ? , ceteri perierunt.
Postea ? Simonidem ? : „Cur non ? ?"
? autem respondit se omnia sua semper secum portare.

## Das haben wir gelernt

Inhaltlich hast du einiges über **antikes Reisen** erfahren. Während bei uns das Reisen einen ganz hohen Stellenwert besitzt, zur Freizeitgestaltung zählt und zum Lebensgefühl beiträgt, sah das in der Antike anders aus. Damals reisten nur Kaufleute und sehr reiche Leute. Mit Hilfe der Informationstexte und der Lesestücke kannst du dir nochmals vor Augen führen, wie die Reisebedingungen waren. Überlege auch, welche Rolle der Faktor „Zeit" im Vergleich zu heute spielte.

Findet weitere Vergleichspunkte beim Reisen damals und heute, denen nachzuspüren sich lohnt.

**ⓐ** Du hast im grammatischen Bereich mit dem **AcI** eine typische Satzkonstruktion des Lateinischen kennengelernt, die wir in der Regel im Deutschen nicht nachahmen können.

Verdeutliche dir anhand der folgenden Sätze nochmals die Unterschiede zwischen der lateinischen Konstruktion und der deutschen Wiedergabe. Überlege auch, worauf du beim Übersetzen achten musst:

| | |
|---|---|
| **Pompeius milites Romanos naves piratarum capere et omnes piratas necare iubet.** | Pompejus gibt den Befehl, dass die römischen Soldaten die Piratenschiffe kapern und alle Piraten töten sollen. |
| **Tum Pompeius piratas etiam Lucium senatorem cepisse et in navem suam traxisse nesciebat.** | Damals wusste Pompejus noch nicht, dass die Piraten auch den Senator Lucius gefangen genommen und auf ihr Schiff verschleppt hatten. |

**ⓑ** Mit dem Perfekt und dem Imperfekt hast du gleich **zwei Vergangenheits-Tempora** gelernt. Obwohl es im Deutschen diese Tempora ebenfalls gibt, stellt man doch Unterschiede bei der Verwendung fest.

Erläutere an folgenden Sätzen den Tempusgebrauch im Lateinischen im Vergleich zum Deutschen:

 **Nox erat.** 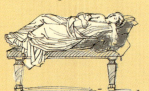 **Omnes quiescebant.**  **Subito vocem audivi ...**

Versuche die Sätze auch im Englischen wiederzugeben.

# Von Troja nach Rom

In den folgenden beiden Lektionen hören wir von dem trojanischen Helden Äneas, der aus seiner von den Griechen eroberten Heimatstadt Troja fliehen muss.

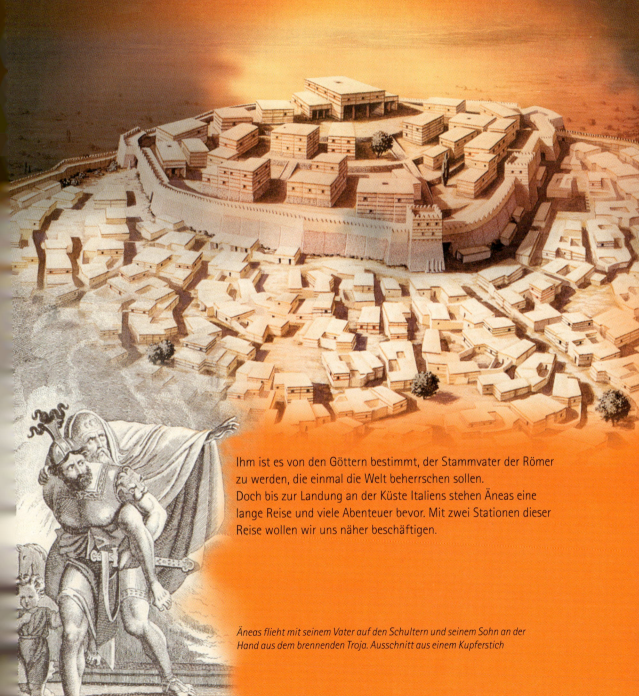

Ihm ist es von den Göttern bestimmt, der Stammvater der Römer zu werden, die einmal die Welt beherrschen sollen.
Doch bis zur Landung an der Küste Italiens stehen Äneas eine lange Reise und viele Abenteuer bevor. Mit zwei Stationen dieser Reise wollen wir uns näher beschäftigen.

*Äneas flieht mit seinem Vater auf den Schultern und seinem Sohn an der Hand aus dem brennenden Troja. Ausschnitt aus einem Kupferstich*

# 21 Äneas, Vater der Römer

Der berühmte römische Dichter Publius Vergilius Maro verfasste im 1. Jahrhundert v. Chr. unter Kaiser Augustus ein Epos über Äneas, den Stammvater der Römer. In der „Äneis", wie dieses Werk genannt wird, zeigt er, wie Äneas den Willen der Götter erkennt und danach handelt.

Das gesamte Werk ist in zwölf Bücher eingeteilt, die den Weg des Helden aus dem zerstörten Troja nach Italien erzählen. Immer wieder greifen die Götter ein, um Äneas nach zahlreichen Irrfahrten auf den rechten Weg an die Küste Italiens zu bringen.

1. Buch:
Durch Junos Zorn auf die ihr verhassten Trojaner wird Äneas im siebten Jahr seiner Reise mit seinen Schiffen an die afrikanische Küste nach Karthago verschlagen. Dido, die Königin Karthagos, nimmt ihn, seinen Sohn und seine Gefährten gastfreundlich auf. Dido und Äneas verlieben sich ineinander.

*Die Statue (geschaffen von G. L. Bernini 1618–20) zeigt Äneas, der aus dem brennenden Troja flüchtet. Auf den Schultern trägt er seinen Vater Anchises; an ihn klammert sich sein Sohn Askanius, der das heilige Herdfeuer in einer kleinen Schale bewahrt. Die Penaten, die Schutzgötter des Hauses und der Stadt, hält Anchises.*

2.–3. Buch:
Äneas berichtet von seiner Flucht aus dem brennenden Troja und den folgenden Irrfahrten. Auf der Suche nach einer neuen Heimat für die Trojaner hat Äneas durch verschiedene Weissagungen Teile seines Schicksals erfahren: Erst an der Westküste Italiens wird er sein Ziel erreichen.

4. Buch:
Jupiter macht Äneas deutlich, dass auch der Aufenthalt bei Dido nur eine Zwischenstation auf seiner langen und schweren Reise ist und er Karthago verlassen muss.

5. Buch:
Auf Sizilien veranstaltet Äneas Leichenspiele für seinen verstorbenen Vater. Dann erreicht er endlich Italien.

6. Buch:
Auf Befehl der Götter steigt Äneas in die Unterwelt hinab. Dort zeigt ihm sein Vater die künftige Größe Roms. Äneas segelt weiter bis zur Mündung des Tiber in Latium.

7.–12. Buch:
In langen Kämpfen gelingt es Äneas, sich gegen die einheimischen Latiner durchzusetzen und mit ihnen Frieden zu schließen. Auch Juno, die Äneas immer feindlich gegenüberstand, erkennt diesen nun als den Stammvater der Römer an.

 Servus nonnullos viros filiam domini rapuisse viderat;
tum in aedes cucurrit.
3 Marcus Fundanius Bassum senatorem verbis improbis laeserat;
itaque Bassus eum filiam suam cepisse putavit.
Piratae, qui navem ceperant et nautas superaverant,
6 etiam Bassum senatorem secum traxerunt.

Plusquamperfekt

# 21 Der Held Äneas

## T Äneas, Vater der Römer

Jupiter schickt Merkur nach Karthago, um Äneas zum Aufbruch zu mahnen.

Mercurius Aeneam vidit gerere pulchram vestem Punicam, quam Dido ei donaverat. Itaque nuntius Iovis stupuit[1],
3 deinde ad Aeneam accessit: „Audi, Aeneas! Iuppiter me misit, te monet: Quid hic facis? Cur ea in urbe te tam turpiter[2] geris? Cogita de fato tuo! Hic manere tibi non
6 licet. Relinque Carthaginem, nam Italiam petere debes. Posteris tuis ibi novam patriam para!"

Verba Mercuri Aeneam terruerunt. Itaque vir pius, qui
9 imperio Iovis semper paruerat, consilium cepit regiones Punicas relinquere. Statim comites ad litus vocavit, eos classem et arma parare iussit.

12 At Dido, quae consilium Aeneae iam animadverterat, eum verbis vehementibus accusavit: „Cur me tam turpiter fallis? Cur fugere properas, cur tam crudelis es? Nunc dolum
15 tuum perspexi!" Postquam Dido diu tacuit, tristi voce dixit: „Tibi nimis credidi, nam te amavi."

Aeneas autem, quem Mercurius de fato monuerat, gemuit[3]:
18 „Numquam tibi conubium[4] promiseram. Cogita deos vitam meam regere! Iuppiter, pater deorum hominumque, me novam patriam quaerere iussit. Etiam Troiam non mea
21 sponte reliqui. Anchises pater in somno me in Italiam ire monuit. Desine me teque querelis[5] tuis vexare[6]: Italiam non mea sponte peto."

[1] stupēre (Perf. stupuī) erstaunt sein
[2] turpiter Adv. schändlich
[3] gemere (Perf. gemuī) seufzen
[4] cōnūbium Ehe, Heirat
[5] querēla Klage
[6] vexāre quälen

❶ Erkläre, warum sich Merkur erstaunt zeigt, als er Äneas in Karthago trifft.
❷ Erläutere anhand von Wendungen aus T, wie Dido den Aufbruch des Äneas empfinden muss.
❸ Im Informationstext wird erklärt, dass Äneas sein Schicksal, das die Götter ihm mitteilen, auf sich nehmen muss.
Erkläre anhand von T, was es für einen Menschen bedeuten kann, den Willen der Götter zu erfüllen.

Äneas tritt mit seinem Sohn Askanius (Julus) vor Dido.
Fresko (1757) von Giovanni Battista Tiepolo (Vicenza, Villa Valmarana)

**ⓐ** Welches Zeitverhältnis tritt zwischen lateinischen Haupt- und Gliedsätzen auf, in denen Plusquamperfekt verwendet wird? Untersuche die Sätze von **T**.

**ⓑ** Ganz genau!
Die Aussagen von Satz 1–4 werden von Satz zu Satz genauer. Durch welche sprachlichen Mittel wird dies erreicht?
1. Bassus: „Publio gratias ago, quod filiam servavit."
2. Bassus: „Publio adulescenti gratias ago, quod filiam meque servavit."
3. Bassus: „Publio, adulescenti nobili, gratias ago, quod filiam meque servavit."
4. Bassus: „Publio, adulescenti nobili, gratias ago, quod vitam meam, filiae amicique servavit."

*Trojanisches Pferd. Nachbildung. In Troja steht heute dieses neue hölzerne Pferd. Kinder können über eine Leiter in das Innere des großen Holzpferdes klettern und griechische Eroberer spielen.*

**ⓒ** Irrläufer gesucht!

| clamoris | hominis | capitis | ventis |
| celeri | omni | clari | ingenti |
| iterum | criminum | virtutum | victorum |
| cucurrerant | superaverunt | monueras | iusseram |

**ⓓ** „Wechsstaben verbuchselt?"
Sieh genau hin und unterscheide die Wortformen voneinander.

caput – capit – cepit      mones – montes – mortes
debes – deas – deos        vidit – vivit – vicit
viri – vires – virtutes    volui – volavi – vocavi

**ⓔ** Übersetze. Achte dabei auf das Zeitverhältnis.
1. Legiones, quas Pompeius in provinciam duxerat, multa bella gerebant.
2. Liber, quem mihi dederas, mihi non placuit.
3. Amicae, quae Romam iam viderant, Claudiae forum ostenderunt.

---

Von welchen lateinischen Wörtern kannst du die kursivgedruckten deutschen Wörter ableiten?

Rudi, der Radrennfahrer, hat bei der Tour de France eine Start*lizenz* erhalten. Weil er aber seinen *Körper* nicht trainiert hatte, war er in einer *miserablen* Verfassung. Nach einem Sturz *ignorierte* er zuerst seine Schmerzen; dann aber musste er doch in einem *Hospital* seine Verletzungen aus*kurieren*.

LATEIN LEBT

# 21 Der Held Äneas

Was bedeuten die Adjektive in den folgenden Wendungen?
Wenn du die Adjektive dir bekannten lateinischen Verben zuordnest, kannst du die Ausdrücke leicht übersetzen:
1. hostis terribilis  2. aedes stabiles  3. amica amabilis  4. periculum incredibile
Was bedeutet also das Suffix -bilis bzw. -ilis?
Du findest es in vielen Fremdwörtern *(Stabilität, Immobilien, Senilität)*, auch in unserer Adjektivendung -bel, z. B. *passabel, plausibel, praktikabel, miserabel, akzeptabel.*
Auch in Fremdsprachen taucht das Suffix immer wieder auf:
Italienisch:  *portabile     incredibile     terribile     impossibile*
Englisch:    *portable      incredible      terrible      impossible*
Finde mindestens drei weitere Fremdwörter bzw. fremdsprachliche Vokabeln, die so gebildet sind.

## Z Das hölzerne Pferd

Nach fast zehn Jahren Krieg sind die Griechen eines Morgens von der Küste Trojas verschwunden. Die Trojaner meinen, dass die Feinde endlich die Belagerung Trojas aufgegeben und mit ihren Schiffen die Küste verlassen haben. Sie gehen aus ihrer Stadt und entdecken am Strand das hölzerne Pferd. Eifrig beraten sie, was mit diesem zu geschehen habe. „Ins Meer stürzen!", sagen die einen. „Verbrennen!", schreien die anderen, wieder andere wollen das Pferd den Göttern weihen.

[1] Trōiānī, Trōiānōrum  *die Trojaner*
[2] līgneus, a, um  *hölzern*
[3] collocāre  *aufstellen*
[4] Graecī, Graecōrum  *die Griechen*
[5] Lāocoōn, Lāocoontis  *Laokoon*
[6] sacerdōs  *Priester*

[7] vix  *kaum*
[8] geminī anguēs  *zwei Schlangen*

[9] poenam solvere *(Perf. solvī)*
  *eine Strafe erleiden*

Postquam Troiani[1] diu de equo ligneo[2] consuluerunt, eum in urbem ducere ibique collocare[3] decreverunt. Putaverunt enim
3  Graecos[4] equum deis reliquisse. Laocoon[5] solus, sacerdos[6] Neptuni, dolum Graecorum perspexit. Ex urbe ad litus cucurrit et magna voce clamavit: „Discedite! Fugite!
6  Quidquid id est, timeo Danaos et dona ferentes."
*(Was auch immer es ist, ich fürchte die Griechen, auch wenn sie Geschenke bringen.)*
Vix[7] verba dixerat, cum gemini angues[8] ingentes
9  ad litus pervenerunt et Laocoontem eiusque filios necaverunt. Troiani
12  Laocoontem pro verbis suis poenam miseram solvisse[9] putaverunt.
15  Statim magno cum gaudio equum in urbem duxerunt.

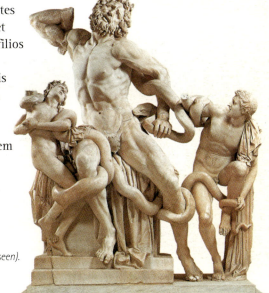

*Laokoongruppe.*
*Römische Marmorkopie einer Bronzefigur aus Pergamon (um 140 v. Chr.),*
*gefunden in Rom in den Ruinen eines Kaiserpalastes (Rom, Vatikanische Museen).*

# 22 Äneas in der Unterwelt

Der römische Dichter Vergil übernahm die Vorstellung eines unterirdischen Totenreiches, des Hades, von den Griechen. Sie glaubten, dass die Menschen nach dem Tod Folgendes erlebten: Zunächst mussten die Schatten der Verstorbenen am Ufer des Unterweltsflusses Styx warten, bis der Fährmann Charon sie auf seinem Kahn an das andere Ufer, ins Totenreich, brachte. Für die Überfahrt verlangte Charon eine Münze, den Obolus. Den Eingang zum Totenreich bewachte der dreiköpfige Höllenhund Zerberus. In der Unterwelt angekommen, mussten sich die Toten vor drei Unterweltsrichtern für ihre Taten im Leben verantworten. Wer sich nichts hatte zuschulden kommen lassen, kam in das Elysium, wo er fortan ein sorgenfreies Leben führte. Wer Verbrechen begangen hatte, wurde in den Tartarus verbannt und verbüßte dort schwere Strafen. Die christliche Vorstellung von der Hölle als einem Ort der Qualen für böse Menschen geht auch darauf zurück.

Michelangelo Buonarroti: Der Fährmann Charon bringt die Toten in die Unterwelt. Ausschnitt aus dem Fresko „Das Jüngste Gericht". 16. Jh. (Rom, Sixtinische Kapelle)

**G** Postquam Aeneas cum comitibus e Troia fugit, Anchises pater comitibus dixit:
3 „Hostes vobis non imperabunt. Nam Aeneas vos servabit. Vos, comites, filio meo parebitis!"
Aeneas: „Ego vos e periculo servabo. Certe etiam dei nobis
6 aderunt."
Comites ad Aeneam: „Ita erit. Tu nobis imperabis – nos tibi parebimus. Tum patriam novam reperiemus."
9 Aeneas: „Vos in patriam novam ducam, ubi in tuto vivemus."

Futur I und II

# 22 Der Held Äneas

## Äneas in der Unterwelt

Nach einem kurzen Aufenthalt in Sizilien erreicht Äneas endlich Italien. Dort erlauben ihm die Götter, seinen toten Vater Anchises in der Unterwelt zu besuchen.

[1] mortuus *Toter*

[2] futūra *Akk. Pl. Zukunft*

Aeneas apud mortuos[1] etiam Anchisam patrem aspicit. Quem frustra capere studet. Pater autem ita dicit: „Tibi
3 futūra[2] ostendam:
Ecce! Lavinia tibi uxor erit. Filius tuus Albam Longam aedificabit. Cuius posteri gloriam tuam augebunt: Nam
6 multa oppida capient, nonnullas urbes aedificabunt.
Ecce! Romulus urbem Romam condet. Quae urbs caput orbis erit. Alii populi Romanos multis virtutibus vincent.
9 Sed Romani, posteri tui, omnibus populis imperabunt.

[3] subiectī, ōrum *die Unterworfenen*

Nam vos, Romani, parcetis subiectis[3] et superabitis superbos. Fortuna vobis semper aderit.
12 Ecce eos viros, qui in urbe Roma reges erunt. Ibi est Brutus, qui imperio Tarquinii Superbi finem parabit.
Hic magnam copiam virorum nobilium vides, qui urbem
15 e periculis servabunt.
Ecce! Tandem Augustus Caesar imperabit. Qui si fines imperii auxerit et pacem orbi dederit, omnes homines
18 gaudebunt et contenti erunt."

❶ Was erfährt Äneas über sich selbst, seinen Sohn, dessen Nachkommen und die Römer?
❷ Römer und Griechen glaubten an ein Totenreich in der Unterwelt. Welche anderen Vorstellungen für ein Leben nach dem Tod kennst du?
❸ Blättert in eurem Buch zurück und sammelt Informationen über die in T auftretenden Namen. Erzählt euch die Ereignisse, die ihr zu diesen Personen bereits kennengelernt habt.
Zu welchen Namen habt ihr im Lateinbuch noch nichts erfahren?

*Pietro Bardellino: Äneas in den elysischen Gefilden, 1780/90. Äneas wird vom Schatten seines Vaters Anchises und von der Cumäischen Sybille geführt.*

# Ü

SERVA ME, SERVABO TE.

URBI ET ORBI

**a** Übersetze und bilde die entsprechenden Präsensformen:
ridebant – iubebit – aedificabatis – poterunt – parebo – parabamus – nuntiabitis – ero – eratis – eris – eram – potero

**b** Wir kombinieren! Gib deinem Banknachbarn eine beliebige Verbindung aus den unten abgedruckten Buchstaben und Nummern vor, etwa A5 (dona-bis). Er bildet und übersetzt diese Form. Dann gibt er dir eine neue Kombination vor, die du nun bildest und übersetzt.

| | | | |
|---|---|---|---|
| dona-A | habe-E | -bitis 1 | -bimus 4 |
| vola-B | place-F | -bunt 2 | -bis 5 |
| ride-C | iube-G | -bo 3 | -bit 6 |
| tempta-D | tene-H | | |

**c** Die kleine Fliege zappelt im Spinnennetz! Damit sie nicht in die Fänge der Spinne gerät, baut ihr für sie einen Steg. Setzt Vokale ein, sodass richtige Formen des Futur I entstehen.

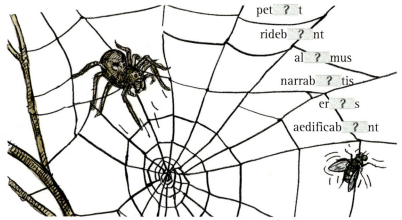

pet ? t
rideb ? nt
al ? mus
narrab ? tis
er ? s
aedificab ? nt

Die Anfangsbuchstaben der lateinischen Verben ergeben übrigens das lateinische Wort für Spinne.

**Formenball**
Der Lehrer wirft einem Schüler einen Ball zu, der dann das erste Wort der folgenden Wörterkette in die entsprechende Form des Futur I setzt und übersetzt. Nun darf er den Ball einem Mitschüler zuwerfen, der mit dem nächsten Wort fortfährt usw.
terret – debes – audio – ducunt – faciunt – facis – sunt – ignoramus – aperis – contendit – fuimus – existimo.

**d** „Wenn" und vorzeitig ...
1. Si id amicis narraverimus, nos ridebunt.
2. Si dona mihi dederis, gratias tibi agam.
3. Si corpus in thermis curavero, domum properabo.

Erkläre die folgenden im Text kursivgedruckten Fremdwörter und gib die lateinischen Wörter an, von denen sie abgeleitet sind.

Im Fußball*finale* liegt eine Mannschaft im Rückstand. In der Halbzeitpause ermuntert der Trainer seine Spieler: „Seid nicht *frustriert*; ihr dürft nicht so *defensiv* spielen. Zeigt mehr Kampfgeist und ergreift endlich die *Initiative*!" Tatsächlich gewinnt die Elf das Spiel noch und der Trainer *gratuliert*: „Ein *prima* Spiel, das wir unbedingt noch einmal in einer *Video*aufzeichnung ansehen müssen!"

LATEIN LEBT

## 22 Der Held Äneas

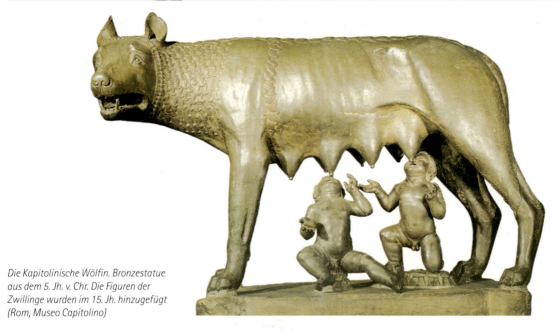

Die Kapitolinische Wölfin. Bronzestatue aus dem 5. Jh. v. Chr. Die Figuren der Zwillinge wurden im 15. Jh. hinzugefügt (Rom, Museo Capitolino)

### Z Die Söhne der Vestalin

Die Prophezeiungen erfüllten sich. Askanius, der Sohn des Äneas, gründete die Stadt Alba Longa. Einer seiner Nachkommen hatte zwei Söhne. Dem älteren, Numitor (**Numitor, ōris**), vererbte er die Herrschaft. Doch der jüngere Sohn Amulius (**Amūlius, ī**) entriss diese seinem Bruder. Numitors Tochter Rea Silvia musste eine Vestalin (**virgō Vestālis**) werden. So durfte sie nicht heiraten und keine Kinder bekommen. Nun glaubte Amulius, alle möglichen Thronnachfolger ausgeschaltet zu haben. Doch eines Nachts hatte Rea Silvia einen Traum ...

[1] Mārs: *Kriegsgott der Römer*

Mars[1] deus virgini in somno dixit:
„Nunc tuam sortem cognosces; audi verba mea: Quamquam
3 virgo Vestalis es, filios duos habebis. Itaque Amulius servos iubebit filios tuos in Tiberim mittere.

[2] lupa *Wölfin*
[3] pāstor *Hirte*
[4] nōmen, inis n *Name*

Sed Tiberis filios servabit; quos lupa[2] reperiet et alet. Postea
6 Faustulus pastor[3] eos Accae uxori dabit. Quae eis pro matre erit. Romulus et Remus – ea erunt filiorum nomina[4] – apud pastores vivent et ceteros adulescentes virtute vincent. Non solum bestias
9 capient, sed etiam cum furibus et sceleratis pugnabunt; quorum praedam comitibus dabunt. Fures autem scelerati Remum rapient et ad Amulium ducent; qui contendent fratrem Romuli fines
12 Numitoris intravisse. Amulius deinde Remum Numitori

[5] supplicium *Bestrafung*
[6] nepōs, ōtis *Enkel*

ad supplicium[5] dabit. Sed Numitor cognoscet Remum esse nepotem[6] suum. Denique Romulus et Remus fratres magna
15 cum ira Amulium necabunt."

*Wörter, hinter denen ein ° steht, werden nicht ins Lateinische übersetzt.*

# Deutsch-lateinische Übersetzungsübungen

Die Überschriften werden nicht übersetzt.

## 1 Wo ist der Sklave?

1. Hier ist das Forum. 2. Hier steht eine Menschenmenge und schreit durcheinander°. 3. Dort ist ein Tempel, dort ist eine Basilika, hier ist die Kurie. 4. Ein Senator beeilt sich und fragt: „Wo ist mein° Sklave?" 5. Plötzlich ist der Sklave da. 6. Der Senator freut sich; auch der Sklave lacht.

## 2 Sieger beim Pferderennen

1. Das Volk freut sich, denn heute sind Spiele. 2. Auch Gajus und Aulus sind da. 3. Sie warten lange und schweigen. 4. Nun stehen die Tore offen. 5. Endlich kommen die Pferde herbei, endlich laufen sie los°. 6. Jetzt erheben sich die Freunde; auch das Volk erhebt sich und schreit. 7. Schließlich ist Syrus der Sieger. 8. Die Senatoren rufen laut; dann kommt Syrus herbei. 9. Aulus und Gajus freuen sich und lachen.

## 3 Nicht leicht zu finden

1. Aulus läuft über (durch) das Forum. 2. Wo ist nur° Gajus? 3. Aulus sieht seinen° Freund nicht. 4. Hier beeilen sich Sklaven, dort steht eine Menschenmenge und betrachtet die Tempel und Basiliken. 5. Hier schreit ein Händler los (erhebt Geschrei), dort lachen Freundinnen. 6. Hier suchen Senatoren eilends° die Kurie auf, dort stehen Frauen vor einem Laden. 7. Endlich sieht Aulus den Freund und ruft laut. 8. Gajus kommt herbei; sofort eilen die Freunde zu den Spielen. 9. Dort betrachten sie die Pferde und die Sieger.

## 4 Langeweile ausgeschlossen

1. In den Thermen ist immer eine Menschenmenge. 2. Auch Aulus betritt mit Gajus die Badeanlage. 3. Was sehen sie dort? 4. Zwei[1] Senatoren verlassen mit ihren° Sklaven den Umkleideraum[2]; sofort kommt ein Händler herbei und erfüllt die Thermen mit seinem° Geschrei. 5. Die Senatoren aber fliehen (eilen) in das Lauwarmbad[3]. 6. Der Kaufmann Quintus steht mit einem alten Mann in seinem° Laden und verkauft Wein. 7. Plötzlich läuft ein Dieb mit gestohlenen° Kleidern durch die Menge und will die Thermen verlassen, schon schreien Sklaven: „Haltet[4] den Dieb!"

[1] *zwei* duo
[2] *Umkleideraum* apodytērium
[3] *Lauwarmbad* tepidārium
[4] *haltet* tenēte

## Deutsch-lateinische Übersetzungsübungen

### 5 Überraschung!

1. Antonia, Lucius und° Atia sind auf dem Forum. 2. Sie eilen zu ihrer° Freundin Cornelia. 3. Plötzlich bleibt Antonia stehen (macht Halt). 4. Atia: „Warum bleibst du stehen (machst du Halt)? Was siehst du?" 5. Und Lucius: „Wo seid ihr? Warum zögert ihr? Wir müssen uns beeilen, denn Cornelia erwartet uns[1] schon." 6. Antonia aber: „Schaut, der Händler Rutilius! Er verkauft Tiere. Kommt[2], wir erfreuen Cornelia mit einem Geschenk!" 7. Wenig später[3] sieht Cornelia die Freunde mit einem Papagei[4]. 8. Sie lacht und ruft laut: „Ihr seid Freunde! Ich freue mich über euer° Geschenk, denn ich liebe Tiere". Und der Papagei: „Ich liebe Tiere, Tiere."

[1] *uns* nōs
[2] *kommt* venīte
[3] *wenig später* paulō post
[4] *Papagei* psittacus

### 6 Alle helfen mit

1. Sitticus ruft die Sklaven: „Kommt herbei, Sklaven! Beeilt euch! Der Senator erwartet Freunde zu° Besuch°. Lauft zum Forum, kauft Wein!" 2. Sofort verlassen die Sklaven das Haus. Wo aber ist Davus? 3. Der Junge ist in seiner° Schlafkammer[1], weil er nicht arbeiten will. 4. Schon schreit Sitticus: „Steh endlich auf, Davus! Arbeite!" 5. Auch die Herrin befiehlt: „Lauf zum Händler Rabirius, Melissa! Bringe Käse[2] und Oliven[3]! Helft, Mädchen!". 6. Plötzlich betritt M. Aquilius das Atrium[4]. Sitticus: „Sei gegrüßt, Senator! Du erwartest Freunde; deshalb bereiten wir das Essen vor." 7. Darauf Aquilius: „Gut, Sitticus!"

[1] *Schlafkammer* cubiculum
[2] *Käse* cāseus
[3] *Oliven* olīvae
[4] *Atrium* ātrium

### 7 Ein gelungenes Fest

1. Schon betreten die Freunde das Haus des Senators. 2. Mit Hilfe der Herrin schmücken die Mädchen die Tische und die Sklaven bringen den Wein. 3. Nach dem Essen sucht M. Aquilius kurz° das Arbeitszimmer[1] auf, die Gäste[2] wollen noch° im Triclinium[3] bleiben. 4. Der Senator denkt an die Worte seiner° Freunde und freut sich, dann ruft er Sitticus. 5. Sitticus fragt: „Was willst du, Senator?" 6. Aquilius: „Ich will dich loben, denn das Gastmahl gefällt allen°. Die Gäste wollen das Haus nicht verlassen, sie freuen sich über die Menge des Weines und° loben den Fleiß[4] der Sklavinnen und Sklaven."

[1] *Arbeitszimmer* tablīnum
[2] *Gast* convīva *m*
[3] *Triclinium* triclīnium

[4] *Fleiß* industria

*Die Römer lagen, nach griechischer Sitte, zu Tisch auf einer Art Sofa (griech. **kline**).*

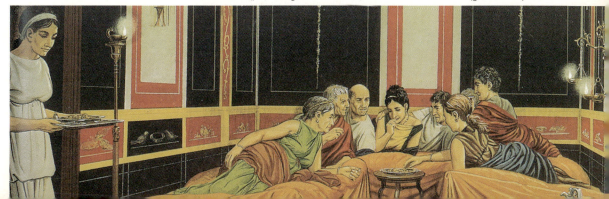

## 8 Aufregung um Delia

¹*vom* ā *(m. Abl.)*

²*Schlafzimmer* cubiculum
³*Atrium* ātrium

⁴*haben* habēre

1. Die Sklavinnen kommen vom¹ Marktplatz nach Hause. 2. Die Herrin hört das Geschrei und die Stimmen der Mädchen. 3. Sie läuft aus dem Schlafzimmer² in das Atrium³ und fragt: „Warum schreit ihr? Warum arbeitet ihr nicht? Schweigt endlich und antwortet!" 4. Dann sagt Melissa: „Delia ist wieder° nicht da. Nie will sie arbeiten, nie kommt sie zum Marktplatz, sondern immer eilt sie zum Haus des L. Sextus." 5. Und die Herrin: „Hört meine° Worte, Mädchen! 6. Delia hat⁴ keine (nicht) Eltern mehr. 7. Ihre° Schwester Cynthia aber ist Sklavin im Haus des Sextus; deshalb will Delia die Schwester sehen."

## 9 Philippus in Rom (1)

1. Diodorus besucht mit seinem° Sohn Philippus den Senator Aquilius. 2. Aquilius reicht (gibt) den Gästen Wasser und Speisen; mit Freude erzählt Diodorus dem Senator von der Reise. 3. Die Söhne aber wollen sofort ohne ihre° Väter zum Forum gehen (das Forum aufsuchen). 4. Publius zeigt dem Freund die Läden der Händler, die Gebäude des Forums und° die Tempel der Götter und Göttinnen. 5. Philippus: „Warum gehorcht ihr den Göttern?" 6. Publius: „Wir schulden den Göttern Dank. Schau, der Göttin Vesta gehört (ist) dieser¹ Tempel. 7. Wir verehren die Göttin mit Geschenken, weil sie die Heimat vor² Gefahren schützt."

¹*dieser* hoc

²*vor* ā *(m. Abl.)*

*Vestalinnen beim Opfer. Bronzemedaillon. Um 180 n. Chr.*

## 10 Philippus in Rom (2)

¹*alles* cūncta *Pl.*
²*Triumphzug* triumphus

1. Die große Zahl der Menschen in den Straßen gefällt Philippus. 2. Er will alles¹ über die Stadt wissen. 3. Publius erzählt seinem° Begleiter von den Aufgaben der Konsuln und von den Triumphzügen² der Feldherrn. 4. Dann führt er den Freund in den Laden des Athenodorus (hinein), denn dort sind viele° Bücher. 5. Philippus erblickt die Bücher und freut sich. 6. Athenodorus kommt zu den Jungen (herbei) und fragt: „Was wünscht ihr zu kaufen?" 7. Philippus kauft schließlich ein Buch. 8. Später machen Philippus und Diodorus die Reise zurück° nach Griechenland.

## Deutsch-lateinische Übersetzungsübungen

### 11 Was für ein Fund!

1. Faustulus wollte Tiere jagen (fassen). 2. Deshalb rief er die Gefährten zu sich, dann ging er eilends° mit den Männern zum Tiber (suchte den Tiber auf). 3. Plötzlich hörten die Gefährten Stimmen von° Buben *(Gen.)* und riefen laut: 4. „Komm herbei, Faustulus, und sieh die Buben! Wir können sie[1] nicht beim Ufer zurücklassen, sondern müssen sie° nach Hause bringen". 5. Sobald Acca die Männer hörte, fragte sie: „Wo bist du gewesen, Faustulus? Was habt ihr gebracht, Männer?" 6. Faustulus erzählte seiner° Ehefrau von den Jungen. 7. Acca konnte den Worten ihres° Ehemannes kaum[2] glauben. 8. Später zog sie die beiden° Brüder groß.

[1] *sie* eōs
[2] *kaum* vix

### 12 Kastor und Pollux

1. Auf dem Forum Romanum sehen wir noch[1] heute den großen Tempel des Kastor[2] und Pollux[3]. 2. Die Brüder, Söhne Jupiters, griffen zusammen° mit den Römern Tarquinius Superbus an. 3. Kurz darauf betraten sie das Forum und meldeten mit lauter Stimme den Sieg. 4. Aus der ganzen Stadt eilten viele Menschen auf (in) das Forum und riefen laut: 5. „Wir danken euch, ihr° tüchtigen (guten) Männer! Ihr habt die Heimat von[4] den überheblichen Feinden befreit, endlich sind wir sicher vor Gefahren."

[1] *noch* quoque *(nachgestellt)*
[2] *Kastor* Castor, oris *m*
[3] *Pollux* Pollūx, ūcis *m*
[4] *von* ab *(m. Abl.)*

### 13 Gänse retten das Kapitol

1. Einst[1] führte Brennus[2] einen großen Heereszug durch Italien. 2. Er besiegte die Soldaten der Römer und eroberte viele Städte. 3. Schließlich gelangte (kam) er nach Rom. 4. Schon riefen in der Stadt alle laut durcheinander°: „Die Feinde sind vor unseren Toren. 5. Verlasst die Häuser und lauft zum Kapitol; dort sind wir sicher vor den Waffen. 6. Helft uns, ihr° guten Götter[3]!" 7. Lange Zeit griff Brennus die Römer vergeblich an. 8. Dann wollte er durch eine List[4] das Kapitol besetzen, aber das heftige (laute) Geschnatter (Stimmen) von° Gänsen[5] *(Gen.)* rettete die Römer.

[1] *einst* quondam
[2] *Brennus* Brennus *(ein Gallierfürst)*
[3] *Götter* dī *Vok. Pl.*
[4] *List* dolus
[5] *Gänse* ānserēs, um *m*

*Marmorrelief von der Basilika auf dem Forum von Ostia. 2. Jh. n. Chr.*

## 14 Ein überragender Feldherr

¹*Ausdauer* cōnstantia

²*mit Recht* iūre

1. Wer kennt nicht Hannibal, der alle Punier durch seine Tapferkeit übertraf? 2. Hannibal, dessen Heimat Afrika war, zögerte nicht, die Römer anzugreifen. 3. Immer lobte er die Ausdauer¹ der Soldaten, die er nach Italien führte. 4. Immer gehorchten die Männer den Beschlüssen, die Hannibal fasste. 5. Auch die Römer lobten die Tapferkeit Hannibals, den sie lange Zeit nicht besiegen konnten. 6. Diese nannten Hannibal mit Recht² einen großen Feldherrn.

## 15 Scharfe Worte

¹*gegen* in m. Akk.
²*noch* quoque *(nachgestellt)*

³*mit Namen nennen* nōmināre

⁴*verheimlichen* dissimulāre

1. Die Reden, die Cicero gegen¹ Catilina gehalten hat, sind berühmt. 2. Noch² heute lesen wir dessen Worte: 3. „Seht diesen Mann, Senatoren, der unsere Heimat mit Waffen angreift. 4. Wir haben deine Gefährten erkannt, Catilina, ich kann sie mit Namen nennen³. 5. Vergeblich hast du eine Falle vorbereitet. 6. Denn meine Sklaven haben die Männer, die du in der Nacht geschickt hast, bemerkt und mir ein Zeichen gegeben. 7. Deshalb lebe ich noch°, vergeblich wünschst du meinen Tod. 8. Wir richten unsere° Augen auf dich; du kannst deine Verbrechen nicht verheimlichen⁴!"

## 16 Rasches Handeln bringt Erfolg

¹*einst* quondam
²*Pharnakes* Pharnacēs, is m
³*Asien* Asia

⁴*in kurzer Zeit* brevī tempore

1. Einst¹ wollte sich der König Pharnakes² ein gewaltiges Königreich in Asien³ schaffen (bereiten). 2. Deshalb versammelte er alle Soldaten bei (zu) sich. 3. Sobald Cäsar von den Plänen des Königs hörte, eilte er mit wenigen Legionen in dessen Königreich. 4. Während Pharnakes seine Truppen noch° ermahnte *(Präs.)*, griff Cäsar den Feind schon an. 5. In kurzer Zeit⁴ besiegte er diesen und verließ Asien wieder°. 6. Später erzählte er Freunden so von diesem Sieg: „Ich kam, sah und° siegte!"

## 17 Odysseus und der Riese Polyphem

¹*Odysseus* Ulixēs, is m
²*Land* terra
³*Polyphem* Polyphēmus
⁴*Höhle* spēlunca

⁵*Felsblock* saxum

1. Wir wissen, dass Odysseus¹ und seine° Gefährten viele Länder² gesehen haben. 2. Auf ihrem° Weg gelangten (kamen) sie auch zur Heimat des Polyphem³. 3. Dort fanden die Männer in einer großen Höhle⁴ endlich Nahrung. 4. Plötzlich aber kam Polyphem, ein gewaltiger Mann, herbei. 5. Mit seinem° einen Auge sah er, dass Menschen in seiner Höhle waren. 6. Sofort versperrte (schloss) er diese mit einem Felsblock⁵ (ab).

# Deutsch-lateinische Übersetzungsübungen

## 18 Rettung durch eine List

¹*Odysseus* Ulixēs, is *m*
²*verschlingen* dēvorāre
³*List* dolus

⁴*stachen* effōdērunt *Perf.*

1. Polyphem zögerte nicht, die armen Gefährten des Odysseus¹ zu verschlingen². 2. Schon ließen die Männer den Mut sinken; Odysseus aber sagte, dass er eine List³ gefunden habe (hatte). 3. Er rief Polyphem zu sich; dann brachte er ihm guten Wein aus dem Schiff. 4. Polyphem beeilte sich zu trinken; kurz darauf schlief er fest ein (gab sich tiefem Schlaf). 5. In dieser Nacht stachen⁴ die Männer Polyphem das Auge aus°. 6. So rettete Odysseus die Gefährten aus höchster Gefahr.

## 19 Verführerischer Gesang der Sirenen

¹*Odysseus* Ulixēs, is *m*
²*Insel* īnsula
³*die Sirenen* Sīrēnes, um *f*
⁴*Vögel* avēs, avium *f*
⁵*singen* canere
⁶*wer* quī
⁷*Klippe* scopulus

1. Während Odysseus¹ wieder° über (durch) die Meere irrte *(Präs.)*, erblickte *(Perf.)* er die Insel² der Sirenen³. 2. Die Sirenen, die den Kopf von° Mädchen *(Gen.)* und den Körper von° Vögeln⁴ *(Gen.)* hatten, verstanden es (wussten), wunder°schöne Lieder zu singen⁵. 3. Wer⁶ die Stimmen der Sirenen hörte, wünschte sofort die Insel zu betreten. 4. Alle Schiffe aber, die zu der Insel kamen, stießen an (berührten) die hohen Klippen⁷. 5. Odysseus vermied *(Perf.)* diese Gefahr und hörte *(Perf.)* dennoch die Sirenen. 6. Was hat er gemacht? 7. Gewiss kannst du darauf° antworten.

## 20 Endlich wieder daheim

[1] Odysseus Ulixēs, is m
[2] zurückkehren red-īre
[3] fremd aliēnus
[4] Penelope Pēnelopa
[5] begrüßen salūtāre

1. Immer wieder war Odysseus[1] in großer Gefahr, immer wieder beklagten seine° Männer den Tod eines tapferen Gefährten. 2. Doch° schließlich kehrte *(Perf.)* Odysseus nach vielen Jahren in seine° Heimat zurück[2]. 3. Dort hörte *(Perf.)* er etwas° über fremde[3] Männer, die seiner° Ehefrau Penelope[4] hart zusetzten. 4. Darauf betrat *(Perf.)* er als° Bettler (armer Mann) sein Haus; niemand erkannte *(Perf.)* ihn. 5. So täuschte *(Perf.)* er die Feinde und vertrieb *(Perf.)* sie aus dem Haus. 6. Penelope aber begrüßte[5] *(Perf.)* ihn mit großer Freude.

## 21 Flucht aus höchster Gefahr

[1] Griechen Graecī, Graecōrum
[2] Bauch venter, tris m
[3] hölzern līgneus
[4] nehmen sublevāre

1. Schon hörte *(Perf.)* Äneas das Geschrei der Griechen[1]. 2. Diese hatten lange Zeit im Bauch[2] des hölzernen[3] Pferdes gesessen. 3. In tiefer Nacht waren sie aus dem Pferd geklettert (hatten das Pferd verlassen), hatten die Tore der Stadt geöffnet und° die Waffen ergriffen (genommen). 4. Äneas zögerte *(Perf.)* nicht, sofort zu fliehen. 5. Zusammen° mit dem Sohn Askanius, den er zu sich gerufen hatte, lief *(Perf.)* er zu seinem° Vater Anchises. 6. Diesen nahm[4] *(Perf.)* er auf seine Schultern (mit° seinen Schultern) und führte *(Perf.)* ihn° aus der Stadt.

## 22 Verheißungsvolle Zukunft

[1] oft saepe
[2] Griechen Graecī, Graecōrum

1. Während Äneas floh *(Präs.)*, dachte er an diese Worte, die er oft[1] im Traum (Schlaf) gehört hatte: 2. Die Griechen[2] werden Troja durch List erobern. 3. Du aber wirst die Stadt verlassen und mit deinen Männern nach Italien kommen. 4. Dort werdet ihr die Feinde besiegen und neue Städte erbauen. 5. Schließlich wird dein Volk über° den Erdkreis *(Dat.)* herrschen. 6. Deine Tapferkeit wird immer berühmt sein.

# Wortschatz und Grammatik

## Liebe Schülerinnen und Schüler, liebe Kolleginnen und Kollegen!

In diesem **Grammatikteil** zu **prima B** haben wir für euch, haben wir für Sie den Wortschatz und die Grammatikstoffe zu den einzelnen Lektionen des Textteiles aufbereitet.

Wir wünschen euch, liebe Schülerinnen und Schüler, dass ihr mit diesem übersichtlich und lernfreundlich angelegten Grammatikteil die lateinische Sprache möglichst leicht und gut erlernt. Und wir wünschen Ihnen, liebe Kolleginnen und Kollegen, dass Sie durch die Gestaltung der folgenden Seiten wertvolle Hilfen für Ihre Unterrichtsarbeit erhalten und so für die wichtige Arbeit an den Texten Entlastung finden.

## Hinweise zur Konzeption und zur Arbeit mit dem Grammatikteil

### a) Wortschatz

Die lateinischen Wörter und Wendungen sind in der Reihenfolge angeordnet, wie sie in den Texten vorkommen. In der Regel sind die folgenden „**grammatischen Eigenschaften**" beigefügt:

- *Genusendungen* bei Adjektiven (z. B. magnus, a, um);
- *Genusangaben* bei Substantiven der 3., der e- und der u-Deklination (z. B. urbs, urbis *f*);
- *Genitive* bei Substantiven der 3., der e- und der u-Deklination (z. B. mons, montis) sowie bei einendigen Adjektiven (z. B. felix, felicis);
- *Stammformen* bei Verben mit „unregelmäßiger" Perfektbildung (als „regelmäßig" gelten das v-Perfekt der ā- und ī-Konjugation sowie das u-Perfekt der ē-Konjugation);
- *Kasusrektionen* und *Verbvalenzen*, die vom Deutschen abweichen (z. B. iubere *m. Akk.*), wichtige *Kollokationen* (z. B. animo deficere) und relevante *Kasusfragen*.

Im Kleindruck erscheinen:

- Vokabeln, die für die Bearbeitung einer Lektion wiederholt werden sollten (vor den Wortschätzen);
- Wendungen mit bereits bekannten Vokabeln (z. B. gratias agere);
- Präsensformen und deutsche Bedeutungen bereits bekannter Verben, deren Stammformen nachgetragen werden (z. B. dare, do, **dedi** geben);
- lateinische Formen und deutsche Bedeutungen, wenn weitere Bedeutungen nachgetragen werden (z. B. contendere, contendo, contendi behaupten; eilen; sich anstrengen);
- Namen am Ende der Wortschätze (vgl. Eigennamenverzeichnis).

Zur Wortschatzarbeit gibt es immer wieder ergänzende **Lernhilfen**, die auch der Motivation, der Vertiefung und Veranschaulichung dienen, deren Kenntnis jedoch in den Lektionstexten nicht vorausgesetzt wird:

- „Latein lebt": Hinweise zur kulturellen Bedeutung und zum Weiterleben der lateinischen Sprache;
- „Kontext": kurze, einprägsame lateinische Sätze zu Vokabeln, die unterschiedlich konstruiert werden können oder stark voneinander abweichende Bedeutungen haben;
- „Wortfamilien": Verdeutlichung von Wortbildungselementen und etymologischen Zusammenhängen;
- Sach- und Wortfelder sowie Abbildungen.

Diese Ergänzungen stehen in Zusammenhang mit den Aufgaben zu „Wortschatz", „Latein lebt" und „Übersetzung", die im Textteil eigens ausgewiesen und hervorgehoben sind. Sie finden sich beim Wortschatz- oder Grammatikteil einzelner Lektionen, greifen jedoch in aller Regel auch Vokabeln mehrerer vorausgehender Lektionen mit auf.

### b) Grammatik

Die Grammatik wird Lektionen begleitend, entsprechend der Progression der Stoffkapitel im Textteil, dargeboten.
Die grammatischen Erläuterungen sind einheitlich gegliedert nach
- F: Formenlehre,
- S: Syntax und/oder Semantik,
- T: Textgrammatik.

Die Darbietung ist konsequent auf das für die Schülerinnen und Schüler Wichtige beschränkt, wobei Leseverstehen und Sprachreflexion als Hauptziele des Unterrichts Auswahl und Umfang bestimmten.
Die sprachlichen Phänomene werden zumeist in induktiver Weise an Beispielsätzen erläutert. Dabei sind die Beispielsätze – soweit es der jeweilige Stoff erlaubt – so konzipiert, dass die Grammatikteile auch vor der Behandlung des Lektionstextes besprochen werden können; sie enthalten, wie auch die G-Teile im Textteil, keine neuen Vokabeln.

**TIPP!**

Gelegentlich werden die grammatischen Erläuterungen und Tabellen durch **Zusatzhinweise** und **Tipps** ergänzt. Hier werden die Schüler auf spezielle Schwierigkeiten aufmerksam gemacht und erhalten Lern- und Verstehenshilfen aus der Sicht des Praktikers. Diese reichen von Tipps zum Vokabellernen und zum Abfragen lateinischer Sätze bis zu Hinweisen für die Auflösung mehrdeutiger Wortformen und einfachen Regeln zur Wortbildung.

Darüber hinaus sind an einigen Stellen (meist zweiseitige) **Übersichten** eingefügt, die zusammenfassend und systematisierend Tabellarien zu den Deklinations- und Konjugationsformen bieten und so den Benutzern die Ordnung in der Vielfalt lateinischer Formen erleichtern.
Die wichtigsten **Tabellen** befinden sich zusätzlich im Tabellarium, S. 200 ff.

**W**

| | | |
|---|---|---|
| templum | Tempel | e. temple |
| basilica | Basilika, Halle | |
| circus | Zirkus, Rennbahn | Zirkus |
| senātor | Senator | |
| forum | Marktplatz, Forum, Öffentlichkeit | Forum, e. forum |
| properāre, properat | eilen, sich beeilen | |
| nam | denn, nämlich | |
| ibī | dort | |
| cūria | Kurie, Rathaus | |
| esse, est | sein | Essenz, essenziell |
| hīc | hier | |
| turba | Menschenmenge, Lärm, Verwirrung | Trubel, Turbine, turbulent, e. trouble |
| stāre, stat | stehen | e. to stay |
| et | und, auch | f. et |
| clāmāre, clāmat | laut rufen, schreien | Re-klame, re-klamieren |
| avē! | sei gegrüßt! | |
| gaudēre, gaudet | sich freuen | |
| salvē! | sei gegrüßt! | |
| salvēte! | seid gegrüßt! | |
| subitō | plötzlich | |
| servus | Sklave | „Servus" |
| adesse, adest | da sein | |
| rogāre, rogat | bitten, erbitten, fragen | |
| ubī? | wo? | f. où |
| rīdēre, rīdet | lachen, auslachen | f. rire |
| tum | da, damals, darauf, dann | |

**F**

### ① Substantive: Nominativ Singular

a) Lateinische und deutsche **Substantive** (Hauptwörter) kommen im **Singular** (in der Einzahl) und im **Plural** (in der Mehrzahl) vor,
z. B. der Sklave, die Sklaven.

Sie können **dekliniert** (gebeugt), d.h. in verschiedene **Kasus** (Fälle) gesetzt werden,
z. B. der Sklave, des Sklaven, usw.
In diesem Kapitel stehen alle Substantive im **Nominativ** (1. Fall) Singular.

b) Im Deutschen und Lateinischen gibt es verschiedene **Deklinationsklassen**,
d.h. verschiedene Arten, Substantive zu deklinieren,
z. B. der Senator, des Senators usw.,
der Sklave, des Sklaven usw.

Wir unterscheiden im Lateinischen zunächst vier verschiedene Arten von Substantiven, von denen zwei der gleichen Deklinationsklasse angehören:

| | |
|---|---|
| turb-a | 1. oder a-Deklination |
| serv-us | 2. oder o-Deklination |
| for-um | 2. oder o-Deklination |
| senātor | 3. Deklination |

c) Wie im Deutschen gibt es auch im Lateinischen drei verschiedene **Genera** (grammatische Geschlechter):

| | | |
|---|---|---|
| masculīnum | *(m)* | männlich |
| feminīnum | *(f)* | weiblich |
| neutrum | *(n)* | sächlich |

Das Genus (das grammatische Geschlecht) eines lateinischen Wortes kann mit dem des entsprechenden deutschen Wortes übereinstimmen oder davon abweichen:

| | | | | |
|---|---|---|---|---|
| | turba | *(f)* | die/eine Menschenmenge *(f)* | |
| | servus | *(m)* | der/ein Sklave | *(m)* |
| | senātor | *(m)* | der/ein Senator | *(m)* |
| aber: | forum | *(n)* | der/ein Marktplatz | *(m)* |

Im Deutschen erkennt man das Geschlecht am Artikel.
Im Lateinischen gibt es keinen Artikel; man kann das Geschlecht oft an der Endung des Substantivs ablesen.

## 2 Verben: 3. Person Präsens Singular

a) Lateinische und deutsche **Verben** (Zeitwörter) können **konjugiert** (gebeugt) werden, z. B. ich rufe, du rufst, er (sie, es) ruft usw.

In diesem Kapitel stehen alle Verben in der 3. Person **Präsens** (Gegenwart) **Singular** (Einzahl).

b) Wir unterscheiden im Lateinischen zunächst zwei verschiedene Konjugationsklassen, d. h. verschiedene Arten, Verben zu konjugieren.
Sie sind nach den Lauten benannt, auf die der Wortstamm endet:

| | | |
|---|---|---|
| clāma-t | er (sie, es) schreit | ā-Konjugation |
| rīde-t | er (sie, es) lacht | ē-Konjugation |

Die 3. Person Singular endet in allen Konjugationsklassen auf `-t`.

Die Formen des Hilfsverbs (est) gehören keiner dieser Klassen an.

c) Die konjugierten Verbformen stehen zunächst im Indikativ (sog. Wirklichkeitsform).

## 3 Verben: Infinitiv Präsens

Im Wortschatz wird bei Verben immer der **Infinitiv** (die Grundform) Präsens angeführt:

| | | |
|---|---|---|
| clāmā-re | (zu) schreien | ā-Konjugation |
| rīdē-re | (zu) lachen | ē-Konjugation |

Der Infinitiv Präsens endet in allen Konjugationsklassen auf `-re`.
Der Infinitiv Präsens des Hilfsverbs lautet es-se.

**W**

| nam | denn, nämlich | stāre | stehen |
| adesse | da sein | gaudēre | sich freuen |

| hodiē *Adv.* | heute | |
| lūdus | Spiel, Wettkampf; Schule | |
| sunt | sie sind | *f. sont* |
| sed | aber, sondern | |
| amīcus | Freund | *f. ami* |
| diū *Adv.* | lange Zeit | |
| exspectāre, exspectat | warten, erwarten | *e. to expect* |
| tandem | endlich | |
| populus | Volk | *Pöbel, e. population* |
| etiam | auch, sogar | |
| nunc *Adv.* | jetzt, nun | *e. now* |
| tacēre, tacet | schweigen | |
| porta | Tor | *Pforte, Portal* |
| patēre, patet | offenstehen, sich erstrecken | *Patent* |
| equus | Pferd | |
| accēdere, accēdit | herbeikommen, hinzukommen | *e. access* |
| dēnique *Adv.* | schließlich, zuletzt | |
| sīgnum | Merkmal, Zeichen | *Signal, Signatur* |
| dare, dat | geben | *Datum, Daten, Dativ* |
| currere, currit | eilen, laufen | *Kurier, Curriculum* |
| surgere, surgit | aufstehen, sich erheben; aufrichten | |
| victor *m* | Sieger | *Viktor, e. victor* |
| ecce | schau/schaut, sieh da/seht da! | |
| praemium | Belohnung, Lohn, (Sieges-)Preis | *Prämie, e. premium* |

| Aulus | Aulus (männlicher Eigenname) |
| Gāius | Gajus (männlicher Eigenname) |
| Syrus | Syrus (männlicher Eigenname) |

**F**

### ① Substantive: Nominativ Plural

| | Sg. | | Pl. | | |
|---|---|---|---|---|---|
| Nom. | turba | die/eine Menschenmenge | turb-ae | (die) Menschenmengen | a-Deklination |
| Nom. | servus | der/ein Sklave | serv-ī | (die) Sklaven | o-Deklination *m* |
| Nom. | forum | der/ein Marktplatz | for-a | (die) Marktplätze | o-Deklination *n* |
| Nom. | senātor | der/ein Senator | senātōr-ēs | (die) Senatoren | 3. Deklination |

Wie du an den Beispielen in der Tabelle siehst, kannst du im Lateinischen an den Endungen den Kasus und den Numerus erkennen.

**TIPP!**

fora      die Marktplätze (zu forum)
turba      die Menschenmenge

Da die Endung -a sowohl im Plural der o-Deklination *(n)* als auch im Singular der a-Deklination vorkommt, kannst du eine solche Form nur richtig erfassen, wenn du weißt, wie das Wort im Nominativ Singular heißt.

### 2 Verben: 3. Person Präsens Plural

|  | Sg. |  | Pl. |  |  |
|---|---|---|---|---|---|
| 3. Pers. | clāma-t | er (sie, es) schreit | clāma-nt | sie schreien | ā-Konjugation |
| 3. Pers. | rīde-t | er (sie, es) lacht | rīde-nt | sie lachen | ē-Konjugation |
| 3. Pers. | es-t | er (sie, es) ist | s-u-nt | sie sind | Hilfsverb |

Person und Numerus (Singular bzw. Plural) sind im Lateinischen an der Personalendung zu erkennen. Die 3. Person Plural endet in allen Konjugationsklassen auf **-nt**.

### 3 Verben: Konsonantische Konjugation

Bei den Verben der Konsonantischen Konjugation endet der Wortstamm auf einen Konsonanten, z.B. curr-ĕ-re (zu) laufen.
Das -e- im Infinitiv ist ein Bindevokal, der kurz gesprochen wird.

|  | Sg. |  | Pl. |  |  |
|---|---|---|---|---|---|
| 3. Pers. | curr-i-t | er (sie, es) läuft | curr-u-nt | sie laufen | kons. Konjugation |

Auch das -i- bzw. -u- vor den Endungen der 3. Person ist ein zusätzlich eingefügter Bindevokal.

## S

### 1 Subjekt und Prädikat

| Servus | ridet. | | Servi | rident. |
|---|---|---|---|---|
| Der Sklave | lacht. | | Die Sklaven | lachen. |

Der einfache Satz besteht wie im Deutschen aus zwei Satzgliedern, nämlich aus **Subjekt** (Satzgegenstand) und **Prädikat** (Satzaussage). Der Aufbau eines Satzes kann in einem Satzmodell dargestellt werden:

Nach dem Subjekt fragen wir „wer oder was?", nach dem Prädikat „was wird ausgesagt?". Wie im Deutschen und Englischen richtet sich das Prädikat im Numerus (Sg. bzw. Pl.) nach dem Subjekt. Diese Übereinstimmung nennt man **Kongruenz**.

| Subjekt | Prädikat |
|---|---|
| Servus | ridet |
| Servi | rident |

## 2 Subjekt im Prädikat

Clama*nt*.
*Sie* schreien.

Im Lateinischen muss nicht unbedingt ein eigenes Subjekt stehen, da die jeweilige Person an der Endung des Prädikats zu erkennen ist. Das Subjekt kann also auch im Prädikat enthalten sein. Wer oder was tatsächlich gemeint ist (z. B. die Sklaven), ergibt sich aus dem vorhergehenden Text. Bei der Übersetzung muss man im Deutschen entsprechende Pronomina (Fürwörter) einsetzen.

## 3 Substantiv als Prädikatsnomen

Syrus victor est.
Syrus ist Sieger.
*Syrus is the winner.*

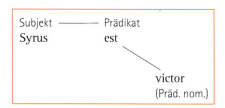

Im Lateinischen kann das Prädikat aus einer Form des Hilfsverbs esse und einem Substantiv im Nominativ, dem **Prädikatsnomen**, bestehen.
Diese Konstruktion ist auch im Deutschen und Englischen üblich.

---

Vergleiche die **französischen Wörter und Formen**, die sich aus dem Lateinischen entwickelt haben:

| | | | |
|---|---|---|---|
| porta | f. porte | esse | f. être |
| amicus | f. ami | est | f. est |
| templum | f. temple | sunt | f. sont |

LATEIN LEBT

---

**TIPP!**

Damit das Behalten der lateinischen Vokabeln nicht zum Problem wird, solltest du für das **Lernen und Wiederholen** der Lateinwörter die folgenden „Tipps" beachten:

1. Präge dir die Vokabeln nicht nur über die **Augen** ein, sondern sprich sie laut, damit du sie auch über die **Ohren** aufnimmst. In jedem Fall solltest du die Wörter **schreiben** (in ein Vokabelheft, auf Wortkarten oder in ein Computerprogramm).
2. Teile dir die Wörter, die du an einem Tag lernen musst, in „Portionen" (fünf bis sieben Vokabeln) ein. Lerne die „Portionen" nacheinander und mit kurzen Pausen dazwischen.
3. Nutze alle möglichen Lernhilfen, etwa die **rechte Spalte** im Wortschatz (wenn du z. B. weißt, was ein *Portal* ist, wirst du dir **porta** leichter merken). Überlege dir „**Eselsbrücken**" (z. B. der *Kurier läuft* schnell), **zeichne** Wörter oder **ordne** sie in Gruppen (z. B. nach der Wortart oder der Bedeutung).
4. Lass dich von Eltern, Geschwistern, Mitschülern oder von einem Computerprogramm regelmäßig – und zwar „durcheinander" – abfragen.
5. Sinnvoll ist es, alle Vokabeln insgesamt **fünf Mal zu wiederholen**, und zwar in immer größer werdenden Zeitabständen (z. B. 1. WH am Abend des Erlernens, 2. WH am nächsten Tag, 3. WH nach weiteren zwei Tagen, 4. WH am Wochenende, 5. WH vor der Prüfungsarbeit).
6. Wörter, die du bei einer der Wiederholungen nicht (mehr) kannst, musst du ehrlich und konsequent aussortieren, um sie erneut fünf Mal zu wiederholen.

# 3

W
| | | | |
|---|---|---|---|
| subitō | plötzlich | tum | da, dann, darauf, damals |
| accēdere | herbeikommen, hinzukommen | ubī? | wo? |

| | | |
|---|---|---|
| ad *m. Akk.* | an, bei, nach, zu | e. at |
| per *m. Akk.* | durch, hindurch | |
| amīca | Freundin | f. amie |
| petere, petit | (auf)suchen, (er)streben, bitten, verlangen | Petition |
| aedificium | Gebäude | e. edifice, f. édifice |
| spectāre, spectat | betrachten, hinsehen | |
| intrāre, intrat | betreten, eintreten | entern, e. to enter |
| mercātor, mercātōrem *m* | Kaufmann, Händler | |
| bēstia | Tier | f. bête |
| vendere, vendit | verkaufen | |
| ante *m. Akk.* | vor | |
| taberna | Laden, Werkstatt, Gasthaus | |
| vidēre, videt | sehen; darauf achten | Video, wissen, e. (to) view |
| statim *Adv.* | auf der Stelle, sofort | |
| in *m. Akk.* | in (... hinein), nach (... hin), gegen (wohin?) | e. into |
| contendere, contendit | eilen; sich anstrengen | e. to contend |
| mulier, mulierem *f* | Frau | |
| autem *(nachgestellt)* | aber, andererseits | |
| clāmor, clāmōrem *m* | Geschrei, Lärm | Klamauk |
| tollere, tollit | aufheben, in die Höhe heben, wegnehmen | |
| clāmōrem tollere | ein Geschrei erheben | |
| quid? | was? | |
| quis? | wer? | |
| itaque *Adv.* | deshalb | |
| relinquere, relinquit | unbeachtet lassen, verlassen, zurücklassen | Relikt, e. to relinquish |
| cūr? | warum? | |
| apud *m. Akk.* | bei, nahe bei | |
| nōn | nicht | e. no |
| iam *Adv.* | nun, schon | |
| nōn iam *Adv.* | nicht mehr | |
| Atia | Atia (weiblicher Eigenname) | |
| Antōnia | Antonia (weiblicher Eigenname) | |
| Rutīlius | Rutilius (männlicher Eigenname) | |
| basilica Iūlia | Basilika Julia (Halle, die von der Familie der Julier errichtet wurde) | |

## F Substantive: Akkusativ (4. Fall)

|      | Sg.        |                       | Pl.       |                    |               |
|------|------------|-----------------------|-----------|--------------------|---------------|
| Akk. | turb-am    | die/eine Menschenmenge | turb-ās   | (die) Menschenmengen | a-Deklination |
| Akk. | serv-um    | den/einen Sklaven     | serv-ōs   | (die) Sklaven      | o-Deklination *m* |
| Akk. | for-um     | den/einen Marktplatz  | for-a     | (die) Marktplätze  | o-Deklination *n* |
| Akk. | senātōr-em | den/einen Senator     | senātōr-ēs | (die) Senatoren   | 3. Deklination |

Bei den Neutra sind die Formen des Nominativs und des Akkusativs gleich. Sie enden im Singular auf **-um**, im Plural auf **-a**.

## S

### ❶ Akkusativ als Objekt

Populus senatorem exspectat.
Das Volk erwartet den Senator.

Der Akkusativ hat wie im Deutschen und Englischen die Satzgliedfunktion des Objektes. Er gibt die Person oder Sache an, auf die die Handlung unmittelbar gerichtet ist oder einwirkt. Objekte hängen vom Prädikat ab und ergänzen es.
Nach dem **Akkusativobjekt** fragen wir „wen oder was?".

Verben, die ein Akkusativobjekt nach sich haben können, heißen „transitive" Verben, die anderen Verben nennt man „intransitiv".

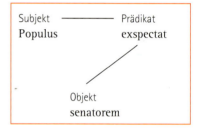

### ❷ Präpositionalausdruck als Adverbiale

Senator ad forum properat.
Der Senator eilt zum Forum.

Ein Satz kann neben den Satzgliedern Subjekt, Prädikat und Objekt noch weitere Angaben enthalten, die z. B. über Ort, Zeit oder Grund des Geschehens informieren.
Eine solche zusätzliche Angabe nennt man **Adverbiale** (Umstandsbestimmung). Das Adverbiale hängt vom Prädikat ab und erläutert es.
Hier steht ein Präpositionalausdruck (ad forum) als Adverbiale. Der Präpositionalausdruck besteht aus einer **Präposition** (einem Verhältniswort) und einem Substantiv (hier: im Akkusativ).
Als Adverbiale kann auch ein einfaches Adverb (z. B. hic, nunc, subito) vorkommen.

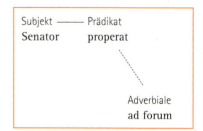

| W | petere | (auf)suchen, (er)streben, bitten, verlangen | clāmor | Geschrei, Lärm |
| --- | --- | --- | --- | --- |
| | mercātor | Kaufmann, Händler | turba | Menschenmenge, Lärm, Verwirrung |
| | tacēre | schweigen | rīdēre | lachen, auslachen |

| | | |
|---|---|---|
| in *m Abl.* | in, an, auf, bei (wo?) | e. in, f. en |
| cum *m. Abl.* | mit, zusammen mit | |
| thermae, thermās *Pl.* | Thermen, Badeanlage | |
| vestis, vestem *f* | Kleid, Kleidung | Weste |
| dēpōnere, dēpōnit | ablegen, niederlegen, aufgeben | deponieren, Depot |
| dē *m. Abl.* | von, von ... her, von ... herab; über | |
| cōgitāre, cōgitat | denken, beabsichtigen | |
| cōgitāre dē *m. Abl.* | denken an | |
| amāre, amat | lieben, gernhaben | Amateur, f. aimer |
| semper *Adv.* | immer | |
| dōnum | Geschenk | |
| dēlectāre, dēlectat | erfreuen, unterhalten | |
| vult | er (sie, es) will | |
| ...men | dennoch, jedoch | |
| ...dāre, laudat | loben | Laudatio |
| ...kk. | dich | f. te |
| ...ē *Adv.* | gewiss, sicherlich | |
| ...plēre, complet | anfüllen, erfüllen | komplett, Komplement, e. to complete |
| senex, senem *m* | Greis, alter Mann | Senior, senil |
| vīnum | Wein | e. wine |
| sūmere, sūmit | nehmen | kon-sumieren, Kon-sum |
| prō *m. Abl.* | an Stelle von, für | pro- |
| pecūnia | Geld, Vermögen | pekuniär |
| ...irem *m* | Dieb | |
| ...m *(nachgestellt)* | nur | |
| ...uam *Adv.* | niemals | |
| uxor, uxōrem *f* | Ehefrau | |
| adulēscēns, adulēscentem *m* | junger Mann | |
| Lūcius | Lucius (männlicher Eigenname) | |
| Quīntus | Quintus (männlicher Eigenname) | |

## F Substantive: Ablativ (6. Fall)

|  | Sg. |  | Pl. |  |
|---|---|---|---|---|
| Abl. | (cum) | turb-ā | turb-īs | a-Deklination |
| Abl. | (cum) | serv-ō | serv-īs | o-Deklination *m* |
| Abl. | (in) | for-ō | for-īs | o-Deklination *n* |
| Abl. | (cum) | senātōr-e | senātōr-ibus | 3. Deklination |

Der **Ablativ** ist ein lateinischer Kasus (Fall), den es im Deutschen nicht gibt.
Der Ablativ ist sehr wichtig, da er häufig und in unterschiedlicher Verwendung vorkommt. Oft tritt er in Verbindung mit einer Präposition (einem Verhältniswort) auf.
Ist das –a Ablativendung, so wird es lang gesprochen.

Zunächst findest du deshalb einen Querstrich als Längenzeichen darüber. Im Allgemeinen ist die Ablativendung -a aber im Druck nicht von der Nominativendung zu unterscheiden.

## S ① Ablativ als Adverbiale: Ablativ des Mittels

Populus circum clamore complet.
Das Volk erfüllt den Zirkus mit Geschrei.

Der Ablativ kommt hauptsächlich in der Satzgliedfunktion des Adverbiales vor. Als Ablativ des Mittels (Ablativus instrumentalis) gibt er an, womit etwas getan wird.
Wir fragen „womit?" oder „wodurch?".
Im Deutschen muss man eine passende Präposition (ein Verhältniswort) einsetzen, z. B. 'mit' oder 'durch'.

### ② Verwendung der Präpositionen

ad amicum   zum Freund
cum amicā   (zusammen) mit der Freundin
de foro     vom Marktplatz (herab)

Nach einer **Präposition** (einem Verhältniswort) steht im Lateinischen ein bestimmter Kasus, nämlich der Akkusativ oder der Ablativ. Welcher Kasus jeweils steht, musst du im Wortschatz mitlernen. Nach einer Präposition entfällt also das „Abfragen".

in curiam   in das Rathaus   *(wohin?)*
in curiā    im Rathaus       *(wo?)*

Ausnahme: Bei der Präposition **in** gibt der Akkusativ die Richtung an (Frage: *wohin?*), der Ablativ den Ort (Frage: *wo?*).

| Das gleiche **Wort** in **fünf Sprachen**: | | | | | | | |
|---|---|---|---|---|---|---|---|
| vestis | – | f. veste | – | i. veste | – | e. vest | – | dt. Weste |
| vinum  | – | f. vin   | – | i. vino  | – | e. wine | – | dt. Wein |

# 5

**W**

| | | | |
|---|---|---|---|
| hodiē | heute | accēdere | herbeikommen, hinzukommen |
| currere | eilen, laufen | subitō | plötzlich |
| cūria | Kurie, Rathaus | gaudēre | sich freuen |

| | | |
|---|---|---|
| cōnsistere, cōnsistō | haltmachen, sich aufstellen | Konsistenz, e. to consist |
| dubitāre, dubitō *(m. Inf.)* | zögern | e. to doubt |
| respondēre, respondeō | antworten, entsprechen | Kor-respondenz, to respond |
| undique *Adv.* | von allen Seiten | |
| nūntius | Bote, Nachricht | Nuntius |
| victōria | Sieg | e. victory, f. victoire |
| nūntiāre, nūntiō | melden | denunzieren, e. to announce |
| ē/ex *m. Abl.* | aus, von … her | |
| ex aedificiō | aus dem Gebäude | |
| ē cūriā | aus der Kurie | |
| repente *Adv.* | plötzlich | |
| cōnsul, cōnsulem *m* | Konsul | Konsulat, e./f. consul |
| gaudēre, gaudeō *m. Abl.* | sich freuen über etw. | |
| licet | es ist erlaubt, es ist möglich | |
| quod *Subj. m. Ind.* | dass, weil | |
| iniūria | Beleidigung, Unrecht, Gewalttat | e. injury |
| dolēre, doleō *(m. Abl.)* | schmerzen; bedauern, Schmerz empfinden (über etw.) | kon-dolieren, Kon-dolenz |
| barbarus | Ausländer, 'Barbar' | Barbar, e. barbarian |
| pūgnāre, pūgnō | kämpfen | |
| patria | Heimat | f. patrie |
| arma, arma *n Pl.* | Waffen, Gerät | Armee, Armatur, e. army |
| dēfendere, dēfendō | abwehren, verteidigen, schützen | defensiv, Defensive, e. to defend |
| deus | Gott, Gottheit | „ade", „adieu" |
| colere, colō | verehren, pflegen, bewirtschaften | kultivieren, Kultur |
| dēbēre, dēbeō | müssen, sollen; schulden | Debitor |
| sine *m. Abl.* | ohne | |
| perīculum | Gefahr | |
| vīvere, vīvō | leben | f. vivre |

| | |
|---|---|
| Turba tacere debet. | Die Menschenmenge muss schweigen. |
| Senator intrare dubitat. | Der Senator zögert einzutreten. |
| Tabernas intrare licet. | Es ist möglich, die Läden zu betreten. (Man kann … betreten.) |

## F  Verben: 1. und 2. Person Präsens

|  | Sg. |  | Pl. |  |  |
|---|---|---|---|---|---|
| 1. Pers. | clām-ō | ich schreie | clāmā-mus | wir schreien | ā-Konjugation |
| 1. Pers. | rīde-ō | ich lache | rīdē-mus | wir lachen | ē-Konjugation |
| 1. Pers. | curr-ō | ich laufe | curr-i-mus | wir laufen | kons. Konjug. |
| 1. Pers. | s-u-m | ich bin | s-u-mus | wir sind | Hilfsverb |

(clamo aus clama-o)

|  | Sg. |  | Pl. |  |  |
|---|---|---|---|---|---|
| 2. Pers. | clāmā-s | du schreist | clāmā-tis | ihr schreit | ā-Konjugation |
| 2. Pers. | rīdē-s | du lachst | rīdē-tis | ihr lacht | ē-Konjugation |
| 2. Pers. | curr-i-s | du läufst | curr-i-tis | ihr lauft | kons. Konjug. |
| 2. Pers. | es | du bist | es-tis | ihr seid | Hilfsverb |

## S  Ablativ als Adverbiale: Ablativ des Grundes

Servus dono gaudet.
Der Sklave freut sich über das Geschenk.

Nach Verben wie **gaudere** gibt der Ablativ den Grund an (Ablativus causae).
Wir fragen „worüber?" oder „weshalb?".

## TIPP!

Manche lateinische Sätze sind nicht mehr auf den ersten Blick überschau- und übersetzbar. Aber keine Angst: Mit gezielter **Abfragetechnik** lässt sich jeder Satz „knacken". Betrachte unser Beispiel: Populus circum clamore complet.
Suche und übersetze immer erst das Prädikat (hier: complet  *er, sie, es erfüllt*).
Frage dann nach den einzelnen Satzgliedern bzw. Kasus. Beantworte deine Frage zuerst lateinisch, indem du ein Wort oder mehrere Wörter mit der entsprechenden Kasusendung suchst; übersetze dann.

| **Wer oder was** erfüllt? | Subjekt: Nominativ | -a, -ae; -us, -ī; -um, -a; --, -ēs | *populus* | *Das Volk erfüllt.* |
|---|---|---|---|---|
| **Wen oder was** erfüllt das Volk? | Objekt: Akkusativ | -am, -ās; -um, -ōs; -um, -a; -em, -ēs | *circum* | *Das Volk erfüllt den Zirkus.* |
| **Womit** erfüllt das Volk den Zirkus? | Adverbiale: Ablativ des Mittels | -ā, -īs; -ō, -īs; -ō, -īs; -e, -ibus | *clamore* | *Das Volk erfüllt den Zirkus mit Geschrei.* |

## Übersicht: Präpositionen

Hier erhältst du eine Zusammenstellung der bisher gelernten Präpositionen.
Damit du dir die Bedeutungen besser vorstellen kannst, sind sie durch Abbildungen veranschaulicht:

| | | | | |
|---|---|---|---|---|
| ad *m. Akk.* | an, bei, nach, zu | | cum *m. Abl.* | mit, zusammen mit |
| ante *m. Akk.* | vor | | sine *m. Abl.* | ohne |
| apud *m. Akk.* | bei, nahe bei | | e/ex *m. Abl.* | aus, von ... her |
| per *m. Akk.* | durch, hindurch | | de *m. Abl.* | von, von ... her, von ... herab; über |
| | | | pro *m. Abl.* | an Stelle von, für |
| in *m. Akk.* | in (... hinein), nach (... hin), gegen | | in *m. Abl.* | in, an, auf, bei |

... *ad aedificium* contendit.

... *cum amicis* currit.

... *ante aedificium* exspectat.

... *sine amicis* stat.

... *apud aedificium* stat.

... *ex aedificio* properat.

... *per aedificium* currit.

... *de aedificio* ... mittit *(wirft herab)*.

... *in aedificium* currit.

... *in aedificio* stat.

| | | |
|---|---|---|
| exspectāre | warten, erwarten | |
| forum | Marktplatz, Forum, Öffentlichkeit | |
| etiam | auch, sogar | |
| intrāre | betreten, eintreten | |
| statim | auf der Stelle, sofort | |
| vendere | verkaufen | |

| | | |
|---|---|---|
| vocāre, vocō | rufen, nennen | *Vokal, Vokativ* |
| mittere, mittō | (los)lassen, schicken, werfen | *Messe, Mission, f. mettre* |
| domina | Herrin | |
| emere, emō | kaufen | |
| serva | Sklavin | |
| parāre, parō | bereiten, vorbereiten; vorhaben; erwerben | *parat, Apparat, präparieren, reparieren, separat* |
| ōrnāre, ōrnō | schmücken | *Ornat, Ornament* |
| mēnsa | Tisch | |
| labōrāre, labōrō | arbeiten | *e. to labour* |
| cēna | Essen, Mahlzeit | |
| iubēre, iubeō *(m. Akk.)* | anordnen, befehlen | *Jussiv* |
| puella | Mädchen | |
| adesse, adsum | da sein; helfen | |
| puer, puerum | Junge, Bub | |
| tū *(betont)* | du | *f. tu* |
| bene Adv. | gut | *f. bien* |
| līberī, līberōs *Pl.* | Kinder | |
| māter, mātrem *f* | Mutter | *e. mother* |
| ostendere, ostendō | zeigen, darlegen | *ostentativ, e. ostentation* |
| placēre, placeō | gefallen | *e. pleasure* |
| paulō Adv. | (um) ein wenig | |
| post *m. Akk.* | hinter, nach; | *Postmoderne, Postposition* |
| Adv. | dann, später | |
| paulō post | kurz darauf | |
| aedēs, aedēs *f Pl.* | Haus, Gebäude | |
| portāre, portō | tragen, bringen | *Porto, exportieren, importieren, transportieren* |

| | |
|---|---|
| Āfra | Afra (weiblicher Eigenname) |
| Dāvus | Davus (männlicher Eigenname) |
| Melissa | Melissa (weiblicher Eigenname) |
| Ancus | Ancus (männlicher Eigenname) |

| | | | | | | |
|---|---|---|---|---|---|---|
| amic-a | serv-a | nunti-us | clam-or | spectare | esse | |
| amic-us | serv-us | nunti-are | clam-are | ex-spectare | ad-esse | |

WORTFAMILIEN

## F

### ① Verben: Imperativ (Befehlsform)

| Sg. | | Pl. | | |
|---|---|---|---|---|
| properā | beeile dich! | properā-te | beeilt euch! | ā-Konjugation |
| tacē | schweige! | tacē-te | schweigt! | ē-Konjugation |
| accēde | komm her! | accēd-i-te | kommt her! | kons. Konjug. |
| es | sei! | es-te | seid! | Hilfsverb |

### ② Substantive: Vokativ (5. Fall)

Propera, Atia!   Propera, Aule!   Propera, mercator!
Beeile dich, Atia!   Beeile dich, Aulus!   Beeile dich, Kaufmann!

Im Lateinischen gibt es den **Vokativ**, einen eigenen **Kasus**, um jemanden anzureden. Die Formen sind im Allgemeinen denen des Nominativs gleich.
Ausnahme: Bei Substantiven der o-Deklination auf -us hat der Vokativ Singular die Endung `-e`.
In den Deklinationstabellen wird der Vokativ nicht eigens angeführt.

### ③ Substantive der o-Deklination auf -er

| | Sg. | | Pl. | |
|---|---|---|---|---|
| Nom. | puer | der Junge | puer-ī | die Jungen |
| Akk. | puer-um | den Jungen | puer-ōs | die Jungen |

Die Deklinationsformen der Substantive auf -er sind außer im Nom./Vok. Sg. denen der Substantive auf -us gleich. Ihr Geschlecht ist maskulin.

---

| | |
|---|---|
| Pueri et puellae in circum currunt. | Die Jungen und Mädchen laufen (eilen) in den Zirkus. |
| In circo ludos spectant. | Im Zirkus betrachten sie die Spiele. |
| Sed ludi non placent. | Aber die Spiele gefallen (ihnen) nicht. |
| Itaque liberi circum relinquunt. | Deshalb verlassen die Kinder den Zirkus. |

KONTEXT

## Übersicht: Verben (Konjugation)

Nun kennst du bereits alle Verbendungen für das Präsens. Zur besseren Übersicht sind hier noch einmal alle Formen an Beispielen zusammengestellt:

| | | | | | | |
|---|---|---|---|---|---|---|
| Infinitv | vocā-re | (zu) rufen | | ā-Konjugation | | |
| Infinitv | vidē-re | (zu) sehen | | ē-Konjugation | | |
| Infinitv | mitt-ĕ-re | (zu) schicken | | konsonantische Konjugation | | |
| Infinitv | es-se | (zu) sein | | Hilfsverb | | |
| | Sg. | | Pl. | | | |
| 1. Pers. | voc-ō | ich rufe | vocā-mus | wir rufen | ā-Konjugation | |
| 1. Pers. | vide-ō | ich sehe | vidē-mus | wir sehen | ē-Konjugation | |
| 1. Pers. | mitt-ō | ich schicke | mitt-i-mus | wir schicken | kons. Konjug. | |
| 1. Pers. | su-m | ich bin | su-mus | wir sind | Hilfsverb | |
| | Sg. | | Pl. | | | |
| 2. Pers. | vocā-s | du rufst | vocā-tis | ihr ruft | ā-Konjugation | |
| 2. Pers. | vidē-s | du siehst | vidē-tis | ihr seht | ē-Konjugation | |
| 2. Pers. | mitt-i-s | du schickst | mitt-i-tis | ihr schickt | kons. Konjug. | |
| 2. Pers. | es | du bist | es-tis | ihr seid | Hilfsverb | |
| | Sg. | | Pl. | | | |
| 3. Pers. | voca-t | er (sie, es) ruft | voca-nt | sie rufen | ā-Konjugation | |
| 3. Pers. | vide-t | er (sie, es) sieht | vide-nt | sie sehen | ē-Konjugation | |
| 3. Pers. | mitt-i-t | er (sie, es) schickt | mitt-u-nt | sie schicken | kons. Konjug. | |
| 3. Pers. | es-t | er (sie, es) ist | s-u-nt | sie sind | Hilfsverb | |
| | Sg. | | Pl. | | | |
| Imp. | vocā | rufe! | vocā-te | ruft! | ā-Konjugation | |
| Imp. | vidē | sieh! | vidē-te | seht! | ē-Konjugation | |
| Imp. | mitt-e | schicke! | mitt-i-te | schickt! | kons. Konjug. | |
| Imp. | es | sei! | es-te | seid! | Hilfsverb | |

Jetzt wollen wir diese Formen anders anordnen, und zwar alle zu einer Konjugationsklasse gehörigen zusammenstellen. Dann sieht unsere Übersicht so aus:

## ā-Konjugation

| | | | | |
|---|---|---|---|---|
| Infinitiv | vocā-re | rufen | | |
| | Sg. | | Pl. | |
| 1. Pers. | voc-ō | ich rufe | vocā-mus | wir rufen |
| 2. Pers. | vocā-s | du rufst | vocā-tis | ihr ruft |
| 3. Pers. | voca-t | er (sie, es) ruft | voca-nt | sie rufen |
| Imperativ | vocā | rufe! | vocā-te | ruft! |

# Übersicht: Verben (Konjugation)

## ē-Konjugation

Infinitiv  vidē-re  sehen

|  | Sg. |  | Pl. |  |
|---|---|---|---|---|
| 1. Pers. | vide-ō | ich sehe | vidē-mus | wir sehen |
| 2. Pers. | vidē-s | du siehst | vidē-tis | ihr seht |
| 3. Pers. | vide-t | er (sie, es) sieht | vide-nt | sie sehen |

Imperativ  vidē  sieh!  vidē-te  seht!

## Konsonantische Konjugation

Infinitiv  mitt-ĕ-re  schicken

|  | Sg. |  | Pl. |  |
|---|---|---|---|---|
| 1. Pers. | mitt-ō | ich schicke | mitt-i-mus | wir schicken |
| 2. Pers. | mitt-i-s | du schickst | mitt-i-tis | ihr schickt |
| 3. Pers. | mitt-i-t | er (sie, es) schickt | mitt-u-nt | sie schicken |

Imperativ  mitt-e  schicke!  mitt-i-te  schickt!

## Hilfsverb

Infinitiv  es-se  sein

|  | Sg. |  | Pl. |  |
|---|---|---|---|---|
| 1. Pers. | s-u-m | ich bin | s-u-mus | wir sind |
| 2. Pers. | es | du bist | es-tis | ihr seid |
| 3. Pers. | es-t | er (sie, es) ist | s-u-nt | sie sind |

Imperativ  es  *sei!*  es-te  seid!

---

Vergleiche die Formen von *f. être* mit denen von esse:

|  | Sg. | Pl. |
|---|---|---|
| 1. Pers. | je suis | nous sommes |
| 2. Pers. | tu es | vous êtes |
| 3. Pers. | il est | ils sont |

LATEIN LEBT

# W

| portāre | tragen, bringen | cum | mit, zusammen mit |
| spectāre | betrachten, hinsehen, anstreben | sūmere | nehmen |
| iubēre | anordnen, befehlen | relinquere | unbeachtet lassen, verlassen, zurücklassen |
| ostendere | zeigen, darlegen | | |
| emere | kaufen | | |

| Latein | Deutsch | Andere Sprachen |
|---|---|---|
| circiter *Adv.* | ungefähr | ca. |
| vīgintī *indekl.* | zwanzig | f. vingt |
| vestis, vestis *(Gen. Pl.* vestium*)* | Kleid, Kleidung | Weste |
| velle, volō | wollen | Volontär |
| sacrum | Opfer, Heiligtum | Sakrament |
| convīvium | Gastmahl, Gelage | |
| prīmō *Adv.* | zuerst | |
| toga | Toga (Kleidungsstück des römischen Mannes) | |
| tunica | Tunika (Unterkleid unter der Toga) | |
| verbum | Wort, Äußerung | Verbum, verbal |
| dīcere, dīcō | sagen, sprechen | dichten, diktieren |
| cōpia | Menge, Möglichkeit, Vorrat | Kopie, kopieren, e. copy |
| cōnsilium | Beratung, Beschluss, Plan, Rat | e. to counsel |
| admittere, admittō | hinzuziehen, zulassen | e. to admit |
| fīlius | Sohn | f. fils |
| attingere, attingō | berühren | e. to attain |
| probāre, probō | beweisen, für gut befinden | probieren |
| nōn-ne *(im dir. Fragesatz)* | (etwa) nicht? | |
| auxilium | Hilfe | |
| gerere, gerō | ausführen, führen, tragen | Geste, gestikulieren |
| fīlia | Tochter | Filiale, f. fille |
| -que | und | |
| oculus | Auge | Okular, e. eye |
| convertere, convertō *(in m. Akk.)* | verändern, (um)wenden, richten (auf) | konvertieren, e. to convert |
| compōnere, compōnō | vergleichen | komponieren, Komponente |
| remanēre, remaneō | (zurück)bleiben | e. to remain |
| pater, patris *m* | Vater | Pater, Patrizier, e. father, f. père |
| aedēs, aedium *f Pl.* | Haus, Gebäude | |
| nōlle, nōlō | nicht wollen | „nolens volens" |

## F ① Substantive: Genitiv (2. Fall)

|  | Sg. |  | Pl. |  |  |
|---|---|---|---|---|---|
| Gen. | turb-ae | der/einer Menschenmenge | turb-ārum | der Menschenmengen | a-Deklination |
| Gen. | serv-ī | des/eines Sklaven | serv-ōrum | der Sklaven | o-Deklination m |
| Gen. | for-ī | des/eines Marktplatzes | for-ōrum | der Marktplätze | o-Deklination n |
| Gen. | senātōr-is | des/eines Senators | senātōr-um | der Senatoren | 3. Deklination |

Künftig ist bei Substantiven der 3. Deklination immer der Genitiv Singular angegeben, der mitgelernt werden muss; durch Abstreichen der Endung -is erhält man den Wortstamm.
Der Genitiv Plural endet meist auf -um, selten auf -ium; der Gen. Pl. -ium wird im Wortschatz angegeben.

Bei Eigennamen der o-Deklination auf -ius endet der Genitiv Singular oft auf -ī,
z. B.: amicus Publi (= Publii)
ein Freund des Publius

**TIPP!** Nun kennst du bis auf den Dativ (3. Fall) alle Kasus, die es im Lateinischen gibt. Du musst aber genau aufpassen, um die Endungen richtig zu erfassen, da gleiche Endungen unterschiedliche Bedeutung haben können. So bezeichnen: -ae (turbae) und -i (servi) den Gen. Sg. oder den Nom. Pl.,
-is (senatoris, servis) den Gen. Sg. oder den Abl. Pl.
Überlege also immer, zu welcher Deklinationsklasse ein Wort gehört, und berücksichtige den Kontext!

## ② Verben: velle, nolle

a) velle wollen

|  | Präsens |  |
|---|---|---|
|  | Sg. | Pl. |
| 1. Pers. | volō | volumus |
| 2. Pers. | vīs | vultis |
| 3. Pers. | vult | volunt |

b) nōlle nicht wollen

|  | Präsens |  |
|---|---|---|
|  | Sg. | Pl. |
| 1. Pers. | nōlō | nōlumus |
| 2. Pers. | nōn vīs | nōn vultis |
| 3. Pers. | nōn vult | nōlunt |

(nolo aus ne-volo)

## S Genitiv als Attribut: Genitiv der Zugehörigkeit

Melissa vestes amici ostendit.
Melissa zeigt die Kleider des Freundes.

Als Attribut bezeichnet der Genitiv wie im Deutschen und Englischen die Zugehörigkeit einer Person oder Sache zu einer anderen. Das Attribut kann als Satzgliedteil zum Subjekt, Objekt oder Adverbiale treten. Nach dem **Genitivattribut** fragen wir „wessen?".

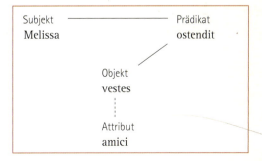

Subjekt — Prädikat
Melissa    ostendit
Objekt
vestes
Attribut
amici

# W

| | | | |
|---|---|---|---|
| currere | eilen, laufen | intrāre | betreten, eintreten |
| cōnsistere | haltmachen, sich aufstellen | dīcere | sagen, sprechen |
| quod | dass, weil | dēnique | schließlich, zuletzt |
| petere | (auf)suchen, (er)streben, bitten, verlangen | dēbēre | müssen, sollen; schulden |

| | | |
|---|---|---|
| venīre, veniō | kommen | f. venir |
| lībertus | Freigelassener | |
| negōtium | Aufgabe, Geschäft, Angelegenheit | |
| agere, agō | handeln, treiben, verhandeln | Akte, Aktie, aktiv, aktuell, re-agieren |
| vōx, vōcis f | Äußerung, Laut, Stimme | e. voice, f. voix |
| audīre, audiō | hören | Audienz, Auditorium, „Audi" |
| patrōnus | Patron (Schutzherr) | |
| via | Straße, Weg | Viadukt |
| mōns, montis m (Gen. Pl. -ium) | Berg | Mount Everest, e. mount(ain) |
| pervenīre, perveniō ad/in m. Akk. | kommen zu/nach | |
| dūcere, dūcō | führen, ziehen | Aquä-dukt |
| propinquus | Verwandter | |
| gēns, gentis f (Gen. Pl. -ium) | Familienverband, Stamm, Volk | f. gens |
| parēns, parentis m/f | Vater, Mutter | |
| parentēs, parentum m Pl. | Eltern | e./f. parents |
| soror, sorōris f | Schwester | |
| āra | Altar | |
| gaudium | Freude | Gaudi |
| dea | Göttin | |
| salūs, salūtis f | Gesundheit, Glück, Rettung, Gruß | Salut, e. salute |
| pāx, pācis f | Friede | Pazifismus, Pazifist, e. peace, f. paix |
| ōrāre, ōrō (m. dopp. Akk.) | bitten (jmd. um etwas) | Oratorium |
| agmen, agminis n | (Heeres-)Zug | |
| domum Adv. | nach Hause | |

| | |
|---|---|
| Decimus | Decimus (männlicher Eigenname) |
| mōns Esquilīnus | Esquilin (einer der sieben Hügel Roms) |
| gēns Aquīlia | die (adlige) Familie der Aquilier |
| Larēs, Larum | Laren (Gottheiten, die Haus und Familie beschützten) |
| Capitōlium | Kapitol (einer der sieben Hügel Roms) |
| Iuppiter, Iovis | Jupiter (höchster Gott der Römer) |
| Iūnō, Iūnōnis | Juno (Gemahlin Jupiters) |
| Aquīliī, Aquīliōrum | (Mitglieder der Familie der) Aquilier |

## F

### 1 Verben: ī-Konjugation

Infinitiv  **audī-re**  hören

| Präsens | Sg. | | Pl. | |
|---|---|---|---|---|
| 1. Pers. | audi-ō | ich höre | audī-mus | wir hören |
| 2. Pers. | audī-s | du hörst | audī-tis | ihr hört |
| 3. Pers. | audi-t | er (sie, es) hört | audi-u-nt | sie hören |

In der 3. Pers. Pl. wird der Bindevokal -u- eingefügt.

| Imperativ | audī | höre! | audī-te | hört! |
|---|---|---|---|---|

### 2 Substantive der 3. Deklination: Neutra

Beispiel:
agmen, inis (Heeres-)Zug

Auch in der 3. Deklination haben die Neutra im Nominativ und Akkusativ die gleiche Endung.

| | Sg. | Pl. |
|---|---|---|
| Nom. | agmen | agmin-a |
| Gen. | agmin-is | agmin-um |
| Akk. | agmen | agmin-a |
| Abl. | agmin-e | agmin-ibus |

### 3 Substantive der 3. Deklination: Wortstamm

Bei vielen Substantiven, die wie **senator** dekliniert werden, ist der Wortstamm nicht im Nom. Sg. erkennbar. Man muss daher den Genitiv mitlernen. Durch Wegstreichen der Endung (**-is**) erhält man den Wortstamm.
Beispiele:

| Nom. | Gen. | Wortstamm |
|---|---|---|
| vox | voc-is | voc- |
| salus | salut-is | salut- |
| mater | matr-is | matr- |
| senex | sen-is | sen- |
| agmen | agmin-is | agmin- |

**KONTEXT**

| forum petere | das Forum aufsuchen, zum Forum eilen | bene agere | gut handeln, (etwas) gut erledigen |
| pecuniam petere | Geld verlangen | negotia agere | Geschäfte (be)treiben, Geschäfte machen |
| auxilium petere | um Hilfe bitten | de pace agere | über Frieden verhandeln |

| Latein | Deutsch | Verwandt |
|---|---|---|
| ibī | dort | |
| mulier | Frau | |
| dare | geben | |
| placēre | gefallen | |
| cēna | Essen, Mahlzeit | |
| agere | handeln, treiben, verhandeln | |
| itaque | deshalb | |
| ōrāre | bitten | |
| convenīre, conveniō | besuchen, zusammenkommen, zusammenpassen | Konvention, Konvent, konventionell |
| hospes, hospitis m | Fremder, Gast, Gastgeber | Hospital, Hotel, e. host |
| dominus | Herr | dominant, Dominanz |
| cōnsīdere, cōnsīdō | sich setzen, sich niederlassen | |
| pārēre, pāreō | gehorchen, sich richten nach | parieren |
| aqua | Wasser | Aquarium, Aquädukt |
| posteā Adv. | nachher, später | |
| cibus | Nahrung, Speise | |
| praebēre, praebeō | geben, hinhalten | |
| bibere, bibō | trinken | f. boire |
| ōrātiō, ōrātiōnis f | Rede | |
| habēre, habeō | haben, halten | Habit, e. to have |
| vōbīs Dat. | euch | |
| grātia | Ansehen, Beliebtheit, Dank, Gefälligkeit | Grazie, graziös, gratis f. grâce |
| grātiās agere | danken | |
| interesse, intersum m. Dat. | dazwischen sein, teilnehmen an | Interesse, sich interessieren, interessant |
| mōs, mōris m | Sitte, Brauch; Pl. Charakter | Moral, moralisch |
| māiōrēs, māiōrum m | Vorfahren | |
| mūnus, mūneris n | Aufgabe; Geschenk | |
| atque | und | |
| indūcere, indūcō | (hin)einführen, verleiten | Induktion |
| quoque (nachgestellt) | auch | |
| narrāre, narrō (dē m. Abl.) | erzählen (von/über) | narrativ |
| iter, itineris n | Reise, Weg, Marsch | |
| Graecia | Griechenland | |
| Diodōrus | Diodor (männlicher Eigenname) | |
| Philippus | Philipp (männlicher Eigenname) | |

Über **Latein** lernst du auch viele **französische Vokabeln**:

| | | | | |
|---|---|---|---|---|
| convenire | – | f. convenir | pax – f. paix |
| narrare | – | f. narrer | salus – f. salut |
| venire | – | f. venir | mons – f. mont |

LATEIN LEBT

## F ① Substantive: Dativ (3. Fall)

|      | Sg.       |                          | Pl.         |                         |                 |
|------|-----------|--------------------------|-------------|-------------------------|-----------------|
| Dat. | turb-ae   | der/einer Menschenmenge  | turb-īs     | (den) Menschenmengen    | a-Deklination   |
| Dat. | serv-ō    | dem/einem Sklaven        | serv-īs     | (den) Sklaven           | o-Deklination m |
| Dat. | for-ō     | dem/einem Marktplatz     | for-īs      | (den) Marktplätzen      | o-Deklination n |
| Dat. | senātōr-ī | dem/einem Senator        | senātōr-ibus| (den) Senatoren         | 3. Deklination  |

*Vollständige Tabellen zur Deklination der Substantive befinden sich im Tabellarium, S. 200, und auf S. 148 f.*

## S ① Dativ als Objekt

a) Amicus matri adest.
   Der Freund hilft seiner Mutter.

Wie im Deutschen bezeichnet der Dativ als Objekt die Person (oder Sache), der eine Handlung gilt. Nach dem Dativobjekt fragen wir „wem?".

b) Servus mercatori vinum portat.
   Der Sklave bringt dem Kaufmann Wein.

Der Dativ ergänzt als Objekt auch Verben, die schon ein Akkusativobjekt bei sich haben. Welche und wie viele Objekte stehen können oder müssen, wird durch das Prädikat festgelegt.

### ② Dativ als Prädikatsnomen: Dativ des Besitzers

Mercatori taberna est.
(Dem Kaufmann ist ein Laden zu Eigen.)
Der Kaufmann hat (besitzt) einen Laden.

In Verbindung mit einer 3. Person von **esse** bezeichnet der Dativ ein Besitzverhältnis. Da er zusammen mit der Form von **esse** das Prädikat bildet, ist der Dativ des Besitzers als Prädikatsnomen aufzufassen.

---

Viele lateinische Vokabeln findet man – oft kaum verändert – auch im Englischen:

| exspectare | e. to expect  | convertere | e. to convert   |
|------------|---------------|------------|-----------------|
| contendere | e. to contend | admittere  | e. to admit     |
| laudare    | e. to laud    | complere   | e. to complete  |
| defendere  | e. to defend  | inducere   | e. to induce    |

*LATEIN LEBT*

## Übersicht: Substantive (Deklination)

Da du nun alle Kasus kennst, bekommst du auch für die Substantivendungen eine zusammenfassende Übesicht:

### Nominativ (1. Fall)

|  | Sg. |  | Pl. |  |  |
|---|---|---|---|---|---|
| Nom. | domin-a | die/eine Herrin | domin-ae | (die) Herrinnen | a-Deklination |
| Nom. | domin-us | der/ein Herr | domin-ī | (die) Herren | o-Deklination m |
| Nom. | templ-um | der/ein Tempel | templ-a | (die) Tempel | o-Deklination n |
| Nom. | senātor | der/ein Senator | senātōr-ēs | (die) Senatoren | 3. Deklination |

### Genitiv (2. Fall)

|  | Sg. |  | Pl. |  |  |
|---|---|---|---|---|---|
| Gen. | domin-ae | der/einer Herrin | domin-ārum | der Herrinnen | a-Deklination |
| Gen. | domin-ī | des/eines Herren | domin-ōrum | der Herren | o-Deklination m |
| Gen. | templ-ī | des/eines Tempels | templ-ōrum | der Tempel | o-Deklination n |
| Gen. | senātōr-is | des/eines Senators | senātōr-um | der Senatoren | 3. Deklination |

### Dativ (3. Fall)

|  | Sg. |  | Pl. |  |  |
|---|---|---|---|---|---|
| Dat. | domin-ae | der/einer Herrin | domin-īs | den Herrinnen | a-Deklination |
| Dat. | domin-ō | dem/einem Herren | domin-īs | den Herren | o-Deklination m |
| Dat. | templ-ō | dem/einem Tempel | templ-īs | den Tempeln | o-Deklination n |
| Dat. | senātōr-ī | dem/einem Senator | senātōr-ibus | den Senatoren | 3. Deklination |

### Akkusativ (4. Fall)

|  | Sg. |  | Pl. |  |  |
|---|---|---|---|---|---|
| Akk. | domin-am | die/eine Herrin | domin-ās | (die) Herrinnen | a-Deklination |
| Akk. | domin-um | den/einen Herren | domin-ōs | (die) Herren | o-Deklination m |
| Akk. | templ-um | den/einen Tempel | templ-a | (die) Tempel | o-Deklination n |
| Akk. | senātōr-em | den/einen Senator | senātōr-ēs | (die) Senatoren | 3. Deklination |

### Ablativ (6. Fall)

|  |  | Sg. | Pl. |  |
|---|---|---|---|---|
| Abl. | (cum) | domin-ā | domin-īs | a-Deklination |
| Abl. | (cum) | domin-ō | domin-īs | o-Deklination m |
| Abl. | (in) | templ-ō | templ-īs | o-Deklination n |
| Abl. | (cum) | senātōr-e | senātōr-ibus | 3. Deklination |

## Übersicht: Substantive (Deklination)

Und nun machen wir es ähnlich wie bei den Verben: Wir ordnen die Formen nach den Deklinationsklassen:

### a-Deklination (1. Deklination)

Beispiel:
**domina, -ae**  *f*  die Herrin

Fast alle Substantive der a-Deklination sind Feminina.

|  | Sg. | Pl. |
|---|---|---|
| Nom. | domin-a | domin-ae |
| Gen. | domin-ae | domin-ārum |
| Dat. | domin-ae | domin-īs |
| Akk. | domin-am | domin-ās |
| Abl. | domin-ā | domin-īs |

### o-Deklination (2. Deklination)

Beispiel:
**dominus, -ī**  *m*  der Herr

Fast alle Substantive der o-Deklination auf -us sind Maskulina.

|  | Sg. | Pl. |
|---|---|---|
| Nom. | domin-us | domin-ī |
| Gen. | domin-ī | domin-ōrum |
| Dat. | domin-ō | domin-īs |
| Akk. | domin-um | domin-ōs |
| Vok. | domin-e | domin-ī |
| Abl. | domin-ō | domin-īs |

Beispiel:
**templum, -ī**  *n*  der Tempel

Die Substantive der o-Deklination auf -um sind Neutra. Sie haben im Nom. und Akk. gleiche Endungen.

|  | Sg. | Pl. |
|---|---|---|
| Nom. | templ-um | templ-a |
| Gen. | templ-ī | templ-ōrum |
| Dat. | templ-ō | templ-īs |
| Akk. | templ-um | templ-a |
| Abl. | templ-ō | templ-īs |

### 3. Deklination

Beispiel:
**senātor, -ōris**  *m*  der Senator

Die meisten Substantive der 3. Deklination bilden die Kasusformen wie **senator**.

|  | Sg. | Pl. |
|---|---|---|
| Nom. | senātor | senātor-ēs |
| Gen. | senātor-is | senātor-um |
| Dat. | senātor-ī | senātor-ibus |
| Akk. | senātor-em | senātor-ēs |
| Abl. | senātor-e | senātor-ibus |

Beispiel:
**agmen, -inis**  *n*  der (Heeres-)Zug

Auch in der 3. Deklination haben die Neutra im Nominativ und Akkusativ die gleiche Endung.

|  | Sg. | Pl. |
|---|---|---|
| Nom. | agmen | agmin-a |
| Gen. | agmin-is | agmin-um |
| Dat. | agmin-ī | agmin-ibus |
| Akk. | agmen | agmin-a |
| Abl. | agmin-e | agmin-ibus |

## W

| | | | |
|---|---|---|---|
| petere | (auf)suchen, (er)streben, bitten, verlangen | vendere | verkaufen |
| | | rīdēre | lachen, auslachen |
| cūria | Kurie, Rathaus | ōrātiō | Rede |
| emere | kaufen | colere | verehren, pflegen, bewirtschaften |
| contendere | eilen, sich anstrengen | | |

| | | |
|---|---|---|
| cupere, cupiō | verlangen, wünschen, wollen | |
| multitūdō, multitūdinis f | große Zahl, Menge | e. multitude |
| homō, hominis m | Mensch | Homo sapiens, f. homme |
| aspicere, aspiciō | erblicken | Aspekt, e. aspect |
| scīre, sciō | kennen, verstehen, wissen | e./f. science |
| liber, librī | Buch | Libretto |
| poēta m | Dichter | Poet, Poesie, f. poête |
| comes, comitis m/f | Gefährte, Begleiter(in) | e. count, f. comte |
| -ne (angehängt) | (unübersetzte Fragepartikel) | |
| sinistra | linke Hand | |
| capere, capiō | nehmen, fassen, erobern | kapern, „kapieren", Kapazität |
| corripere, corripiō | ergreifen, gewaltsam an sich reißen | |
| carmen, carminis n | Lied, Gedicht | Carmen, e. charm |
| legere, legō | lesen, auswählen | Lektüre, Lektor, Lektion |
| īnstituere, īnstituō | beginnen, einrichten, unterrichten | Institution, Institut, e. to institute |
| an | oder (in der Frage) | |
| placet m. Dat. | es gefällt jmd., jmd. beschließt | „Plazet" |
| eō Adv. | dorthin | |
| facere, faciō | machen, tun, handeln | Fazit, Faktor |
| urbs, urbis f (Gen. Pl. -ium) | Stadt, Hauptstadt | Urbanisierung |
| prōvincia | Provinz | Provence, provinziell, e. province |
| bellum | Krieg | Duell |
| deinde Adv. | dann, darauf | |
| servāre, servō | bewahren, retten | Kon-serve |
| imperātor, imperātōris m | Befehlshaber, Feldherr, Kaiser | e. emperor, f. empereur |
| Athēnodōrus | Athenodorus (männlicher Eigenname) | |
| Rōmānus | Römer | |
| Ovidius | Ovid (römischer Dichter) | |
| deī Capitōlīnī | die kapitolinischen Götter (Jupiter, Juno, Minerva) | |
| Minerva | Minerva (Schutzgöttin Roms) | |

## F ① Verben: Konsonantische Konjugation (ĭ-Erweiterung)

Infinitiv **capĕ-re** nehmen

| Präsens | Sg. | | Pl. | |
|---|---|---|---|---|
| 1. Pers. | **capi-ō** | ich nehme | **capi-mus** | wir nehmen |
| 2. Pers. | **capi-s** | du nimmst | **capi-tis** | ihr nehmt |
| 3. Pers. | **capi-t** | er (sie, es) nimmt | **capi-u-nt** | sie nehmen |

Bei einer Reihe von Verben, die zur konsonantischen Konjugation gehören, endet der Wortstamm auf ein kurzes -i-. Die Formen gleichen deshalb weitgehend denen der ī-Konjugation (vgl. 8 F ①).

Imperativ **cape** nimm! **capi-te** nehmt!

## ② Substantive der 3. Deklination: Genera

a) Bei den verschiedenen Substantiven der 3. Deklination ist im Wortschatz grundsätzlich das Genus angegeben. Nach ihren Endungen fasst man die Substantive in mehrere Gruppen zusammen, deren grammatisches Geschlecht bestimmten Regeln folgt. Häufig kommen vor:

- Substantive auf -or (z. B. mercator, oris): *Maskulina*
- Substantive auf -o (z. B. oratio, onis): *Feminina*
- Substantive auf -s oder -x (z. B. urbs, urbis oder pax, pacis): *Feminina*
- Substantive auf -us (z. B. munus, eris): *Neutra*
- Substantive auf -en (z. B. carmen, inis): *Neutra*

b) Manche Substantive folgen allerdings dem natürlichen Geschlecht, z.B. senex, senis *(m)*, soror, sororis *(f)*. Homo, hominis galt bei den Römern als maskulin.

c) Manche Substantive sind zweigeschlechtlich, z.B. fur, furis (Dieb, Diebin) oder comes, comitis (Gefährte, Gefährtin).

### Konjugationsklassen

| | | | | |
|---|---|---|---|---|
| voc-o ... | voc **a** -t ... | voc **a** -nt | voc **ā** -re | **ā** -Konjugation |
| habe-o ... | hab **e** -t ... | hab **e** -nt | hab **ē** -re | **ē** -Konjugation |
| audi-o ... | aud **i** -t ... | aud **i** -u-nt | aud **ī** -re | **ī** -Konjugation |
| ag-o ... | a **g** -i-t ... | a **g** -u-nt | a **g** -e-re | kons. Konjugation |
| faci-o ... | fa **ci** -t | fa **ci** -u-nt | face-re | (ĭ-Erweiterung) |

**TIPP!**

Wir haben mittlerweile alle Kasus gelernt und unsere lateinischen Sätze werden länger. Dabei ist das „Abfragen" schwierigerer Sätze immer wichtiger geworden, um die richtige deutsche Übersetzung zu erhalten.

Das Schema, das du auf S. 136 (unten) kennengelernt hast, hat sich also erheblich erweitert. Gehen wir wieder von einem Beispielsatz aus:

**Tum Marcus in Capitolio amicis templa deorum ostendit.**

Das Prädikat heißt **ostendit** *er (sie, es) zeigt.*
Jetzt können wir konsequent nach dem folgenden Schema vorgehen:

| **Wer oder was** *zeigt?* | Subjekt: Nominativ | -a, -ae; -us, -ī; -um, - a; --, -ēs | *Marcus* | *Markus zeigt.* |
|---|---|---|---|---|
| **Wen oder was** *zeigt Markus?* | Objekt: Akkusativ | -am, -ās; -um, -ōs; -um, -a; -em, -ēs | *templa* | *Markus zeigt die Tempel.* |
| **Wessen** *Tempel zeigt Markus?* | Attribut: Genitiv | -ae, -ārum; -ī, -ōrum; -ī, -ōrum; -is, -um | *deorum* | *Markus zeigt die Tempel der Götter.* |
| **Wem** *zeigt Markus die Tempel der Götter?* | Objekt: Dativ | -ae, -īs; -ō, -īs; -ō, -īs; -i, -ibus | *amicis* | *Markus zeigt die Tempel der Götter den Freunden.* |
| **Womit, wodurch ...?** **Worüber, weshalb ...?** | Adverbiale: Ablativ des Mittels Adverbiale: Ablativ des Grundes | -ā, -īs; -ō, -īs; -ō, -īs; -e, -ibus | --- | --- |
| **Wo** *zeigt Markus den Freunden die Tempel der Götter?* | Adverbiale: Präpositional- ausdruck | in *m. Abl.* | *in Capitolio* | *Markus zeigt die Tempel der Götter den Freunden auf dem Kapitol.* |
| **Wohin ...?** | Adverbiale: Präpositional- ausdruck | in *m. Akk.* | --- | --- |

Füge zuletzt die unveränderlichen Wörter ein (hier: **tum**) und stelle – falls nötig – die Satzglieder bzw. Wörter im Deutschen um:

*Dann zeigt Markus den Freunden auf dem Kapitol die Tempel der Götter.*

Dieses Abfrageschema funktioniert sicher in den meisten Sätzen, die dir begegnen. Wenn du einmal einzelne Wörter oder Wendungen damit nicht erfassen kannst, solltest du sie zunächst ausklammern; versuche sie dann am Schluss einzubauen.

# 11

| | | | |
|---|---|---|---|
| dubitāre | zögern | probāre | beweisen, für gut befinden |
| sacrum | Opfer, Heiligtum | parentēs | Eltern |
| perīculum | Gefahr | dolēre | schmerzen; bedauern, Schmerz empfinden |
| vīvere | leben | | |

| | | |
|---|---|---|
| esse, sum, fuī | sein, sich befinden | |
| calamitās, calamitātis *f* | Schaden, Unglück, Niederlage | *Kalamität, e. calamity* |
| necāre, necō, necāvī | töten | |
| marītus | Ehemann | *f. mari* |
| crēdere, crēdō | anvertrauen, glauben | *Credo, Kredit* |
| posse, possum, potuī | können | *potent* |
| mihi *Dat.* | mir | |
| vir, virī | Mann | |
| sē *Akk.* | sich | *f. se* |
| ubi *Subj. m. Ind.* | sobald | |
| mūnīre, mūniō, mūnīvī | bauen, befestigen, schützen | |
| mūrus | Mauer | |
| egō *(betont)* | ich | *egoistisch, Egoist, Egoismus, e. I* |
| enim *Adv. (nachgestellt)* | nämlich, in der Tat | |
| hostis, hostis *m (Gen. Pl.* -ium*)* | Feind (Landesfeind) | |
| ā / ab *m. Abl.* | von, von ... her | |
| prohibēre, prohibeō, prohibuī *(ā m. Abl.)* | abhalten (von), hindern (an) | *e. to prohibit, f. prohiber* |
| īra | Zorn | |
| petere, petō, petīvī | (auf)suchen, (er)streben, bitten, verlangen | |
| (hostēs / urbem) petere | (Feinde / eine Stadt) angreifen | |
| ō(h) | ach, oh! | |
| frāter, frātris *m* | Bruder | *Frater, e. brother, f. frère* |
| lacrima | Träne | |
| tenēre, teneō, tenuī | besitzen, festhalten, halten | |
| frūstrā *Adv.* | vergeblich | *frustriert, Frustration* |
| rīpa | Ufer | |
| alere, alō, aluī | ernähren, großziehen | *„Alete", Eltern* |
| flēre, fleō, flēvī | beklagen, (be)weinen | *flennen* |
| nex, necis *f* | Mord, Tod | |
| complēre, compleō, complēvī | anfüllen, erfüllen | |
| dēpōnere, dēpōnō, dēposuī | ablegen, niederlegen, aufgeben | |
| compōnere, compōnō, composuī | vergleichen | |
| colere, colō, coluī | verehren, pflegen, bewirtschaften | |
| corripere, corripiō, corripuī | ergreifen, gewaltsam an sich reißen | |
| cupere, cupiō, cupīvī | verlangen, wünschen, wollen | |
| velle, volō, voluī | wollen | *f. vouloir* |
| nōlle, nōlō, nōluī | nicht wollen | |

Fortsetzung →

| Rōma | Rom |
| Palātium (mōns Palātīnus) | Palatin (einer der Hügel Roms) |
| Tiberis, Tiberis *m (Akk.* Tiberim) | Tiber (Fluss durch Rom) |

## F ① Verben: Perfekt (2. Vergangenheit)

|  | Sg. | Pl. |
|---|---|---|
| 1. Pers. | vocā-v-ī | vocā-v-imus |
| 2. Pers. | vocā-v-istī | vocā-v-istis |
| 3. Pers. | vocā-v-it | vocā-v-ērunt |

Beim **Perfekt** werden in allen Konjugationsklassen die gleichen Endungen an den **Perfektstamm** angefügt.

## ② Perfektbildung: v-/u-Perfekt

| Infinitiv Präsens | Präsensstamm | Perfektstamm | Art der Perfektbildung |
|---|---|---|---|
| vocāre | vocā- | vocāv- | **v-Perfekt** (meistens bei den Verben der |
| audīre | audī- | audīv- | ā- und ī-Konjugation) |
| tacēre | tacē- | tacu- | **u-Perfekt** (meistens bei den Verben der ē-Konjugation) |

Der Perfektstamm zu esse lautet fu- (fuī, fuistī usw.).

**TIPP!** Bei vielen Verben musst du die 1. Person Singular Perfekt dazulernen, besonders dann, wenn du nicht ohne weiteres von einer Perfektform auf den Infinitiv Präsens schließen kannst. Im Wortschatz ist daher häufig auch die 1. Person Singular Perfekt mit angegeben, z. B. cupere, cupio, cupivi.

## ③ Verben: posse

| Infinitiv | posse | können, vermögen |

| Präsens | Sg. | Pl. |
|---|---|---|
| 1. Pers. | pos-sum | pos-sumus |
| 2. Pers. | pot-es | pot-estis |
| 3. Pers. | pot-est | pos-sunt |

Die Formen von **posse** sind aus dem alten Adjektiv **potis** (mächtig, fähig) und dem Hilfsverb **esse** entstanden. Vor Vokal steht pot-, vor s wird pot- zu pos- assimiliert (angeglichen).

Der Perfektstamm zu posse lautet: potu- (potuī, potuistī usw.).

## S Verwendung des Perfekts

Primo tabernam intravimus; deinde libros spectavimus.
Zuerst betraten wir den Laden; dann sahen wir uns die Bücher an.

Das Perfekt ist im Lateinischen vor allem das Tempus für die Darstellung einmaliger Vorgänge, die zum Abschluss gelangt sind. Es ist somit das Tempus, in dem die wesentlichen Ereignisse erzählt werden. Meistens wird es im Deutschen mit dem Präteritum/Imperfekt wiedergegeben.

## 12

| | | | |
|---|---|---|---|
| post | hinter, nach; dann, später | gēns | Familienverband, Stamm, Volk |
| vōx | Äußerung, Laut, Stimme | nex | Mord, Tod |
| arma | Waffen, Gerät | urbs | Stadt, Hauptstadt |
| marītus | Ehemann | relinquere | unbeachtet lassen, verlassen, zurücklassen |
| colere | verehren, pflegen, bewirtschaften | | |
| tandem | endlich | | |

| | | |
|---|---|---|
| magnus, a, um | groß, bedeutend | *„Magnum"* |
| multus, a, um | viel | *multiplizieren, multikulturell* |
| multī, ae | viele | |
| multa *n Pl.* | viel(es) | |
| bonus, a, um | gut | *Bon, Bonus, Bonbon, f. bon* |
| mors, mortis *f (Gen. Pl.* -ium*)* | Tod | *f. mort* |
| occupāre, occupō | besetzen, einnehmen | *okkupieren, Okkupation, e. to occupy* |
| terrēre, terreō, terruī | erschrecken | *Terror, Terrorist, e. terror* |
| causa | Ursache, Sache, Prozess | *Kausalsatz, e./f. cause* |
| cognōscere, cognōscō, cognōvī | erkennen, kennenlernen | |
| scelus, sceleris *n* | Verbrechen; Schurke | |
| rēx, rēgis *m* | König | |
| sors, sortis *f (Gen. Pl.* -ium*)* | Los, Orakelspruch, Schicksal | *Sorte* |
| miser, misera, miserum | arm, erbärmlich, unglücklich | *Misere, miserabel, „Les Misérables", e. miserable* |
| magnā vōce | mit lauter Stimme | |
| inquit *(in die wörtl. Rede eingeschoben)* | sagt(e) er | |
| propter *m. Akk.* | wegen | |
| expellere, expellō | vertreiben, verbannen | *e. to expel* |
| superbus, a, um | stolz, überheblich | |
| īgnōrāre, īgnōrō | nicht kennen, nicht wissen | *Ignorant, e. to ignore* |
| nōn īgnōrāre | genau wissen, gut kennen | |
| num *im dir. Fragesatz* | etwa? | |
| sī *Subj.* | falls, wenn | |
| tūtus, a, um *(ā m. Abl.)* | sicher (vor) | |
| tōtus, a, um (Gen. tōtīus, *Dat.* tōtī) | ganz | *total, totalitär, e. total, f. tout* |
| līberāre, līberō | befreien, freilassen | *liefern, e. to liberate / to deliver, f. libérer* |
| et ... et | sowohl ... als auch | |
| timēre, timeō, timuī | Angst haben, fürchten | |

Fortsetzung →

| | |
|---|---|
| ita *Adv.* | so |
| **ultimus, a, um** | der äußerste, der entfernteste, der letzte     *Ultimatum, ultima ratio, ultimativ* |
| | |
| Tarquinius Superbus | Tarquinius Superbus (letzter König Roms) |
| L. Iūnius Brūtus | Lucius Junius Brutus (Verschwörer gegen Tarquinius) |
| Rōmānus, a, um | römisch |
| Rōmānī, ōrum | die Römer |

## F   Adjektive der a- und o-Deklination

Beispiel:

**magnus, a, um**    groß

| | Sg. | | | Pl. | | |
|---|---|---|---|---|---|---|
| | m | f | n | m | f | n |
| Nom. | magn-us | magn-a | magn-um | magn-ī | magn-ae | magn-a |
| Gen. | magn-ī | magn-ae | magn-ī | magn-ōrum | magn-ārum | magn-ōrum |
| Dat. | magn-ō | magn-ae | magn-ō | magn-īs | magn-īs | magn-īs |
| Akk. | magn-um | magn-am | magn-um | magn-ōs | magn-ās | magn-a |
| Abl. | magn-ō | magn-ā | magn-ō | magn-īs | magn-īs | magn-īs |

Die Adjektive (Eigenschaftswörter) auf -us, a, um werden dekliniert wie die Substantive der a- und o-Deklination.

Beispiel:

**miser, misera, miserum**    arm

Für die Adjektive auf -er gilt das gleiche wie für die Substantive auf -er (vgl. 6 F ❸).

## S   ❶ Adjektive: KNG-Kongruenz

**Homo bonus amicis adest.**
Ein guter Mensch hilft seinen Freunden.

**In foro magna templa sunt.**
Auf dem Forum sind große Tempel.

**Liberi magnos montes vident.**
Die Kinder sehen große Berge.

Das Adjektiv richtet sich im **K**asus, **N**umerus und **G**enus nach dem Nomen, zu dem es gehört (**KNG-Kongruenz**).
Die Endungen sind gleich, wenn Substantiv und Adjektiv zur gleichen Deklinationsklasse gehören (z.B. **magna** templa), andernfalls unterscheiden sie sich (z.B. **magnos** montes).
Die Adjektive stehen meist hinter dem Substantiv, zu dem sie gehören; wenn sie eine Menge, ein Maß oder eine Zahl bezeichnen (z.B. **magnus**), stehen sie häufig davor.

## ❷ Adjektiv als Attribut

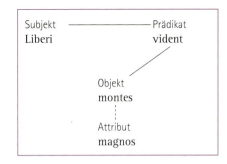

Die Adjektive werden häufig als Attribute verwendet. Sie sind keine notwendigen Bestandteile des Satzes. Ein **Adjektivattribut** kann zum Subjekt, Objekt oder Adverbiale treten und dieses näher erläutern.

## ❸ Adjektiv als Prädikatsnomen

a) Forum magnum est.
   Der Marktplatz ist groß.

Ein Adjektiv kann ebenso wie ein Substantiv als Prädikatsnomen zum Hilfsverb **esse** treten. (vgl. 2 S ❸) Es gilt die KNG-Kongruenz mit dem Bezugswort.

b) Servus et serva miseri sunt.
   Der Sklave und die Sklavin sind arm.

Bezieht sich ein Adjektiv auf mehrere Wörter, die maskulin und feminin sind, so steht das Adjektiv im Maskulin Plural.

**TIPP!**

Tarquinius rex superbus est.
Tarquinius ist ein überheblicher König.
oder: Der König Tarquinius ist überheblich.

In diesem Satz kannst du **rex** sowohl als Attribut (zu **Tarquinius**) wie auch als Prädikatsnomen (zu **est**) auffassen, sodass sich zwei grammatikalisch richtige Übersetzungsmöglichkeiten ergeben. Im Satzmodell ist der Unterschied zu erkennen:

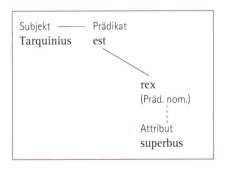   oder: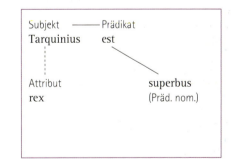

**Ein Wort – fünf Sprachen:**

sors  – f. sort      – i. sorte     – s. suerte    – dt. Sorte
miser – f. misérable – s. miserable – e. miserable – dt. miserabel

# 13

| W | calamitās | Schaden, Unglück, Niederlage | convenīre | besuchen, zusammmenkommen, zusammenpassen |
|---|---|---|---|---|
| | tōtus | ganz | | |
| | adesse m. Dat. | helfen | ita | so |
| | hostis | Feind | sors | Los, Orakelspruch, Schicksal |
| | salūs | Gesundheit, Glück, Rettung, Gruß | cupere | verlangen, wünschen, wollen |
| | | | servāre | bewahren, retten |

| | | |
|---|---|---|
| vidēre, videō, vīdī | sehen, darauf achten | |
| dīcere, dīcō, dīxī | sagen, sprechen | |
| venīre, veniō, vēnī | kommen | |
| nōs Nom./Akk. | wir/uns | f. nous |
| accēdere, accēdō, accessī | herbeikommen, hinzukommen | |
| postquam Subj. m. Ind. Perf. | nachdem | |
| legiō, legiōnis f | Legion (ca. 5000–6000 Mann) | Legionär, e. legion, f. légion |
| suus, a, um | ihr, sein | |
| cūnctī, ae, a | alle (zusammen) | |
| meus, a, um | mein | e. my |
| āmittere, āmittō, āmīsī | aufgeben, verlieren | |
| alius, a, ud | ein anderer | e. else |
| alius ... alius | der eine ... der andere | |
| vocāre, vocō m. dopp. Akk. | rufen, nennen; bezeichnen als | |
| tuus, a, um | dein | |
| manēre, maneō, mānsī (m. Akk.) | bleiben, warten (auf) | permanent |
| tibi Dat. | dir | |
| ūnus, a, um | ein(er), ein einziger | Union, e. one |
| (Gen. ūnīus, Dat. ūnī) | | |
| ūnus ex/dē m. Abl. | einer von | |
| restāre, restō | übrigbleiben; Widerstand leisten | Rest, Ar-rest, e. rest |
| sōlum Adv. | nur | |
| nōn sōlum ... sed etiam | nicht nur ... sondern auch | |
| noster, nostra, nostrum | unser | f. notre |
| convenīre, conveniō, convēnī | besuchen, zusammenkommen, zusammenpassen | |
| cōnsulere, cōnsulō, cōnsuluī (dē m. Abl.) | befragen; beraten (über) | |
| labor, labōris m | Anstrengung, Arbeit | Labor(atorium) |
| mīles, mīlitis m | Soldat | |
| dūcere, dūcō, dūxī | führen, ziehen | |
| oppidum | Stadt | |
| capere, capiō, cēpī | fassen, nehmen; erobern | |
| vincere, vincō, vīcī | (be)siegen, übertreffen | Vinzenz |
| nōbīs Dat. | uns | |
| equidem | (ich) allerdings, freilich | |

| | | |
|---|---|---|
| cēnsēre, cēnseō, cēnsuī (m. Akk.) | meinen, einschätzen, seine Stimme abgeben (für) | zensieren, Zensur |
| aperīre, aperiō, aperuī | aufdecken, öffnen | |
| vērō Adv. | aber | |
| sententia | Antrag (im Senat), Meinung | Sentenz, e./f. sentence |
| proelium | Kampf, Schlacht | |
| moenia, moenium n Pl. | (Stadt-)Mauern | |
| altus, a, um | hoch, tief | Alt, Altar |
| mē Akk. | mich | f. me |
| vōs Nom./Akk. | ihr / euch | f. vous |
| | | |
| relinquere, relinquō, relīquī | unbeachtet lassen, verlassen, zurücklassen | |
| agere, agō, ēgī | handeln, treiben, verhandeln | |
| pervenīre, perveniō, pervēnī | kommen zu / nach | |
| facere, faciō, fēcī | machen, tun, handeln | |
| rīdēre, rīdeō, rīsī | lachen, auslachen | |
| aspicere, aspiciō, aspexī | erblicken | |
| | | |
| Hannibal, Hannibalis | Hannibal (Feldherr der Punier) | |
| Alpēs, Alpium f | die Alpen | |
| Italia | Italien | |
| Rōmam | nach Rom | |

(Ego) te amo.   (Io) ti amo.   Je t'aime.   Ich liebe dich.

LATEIN LEBT

Lateinische Wörter – überall in Europa:

| | | | | | |
|---|---|---|---|---|---|
| pater | i. padre | s. padre | f. père | (e. father) | (dt. Vater) |
| homo | i. uomo | s. hombre | f. homme | | |
| sententia | i. sentenza | s. sentencia | f. sentence | e. sentence | dt. Sentenz |
| vox | i. voce | s. voz | f. voix | e. voice | |
| liber | i. ibro | s. libro | f. livre | | |
| murus | i. muro | s. muro | f. mur | | dt. Mauer |
| noster | i. nostro | s. nuestro | f. notre | | |

Das bekannteste christliche Gebet heißt nach seinem Beginn: „Pater noster" – „Vater unser"

## F ① Perfektbildung: s- und Dehnungsperfekt

### a) s-Perfekt

| Infinitiv Präsens | Präsensstamm | Perfektstamm | 1. Pers. Sg. Perf. |
|---|---|---|---|
| manēre | manē- | māns- | māns-ī |
| dūcere | dūc- | dūx- (aus: dūc-s-) | dūx-ī |
| rīdēre | rīde- | rīs- | rīs-ī |

### b) Dehnungsperfekt

| Infinitiv Präsens | Präsensstamm | Perfektstamm | 1. Pers. Sg. Perf. |
|---|---|---|---|
| vidēre | vide- | vīd- | vīd-ī |
| venīre | veni- | vēn- | vēn-ī |
| capere | capi- | cēp- | cēp-ī |

Beim Dehnungsperfekt wird der Stammvokal gedehnt und manchmal zusätzlich verändert.

**TIPP!** venit er kommt/er kam
Beim Dehnungsperfekt sind einige Formen doppeldeutig, da die Dehnung im Schriftbild nicht wiedergegeben wird. Eine eindeutige Bestimmung der Form ist durch den Kontext, oft auch durch die „benachbarten" Verbformen möglich.

## ② Personalpronomen (Persönliches Fürwort)

|  |  | Sg. |  | Pl. |  |
|---|---|---|---|---|---|
| 1. Person | Nom. | egō | ich | nōs | wir |
|  | Gen. | meī | meiner | nostrī | unser |
|  | Dat. | mihi | mir | nōbīs | uns |
|  | Akk. | mē | mich | nōs | uns |
|  | Abl. | ā mē/mēcum | von mir/mit mir | ā nōbīs/nōbīscum | von uns/mit uns |
| 2. Person | Nom. | tū | du | vōs | ihr |
|  | Gen. | tuī | deiner | vestrī | euer |
|  | Dat. | tibi | dir | vōbīs | euch |
|  | Akk. | tē | dich | vōs | euch |
|  | Abl. | ā tē/tēcum | von dir/mit dir | ā vōbīs/vōbīscum | von euch/mit euch |

Im Gen. Pl. gibt es auch **nostrum** bzw. **vestrum**, z.B.: quis vestrum?   wer von euch?

## S Personalpronomen: Verwendung

Quid? *Tu* parere dubitas? *Ego* dominus sum, *tu* servus es!
Was? Du zögerst zu gehorchen? Ich bin der Herr, du bist der Sklave!

Im Nominativ wird das Personalpronomen nur verwendet, wenn in einem Satz das – bereits im Verb enthaltene – Subjekt besonders betont werden soll.
In den anderen Kasus wird das Personalpronomen wie im Deutschen oder Englischen verwendet.

# 14

| | | | |
|---|---|---|---|
| scīre | kennen, verstehen, wissen | manēre | bleiben, warten |
| quod *(Subj.)* | dass, weil | licet | es ist erlaubt, es ist möglich |
| patria | Heimat | propter | wegen |
| līberāre | befreien, freilassen | mors | Tod |
| posteā | nachher, später | dēnique | schließlich, zuletzt |

| | | |
|---|---|---|
| quī, quae, quod | welcher, welche, welches; der, die, das | |
| appellāre, appellō *(m. dopp. Akk.)* | anrufen, nennen, bezeichnen (als) | *appellieren, Appell* |
| quia *Subj. m. Ind.* | weil | |
| superāre, superō | besiegen, überragen, übertreffen | |
| imprīmīs *Adv.* | besonders, vor allem | |
| dēcernere, dēcernō, dēcrēvī | beschließen, entscheiden, zuerkennen | *Dezernat, Dekret* |
| crīmen, crīminis *n* | Beschuldigung, Vorwurf, Verbrechen | *Krimi, Kriminalfall, kriminell, e./f. crime* |
| falsus, a, um | falsch | *e. false* |
| virtūs, virtūtis *f* | Tapferkeit, Tüchtigkeit, Vortrefflichkeit, Leistung; *Pl.* gute Eigenschaften, Verdienste | *Virtuosität, e. virtue, f. vertu* |
| vester, vestra, vestrum | euer | |
| nescīre, nesciō, nescīvī | nicht wissen | |
| neque | und nicht, auch nicht, nicht einmal | |
| errāre, errō | (sich) irren | |
| exemplum | Beispiel, Vorbild | *Exempel, Exemplar, e. example* |
| clārus, a, um | berühmt, hell, klar | *Klara, Klarinette, e. clear* |
| dēspērāre, dēspērō *(dē m. Abl.)* | die Hoffnung aufgeben (auf), verzweifeln (an) | *Desperado, e. to despair* |
| familia | Familie, Hausgemeinschaft | *e. family, f. famille* |
| solus, a, um | allein, einzig | *Solo, Solist, e. sole* |
| cūrāre, cūrō *(m. Akk.)* | pflegen, sorgen für, besorgen | *kurieren* |
| studēre, studeō, studuī *(m. Dat.)* | sich (wissenschaftlich) beschäftigen, sich bemühen (um), streben (nach) | *studieren, Student, e. to study* |
| vīta | Leben, Lebensweise | *vital, Vitamin* |
| dīmittere, dīmittō, dīmīsī | aufgeben, entlassen | *e. to dismiss* |
| remanēre, remaneō, **remānsī** | (zurück)bleiben | |
| (P. Cornēlius) Scīpiō (Āfricānus), Scīpiōnis | Publius Cornelius Scipio (Sieger über Hannibal) | |
| Āfrica | Afrika | |
| Poenī, Poenōrum | die Punier | |

## F Relativpronomen (bezügliches Fürwort)

|  | Sg. |  | Pl. |  |  |
|---|---|---|---|---|---|
| Nom. | quī | der (welcher) | quī | die (welche) | m |
|  | quae | die (welche) | quae | die (welche) | f |
|  | quod | das (welches) | quae | die (welche) | n |
| Gen. | cuius | dessen | quōrum | deren | m |
|  | cuius | deren | quārum | deren | f |
|  | cuius | dessen | quōrum | deren | n |
| Dat. | cui | dem | quibus | denen | m |
|  | cui | der | quibus | denen | f |
|  | cui | dem | quibus | denen | n |
| Akk. | quem | den (welchen) | quōs | die (welche) | m |
|  | quam | die (welche) | quās | die (welche) | f |
|  | quod | das (welches) | quae | die (welche) | n |
| Abl. | quō |  | quibus |  | m |
|  | quā |  | quibus |  | f |
|  | quō |  | quibus |  | n |

Die Ablativformen müssen im Deutschen je nach Zusammenhang mit entsprechenden Präpositionalausdrücken (z.B. 'mit dem', 'in der') übersetzt werden.

## S Relativsatz als Attribut

*Hannibal, de quo certe iam audivistis,*
*Romanos terruit.*
Hannibal, von dem ihr sicher schon gehört habt, versetzte die Römer in Schrecken.

Das Relativpronomen richtet sich im **G**enus und **N**umerus nach seinem Bezugswort (**NG-Kongruenz**). Der Kasus wird jedoch wie im Deutschen von der Konstruktion des Relativsatzes bestimmt.

Die Relativsätze haben – wie der Genitiv oder das Adjektiv – meist die Satzgliedfunktion des Attributes. Sie geben eine Erläuterung zum Bezugswort (hier: Hannibal).

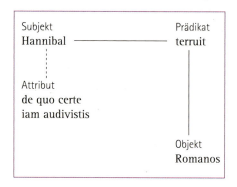

Subjekt          Prädikat
Hannibal ─────── terruit

Attribut
de quo certe
iam audivistis

Objekt
Romanos

## Subjunktionen

| quod | dass; weil | postquam | nachdem |
|---|---|---|---|
| quia | weil | si | falls, wenn |

# Relativer Satzanschluss

Aulus: „Comites in periculo sunt."
Aulus: „Die Gefährten sind in Gefahr."

Gaius: *„Quod* si ita est, comites servare debemus. Veni mecum!"
Gajus: „Wenn *dies* so ist, müssen wir die Gefährten retten. Komm mit mir!"

*Quibus* verbis amico respondet.
Mit *diesen* Worten antwortet er dem Freund.

Im Lateinischen kann – anders als im Deutschen oder Englischen – am Anfang eines Satzes statt eines Demonstrativpronomens ein Relativpronomen stehen, das sich auf ein Wort oder den Inhalt des vorhergehenden Satzes bezieht. Dadurch wird der Satz eng mit dem vorhergehenden verbunden. Im Deutschen muss man ein entsprechendes Demonstrativpronomen einsetzen.

## TIPP!

Hier sollst du einen Einblick in einige Regeln zur lateinischen **Wortbildung** erhalten. Betrachten wir zuerst die **Verben**:

- Viele Verben lassen sich von Substantiven ableiten, z. B. **laborare** von **labor** oder **nuntiare** von **nuntius**. Jetzt kannst du dir sicher denken, was **militare** (zu **miles**) oder umgekehrt **amor** (zu **amare**) heißen.

- Besonders wichtig sind die **Komposita**, das sind Verben, die aus einem einfachen Verb (**Verbum simplex**) und einem **Präfix** (einer Vorsilbe) zusammengesetzt sind. Komposita gibt es auch im Deutschen, z. B. weg-laufen, hin-laufen.
  Wenn du die Bedeutung der Vorsilbe und das Verbum simplex kennst, ergibt sich die Bedeutung des Kompositums oft von selbst, z. B. **ab-ducere** weg-führen.

- Hier bekommst du eine Aufstellung der **wichtigsten Präfixe**, die du zum größten Teil schon kennst. Beachte, dass manchmal das Präfix an den ersten Buchstaben des Verbum simplex **assimiliert** (angeglichen) wird, z. B. **ad-cedere** → **ac-cedere**.

| | | | |
|---|---|---|---|
| ab- (a-, abs-) | weg-, ab- | ad- (ac-, at-) | hinzu-, dabei- |
| com- (col-, con-) | zusammen- | de- | herab-, weg- |
| dis- (di-, dif-) | auseinander- | ex- (e-, ef-) | heraus- |
| in- (il-, im-) | hinein-, darin- | per- | (hin)durch- |
| pro- | (her)vor- | re- (red-) | zurück-, wieder- |

---

Redensarten und Wendungen aus unserem Alltag – mit lateinischen Vokabeln:

| | | |
|---|---|---|
| eine schlechte *Kopie* | eine *„Gaudi"* machen | die *Daten* sichern |
| ein guter *Video*film | *Terror* machen | ein *Patent* anmelden |
| eine *Audienz* beim Papst | einen Beitrag *zensieren* | sein *Plazet* geben |
| ein *totaler* Zusammenbruch | das Essen *probieren* | ein *Fazit* ziehen |
| ein falsches *Signal* | *defensiv* spielen | eine *Akte* schließen |
| So ein *Klamauk*! | Ich bin *frustriert*! | Das *kapiert* keiner! |

LATEIN LEBT

# 15

| domina | Herrin | necāre | töten |
| --- | --- | --- | --- |
| surgere | aufstehen, sich erheben, sich aufrichten | dēfendere | abwehren, verteidigen, schützen |
| | | ante | vor |
| cōnsulere | befragen; beraten | aperīre | aufdecken, öffnen |
| aedēs | Haus, Gebäude | cognōscere | erkennen, kennenlernen |

| | | |
| --- | --- | --- |
| is, ea, id | dieser, diese, dieses; er, sie, es | |
| nox, noctis f *(Gen. Pl. -ium)* | Nacht | *e. night, f. nuit* |
| multā nocte | in tiefer Nacht *(wann?)* | |
| somnus | Schlaf | |
| excitāre, excitō | wecken, erregen, ermuntern | |
| animadvertere, animadvertō, animadvertī | bemerken, wahrnehmen | |
| surgere, surgō, surrēxī | sich aufrichten, sich erheben, aufstehen | |
| summus, a, um | der höchste, der letzte, der oberste | |
| paucī, ae, a | wenige | |
| contendere, contendō, contendī | eilen, sich anstrengen | |
| currere, currō, cucurrī | eilen, laufen | |
| arcessere, arcessō, arcessīvī | herbeirufen, holen | |
| imperāre, imperō *(m. Dat.)* | befehlen, herrschen (über) | *Imperativ* |
| claudere, claudō, clausī | abschließen, einschließen | *Klausel, Klausur, e. to close* |
| prīmus, a, um | der erste | *prima, Primel, primitiv* |
| lūx, lūcis *f* | Licht, Tageslicht | *Luzi-fer, e. light* |
| prīmā lūce | bei Tagesanbruch *(wann?)* | |
| profectō *Adv.* | sicherlich, tatsächlich | |
| duo, duae, duo | zwei | *Duo, dual* |
| stāre, stō, stetī | stehen | |
| discēdere, discēdō, discessī | auseinandergehen, weggehen | |
| convocāre, convocō | versammeln | |
| accūsāre, accūsō | anklagen, beschuldigen | *Akkusativ, e. to accuse* |
| dēfendere, dēfendō, dēfendī | abwehren, verteidigen, schützen | |
| īnsidiae, īnsidiārum *Pl.* | Falle, Attentat, Hinterlist | |
| vītāre, vītō | meiden, vermeiden | |
| monēre, moneō, monuī | (er)mahnen | *monieren, Monitor* |
| pōstulāre, pōstulō | fordern | *postulieren, Postulat* |
| pellere, pellō, pepulī | schlagen, vertreiben | *Puls* |
| mittere, mittō, mīsī | (los)lassen, schicken, werfen | |
| restāre, restō, restitī | übrigbleiben; Widerstand leisten | |
| dare, dō, dedī | geben | |
| īnstituere, īnstituō, īnstituī | beginnen, einrichten, unterrichten | |
| attingere, attingō, attigī | berühren | |

| | |
|---|---|
| ✗ respondēre, respondeō, **respondī** | antworten, entsprechen |
| expellere, expellō, **expulī** | vertreiben, verbannen |
| ✗ ostendere, ostendō, **ostendī** | zeigen, darlegen |
| | |
| (M. Tullius) Cicerō, Cicerōnis | Marcus Tullius Cicero (Konsul 63 v. Chr.) |
| Catilīna *m* | Catilina (Anführer der Verschwörung) |
| Tīrō, Tīrōnis | Tiro (Sekretär Ciceros) |

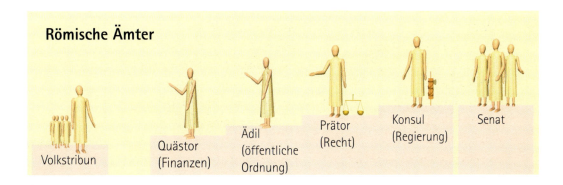

**Römische Ämter**: Volkstribun – Quästor (Finanzen) – Ädil (öffentliche Ordnung) – Prätor (Recht) – Konsul (Regierung) – Senat

## F 1 Perfektbildung: Reduplikation und ohne Stammveränderung

### a) Reduplikationsperfekt

| Infinitiv Präsens | Präsensstamm | Perfektstamm | 1. Pers. Sg. Perf. |
|---|---|---|---|
| currere | curr- | cucurr- | cucúrrī |
| pellere | pell- | pepul- | pépulī |
| expellere | expell- | expul- | éxpulī |

Beim Reduplikationsperfekt wird der Wortanfang „verdoppelt" (dupliziert), indem der anlautende Konsonant (z. B. c bei currere) mit einem Bindevokal davorgesetzt wird.
Bei den Komposita (zusammengesetzten Verben) fehlt die Reduplikationssilbe im Perfekt (z. B. expellere – éxpulī).

### b) Perfekt ohne Stammveränderung

| Infinitiv Präsens | Präsensstamm | Perfektstamm | 1. Pers. Sg. Perf. |
|---|---|---|---|
| dēfendere | dēfend- | dēfend- | dēfendī |

Bei einigen Verben bleibt der Perfektstamm gegenüber dem Präsensstamm unverändert.

**TIPP!**

defendit  er verteidigt / er hat verteidigt

Bei einigen Verbformen ist das Tempus nicht eindeutig zu erkennen. Ob Präsens oder Perfekt vorliegt, kannst du im Einzelfall nur dem Kontext, oft auch den „benachbarten" Verbformen entnehmen.

## 2 Pronomen is (Demonstrativ-, Personal-, Possessivpronomen)

|      | Sg. |            | Pl.    |             |   |
|------|-----|------------|--------|-------------|---|
| Nom. | is  | dieser/er  | iī/eī  | diese/sie   | m |
|      | ea  | diese/sie  | eae    | diese/sie   | f |
|      | id  | dieses/es  | ea     | diese/sie   | n |
| Gen. | eius | (dessen) sein | eōrum | (deren) ihr | m |
|      | eius | (deren) ihr  | eārum | (deren) ihr | f |
|      | eius | (dessen) sein | eōrum | (deren) ihr | n |
| Dat. | eī  | diesem/ihm | eīs/iīs | diesen/ihnen | m |
|      | eī  | dieser/ihr | eīs/iīs | diesen/ihnen | f |
|      | eī  | diesem/ihm | eīs/iīs | diesen/ihnen | n |
| Akk. | eum | diesen/ihn | eōs    | diese/sie   | m |
|      | eam | diese/sie  | eās    | diese/sie   | f |
|      | id  | dieses/es  | ea     | diese/sie   | n |
| Abl. | eō  |            | iīs/eīs |            | m |
|      | eā  |            | iīs/eīs |            | f |
|      | eō  |            | iīs/eīs |            | n |

## S ① Pronomen is: Verwendung

Die Formen des Pronomens **is** erfüllen mehrere Funktionen:

a) is vir        is, qui bene dicit
     dieser Mann    der(jenige), der gut spricht

Das Pronomen **is** wird häufig als **Demonstrativpronomen** (hinweisendes Fürwort) gebraucht.

b) Ubi est Marcus?    Quis *eum* vidit?
     Wo ist Markus?    Wer hat *ihn* gesehen?

Oft wird das Pronomen **is** auch als **Personalpronomen** (persönliches Fürwort) anstelle einer bereits genannten Person oder Sache verwendet.

c) Ciceronem non ignoramus. Orationes *eius* clarae sunt.    Cicero oratione *sua* vicit.
     Wir kennen Cicero gut. *Seine (Dessen)* Reden sind berühmt.    Cicero gewann mit *seiner* Rede.

Die Genitivformen werden meist als **Possessivpronomen** (besitzanzeigendes Fürwort) verwendet.
Formen des Possessivpronomens **suus, a, um** werden nur gebraucht, wenn sich das Pronomen auf das Subjekt des Satzes (hier: Cicero) bezieht.
Man nennt diese Verwendung von **suus, a, um** reflexiv (rückbezüglich).

## ② Ablativ als Adverbiale: Ablativ der Zeit

multā nocte      primā luce
in tiefer Nacht    bei Tagesanbruch

Der Ablativ wird auch zur Angabe einer Zeit (Ablativus temporis) verwendet. Wir fragen „wann?".

# 16

| | | | |
|---|---|---|---|
| num | etwa? | cōnsilium | Beratung, Beschluss, Plan, Rat |
| mulier | Frau | iter | Reise, Weg, Marsch |
| pārēre | gehorchen, sich richten nach | cōpia | Menge, Möglichkeit, Vorrat |
| placēre | gefallen | alius | ein anderer |

| | | |
|---|---|---|
| vehemēns, vehementis | heftig, energisch, kritisch | *vehement, e. vehement* |
| dum *Subj.* | während, solange, (so lange) bis | |
| ingēns, ingentis | gewaltig, ungeheuer | |
| praestāre, praestō, praestitī *m. Dat.* | übertreffen | |
| annus | Jahr | *Annuität, Anno Domini* |
| tōtum annum | das ganze Jahr *(wie lange?)* | |
| vērus, a, um | echt, richtig, wahr | *veri fizieren, f. vrai* |
| etsī *Subj.* | auch wenn, obwohl | |
| potēns, potentis | mächtig, stark | *potent, e. potent* |
| pulcher, pulchra, pulchrum | schön | |
| valēre, valeō, valuī | Einfluss haben, gesund sein, stark sein | *Valenz, Rekonvaleszent, In-valide* |
| cum *Subj. m. Ind.* | (immer) wenn, als (plötzlich), (zu der Zeit) als | |
| hōra | Stunde, Zeit | *Meister Hora, e. hour* |
| multās hōrās | viele Stunden (lang) *(wie lange?)* | |
| quamquam *Subj.* | obwohl | |
| contentus, a, um *(m. Abl.)* | zufrieden (mit) | *e./f. content* |
| novus, a, um | neu, ungewöhnlich | *Novum, renovieren, e. new* |
| inimīcus, a, um | feindlich; *Subst.* Feind | *e. enemy* |
| perspicere, perspiciō, perspexī | erkennen, genau betrachten, sehen | *Perspektive* |
| cōpiae, cōpiārum *Pl.* | Truppen | *Kopie, kopieren, e. copy* |
| nāvis, nāvis *f (Gen. Pl.* -ium*)* | Schiff | *Navigation* |
| monumentum | Denkmal | *Monument, e./f. monument* |
| multōs annōs | viele Jahre (lang) *(wie lange?)* | |
| imperium | Befehl, Befehlsgewalt, Herrschaft, Herrschaftsgebiet | *Imperium, Imperialismus* |
| temperāre, temperō *m. Akk.* | lenken, ordnen | *Temperament, temperieren* |
| corpus, corporis *n* | Körper, Leichnam | *korpulent, corpus delicti, e. corpse, f. corps* |
| aurum | Gold | *Eldorado* |
| sibi *Dat.* | sich | |
| adiungere, adiungō, adiūnxī | hinzufügen, anschließen | |
| sibi adiungere | für sich gewinnen | |
| rēgnum | (Königs-)Herrschaft, Reich | *e. reign, f. règne* |
| conicere, coniciō, coniēcī | (zusammen)werfen, folgern, vermuten | *Konjektur* |

Fortsetzung →

✓ potentia — Macht — *Potenz, e. potency*

(C. Iūlius) Caesar, Caesaris — Gajus Julius Cäsar (Eroberer Galliens)
Cleopatra — Kleopatra (Königin Ägyptens)
Aegyptus, Aegyptī f — Ägypten
Gallia — Gallien
(Cn.) Pompēius (Magnus) — Gnäus Pompejus Magnus (Hauptgegner Cäsars im Bürgerkrieg)
Nīlus — der Nil

## F Adjektive der 3. Deklination (einendige)

Beispiel:
**vehemens** *(m)* **vehemens** *(f)* **vehemens** *(n)* heftig

|  | Sg. m/f | Sg. n | Pl. m/f | Pl. n |
|---|---|---|---|---|
| Nom. | vehemēns |  | vehement-ēs | vehement-ia |
| Gen. | vehement-is |  | vehement-ium |  |
| Dat. | vehement-ī |  | vehement-ibus |  |
| Akk. | vehement-em | vehemēns | vehement-ēs | vehement-ia |
| Abl. | vehement-ī |  | vehement-ibus |  |

Diese Adjektive haben im Nom. Sg. nur eine Form für alle drei Genera.
Der Akk. Sg. *n* ist mit dem Nom. Sg. *n* identisch, z. B. **vehemens**.
Der Nom. und der Akk. Pl. *n* enden auf -ia, z. B. **vehementia**.

Da bei den einendigen Adjektiven der Wortstamm nicht an den Formen des Nom. Sg. zu erkennen ist, wird im Wortschatz der Gen. Sg. mit angegeben, z. B. **vehemens, vehementis**.
Bei allen anderen Adjektiven sind im Wortschatz die Genera angegeben.

*Vollständige Tabellen befinden sich im Tabellarium, S. 201.*

**TIPP!** Wie bei den Substantiven kommen auch bei den Adjektiven bestimmte Endungen in allen Deklinationen vor, z. B. -i und -is. In all diesen Fällen musst du die Deklinationsklasse des Adjektivs kennen, um die Form bestimmen zu können.
**Pulchri** kann z. B. Gen. Sg. *m*, Gen. Sg. *n* oder Nom. Pl. *m* sein,
**ingenti** dagegen Dat. oder Abl. Sg. aller drei Genera.

Welches **lateinische Wort** steckt jeweils in den folgenden **französischen Wörtern**?

*véhément – nouveau – nuit – mettre – content*

# 16

## ① Satzgefüge

Homines rident, quia gaudent.
Die Menschen lachen, weil sie sich freuen.

Durch die Verwendung von **Subjunktionen** (unterordnenden Bindewörtern) wie postquam, quia oder si kann man einen Satz dem anderen unterordnen und so aus Haupt- und Gliedsatz ein **Satzgefüge** formen.

## ② Gliedsätze als Adverbiale

Cicero gaudet, quia oratione sua vicit.
Cicero freut sich, weil er mit seiner Rede siegreich war.

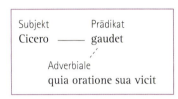

Gliedsätze haben oft die Satzgliedfunktion des Adverbiales. Als Adverbiale könnte im gleichen Satz auch ein Adverb (z. B. hodie), ein Präpositionalausdruck oder ein Ablativ (z. B. victoriā) stehen.

## ③ Gliedsätze: Sinnrichtungen der Adverbialsätze

Die Subjunktionen drücken die **Sinnrichtung** des jeweiligen Gliedsatzes aus. Nach den verschiedenen Sinnrichtungen unterscheidet man vor allem die folgenden Adverbialsätze:

- **Temporalsätze:** Gliedsätze mit Zeitangaben (z. B. während ..., nachdem ...)
- **Kausalsätze:** Gliedsätze, die einen Grund angeben (z. B. weil ...)
- **Konzessivsätze:** Gliedsätze, die einen Grund angeben, weshalb das Geschehen im Hauptsatz eigentlich nicht stattfinden könnte oder sollte bzw. nicht hätte stattfinden können oder sollen (z. B. obwohl ...)
- **Konditionalsätze:** Gliedsätze, die eine Bedingung enthalten (z. B. wenn ...)

## ④ Akkusativ als Adverbiale: Akkusativ der Ausdehnung

Multas horas Cicero insidias timet.
Viele Stunden (lang) fürchtet Cicero ein Attentat.

Der Akkusativ der Ausdehnung bezeichnet meist Zeiträume, z. B.:
multos annos — viele Jahre (lang)
multas horas — viele Stunden (lang)
totum annum — das ganze Jahr
Wir fragen „wie lange?".

**TIPP!**

Dum Cicero de Catilina *dicit* (Präs.), senatores surrexerunt.
Während Cicero über Catilina *sprach* (Präteritum), erhoben sich die Senatoren.

Postquam Cicero de Catilina *dixit* (Perf.), curiam reliquit.
Nachdem Cicero über Catilina *gesprochen hatte* (Plusqpf.), verließ er die Kurie.

Besonders aufpassen musst du bei den Subjunktionen **dum** und **postquam**. Nach dum („während") steht immer Präsens, nach **postquam** immer Perfekt. Im Deutschen steht nach „während" das gleiche Tempus wie im Hauptsatz, auf „nachdem" folgt meist das Plusquamperfekt.

## W

| | | | |
|---|---|---|---|
| accēdere | herbeikommen, hinzukommen | cūnctī | alle (zusammen) |
| aedēs *Pl.* | Haus, Gebäude | currere | eilen, laufen |
| capere | fassen, nehmen; erobern | iubēre | anordnen, befehlen |
| certē | gewiss, sicherlich | nūntiāre | melden |

| | | |
|---|---|---|
| excēdere, excēdō, excessī | hinausgehen, weggehen | *exzessiv, Exzess* |
| nōnnūllī, ae, a | einige, manche | |
| caput, capitis *n* | Kopf, Haupt; Hauptstadt | *Kap, Kapitel, Kapitän* |
| abdūcere, abdūcō, abdūxī | wegführen | |
| rapere, rapiō, rapuī | wegführen, rauben, wegreißen | *rapide* |
| prōtinus *Adv.* | sofort | |
| ruere, ruō, ruī | eilen, stürmen, stürzen | |
| adesse, adsum, adfuī | da sein, helfen | |
| putāre, putō | glauben, meinen | *Com-puter, Dis-put* |
| putāre *m. dopp. Akk.* | halten für | |
| quīn *im Hauptsatz* | vielmehr; warum nicht? | |
| auctor, auctōris *m* | Anführer, Gründer, Ratgeber, Verfasser | *Autor, e. author, f. auteur* |
| nēmō, nēminis | niemand | |
| nēmō nescit | jeder weiß | |
| nūper *Adv.* | neulich, vor kurzem | |
| improbus, a, um | schlecht, unanständig | |
| laedere, laedō, laesī | beschädigen, verletzen, beleidigen | *lädieren* |
| manifestus, a, um | offenkundig; überführt | *Manifest* |
| committere, committō, commīsī | anvertrauen, veranstalten, zustandebringen | *Kommission, Kommissar, e. to commit, f. commettre* |
| scelus committere | ein Verbrechen begehen | |
| quaerere, quaerō, quaesīvī | erwerben wollen, suchen | *re-quirieren, Re-quisite* |
| interrogāre, interrogō | fragen | *Interrogativpronomen* |
| reperīre, reperiō, repperī | (wieder)finden | *Repertoire* |
| ēripere, ēripiō, ēripuī | entreißen | |
| indūcere, indūcō, indūxī | (hin)einführen, verleiten | *induktiv* |

## F Verben: Infinitiv Perfekt

| | |
|---|---|
| vocā-v-isse | gerufen (zu) haben |
| fu-isse | gewesen (zu) sein |

Der Infinitiv Perfekt wird gebildet, indem an den Perfektstamm die Endung **-isse** angefügt wird.

## Akkusativ mit Infinitiv (AcI)

### a) Erscheinungsform und Übersetzung

Claudia amicum laborare videt.
Claudia sieht einen Freund arbeiten.
*Claudia sees a friend work.*

Eine dem AcI ähnliche Konstruktion, bei der nach bestimmten Verben zu einem Akkusativobjekt (hier: **amicum**) ein Infinitiv (hier: **laborare**) hinzukommt, gibt es auch im Deutschen und Englischen.

Claudia amicum laborare scit.
Claudia weiß, dass der Freund arbeitet.

Im Lateinischen ist der **AcI (Accusativus cum Infinitivo)** jedoch viel häufiger und kommt meist nach Verben vor, bei denen eine wörtliche Wiedergabe im Deutschen nicht möglich ist. Die gebräuchlichste Übersetzung ist ein mit 'dass' eingeleiteter Gliedsatz.

### b) Zeitverhältnis

| Claudia amicum laborare *scit*. | Claudia amicum laborare *scivit*. |
|---|---|
| Claudia *weiß*, dass der Freund *arbeitet*. | Claudia *wusste*, dass der Freund *arbeitete*. |

Der **Infinitiv Präsens** drückt aus, dass das Geschehen des AcI mit dem des Prädikats gleichzeitig abläuft; er bezeichnet die **Gleichzeitigkeit** (Infinitiv der Gleichzeitigkeit).

| Claudia amicum labora*visse scit*. | Claudia amicum labora*visse scivit*. |
|---|---|
| Claudia *weiß*, dass der Freund *gearbeitet hat*. | Claudia *wusste*, dass der Freund *gearbeitet hatte*. |

Der **Infinitiv Perfekt** drückt aus, dass das Geschehen des AcI vor dem des Prädikats stattgefunden hat; er bezeichnet die **Vorzeitigkeit** (Infinitiv der Vorzeitigkeit).

### c) Der AcI als satzwertige Konstruktion

| Claudia scit: *Amicus laborat.* | Claudia *amicum laborare* scit. |
|---|---|
| Claudia weiß: *Der Freund arbeitet.* | Claudia weiß, *dass der Freund arbeitet.* |

Man kann den AcI als einen eigenständigen Aussagesatz verstehen, der in einen anderen Satz hineingenommen und von dessen Prädikat abhängig gemacht wurde. Der AcI wird deshalb als **satzwertige Konstruktion** bezeichnet.
Der Infinitiv kann durch Objekte, Adverbialien oder Prädikatsnomina ergänzt werden:

Amicum Claudiae diu laboravisse scimus.
Wir wissen, dass Claudias Freund lange gearbeitet hat.

Claudiam contentam fuisse scimus.
Wir wissen, dass Claudia zufrieden war.

Das Prädikatsnomen (hier: **contentam**) steht im AcI ebenfalls im Akkusativ.

**TIPP!** Durch Objekte, Adverbialien oder Prädikatsnomina können der Akkusativ und der Infinitiv manchmal weit voneinander getrennt sein. Dies kann dir das Erkennen des AcI erschweren. Andererseits hilft es, wenn du weißt, dass die von dem Akkusativ und dem Infinitiv „eingerahmten" Wörter zum AcI gehören, z. B.:

*Amicum* Claudiae diu *laboravisse* scimus.   Markiere deshalb, bevor du übersetzt, den AcI.

### d) Satzgliedfunktion

Amicum laborare manifestum est.
Es ist offenkundig, dass der Freund arbeitet.

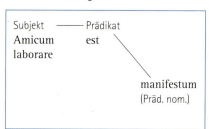

Claudia amicum laborare scit.
Claudia weiß, dass der Freund arbeitet.

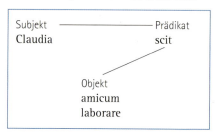

- Nach unpersönlichen Ausdrücken (z. B. **manifestum est**) steht der AcI als Subjekt.
- Nach Verben des Wahrnehmens (z. B. **videre, audire**), des Meinens oder Wissens (z. B. **putare, scire**), des Redens oder Erzählens (z. B. **dicere, narrare**) steht der AcI als Objekt.

| | |
|---|---|
| Imperator ludos committit. | Der Kaiser veranstaltet Spiele. |
| Populus Caesari imperium committit. | Das Volk vertraut Cäsar die Befehlsgewalt (den Oberbefehl) an. |
| Fur scelus committit. | Der Dieb begeht ein Verbrechen. |
| Milites bellum gerunt. | Die Soldaten führen Krieg. |
| Servae labores gerunt. | Die Sklavinnen verrichten ihre Arbeiten (führen ... aus). |
| Servus liberos curat. | Der Sklave sorgt für (kümmert sich um) die Kinder. |
| Servus senem curat. | Der Sklave pflegt den alten Mann. |
| Dominus serv*um* venire iubet. | Der Herr befiehlt dem Sklaven zu kommen. |
| | Der Herr befiehlt, dass der Sklave kommt. |

KONTEXT

# 18

| | | | |
|---|---|---|---|
| dēbēre | müssen, sollen; schulden | prīmō | zuerst |
| dubitāre | zögern | profectō | sicherlich, tatsächlich |
| nāvis | Schiff | relinquere | unbeachtet lassen, verlassen, zurücklassen |
| numquam | niemals | | |
| oppidum | Stadt | valēre | Einfluss haben, gesund sein, stark sein |
| posteā | nachher, später | | |

| | | |
|---|---|---|
| paene *Adv.* | fast, beinahe | |
| tōtam noctem | die ganze Nacht (hindurch) *(wie lange?)* | |
| negāre, negō | verneinen, leugnen; verweigern | *negativ, Negation, e. to deny* |
| exīstimāre, exīstimō | (ein)schätzen, meinen | |
| vīs, *Akk.* vim, *Abl.* vī *f* | Gewalt, Kraft; Menge | |
| vīrēs, vīrium *f* | (Streit-)Kräfte | |
| dēficere, dēficiō, dēfēcī | abnehmen, ermatten; verlassen, ausgehen | *Defekt, Defizit* |
| sentīre, sentiō, sēnsī | fühlen, meinen, wahrnehmen | *sensibel, sentimental* |
| animus | Geist, Mut, Gesinnung | *Animosität, animieren, re-animieren* |
| animō dēficere | den Mut sinken lassen | |
| nōn dēbēre | nicht dürfen | |
| umerus | Oberarm, Schulter | |
| crēscere, crēscō, crēvī | wachsen | *kon-kret, crescendo, e. to increase, f. croître* |
| ante *Adv.* | vorher | |
| paulō ante | kurz vorher | |
| contendere, contendō, contendī | behaupten; eilen; sich anstrengen | |
| plērīque, plēraeque, plēraque | die meisten, sehr viele | |
| angustus, a, um | eng, schwierig | *Angina* |
| iterum *Adv.* | wiederum | *iterativ* |
| iterum atque iterum | immer wieder | |
| quaerere ex *m. Abl.* | jmd. fragen | |
| oportet, oportuit | es ist nötig, es gehört sich | |
| vērō *Adv.* | aber; in der Tat, wirklich | |
| immō (vērō) *Adv.* | ja sogar, vielmehr; im Gegenteil | |
| concēdere, concēdō, concessī | erlauben, nachgeben, zugestehen | *Konzessivsatz, Konzession, e. to concede, f. concéder* |
| virgō, virginis *f* | Mädchen | *e. virgin, f. vierge* |
| sēcum | mit sich, bei sich | |
| Capua | Capua (Stadt im westlichen Mittelitalien) | |
| Athēnae, Athēnārum | Athen (bedeutende Stadt in Griechenland) | |

## F Reflexivpronomen (rückbezügliches Fürwort)

|       | Sg. und Pl.   | Sg. und Pl.         |
|-------|---------------|---------------------|
| Nom.  | –             | –                   |
| Gen.  | suī           | seiner / ihrer      |
| Dat.  | sibi          | sich                |
| Akk.  | sē            | sich                |
| Abl.  | ā sē / sēcum  | von sich / mit sich |

Zum Reflexivpronomen der 3. Person gibt es jeweils nur eine Form für alle drei Genera sowie für Singular und Plural.

## S Pronomina im AcI

Balbus *se* servum bonum esse putat.
Balbus meint, dass *er (selbst)* ein guter Sklave ist.

Steht ein Reflexivpronomen der 3. Pers. in einem AcI, so bezieht es sich in der Regel auf das Subjekt des Satzes.

Etiam dominus *eum* servum bonum esse putat.
Auch sein Herr meint, dass *er/dieser (Balbus)* ein guter Sklave ist.

Formen des Pronomens **is** in einem AcI beziehen sich auf eine andere bereits genannte Person oder Sache bzw. andere bereits genannte Personen oder Sachen.

## T Konnektoren

Eine einfache Aneinanderreihung von Sätzen kann bereits einen Text ergeben. Oft fügt man jedoch **Konnektoren** (Bindewörter) ein, die den gedanklichen Zusammenhang und die Abfolge der Handlungen verdeutlichen; dadurch wird der Text leichter verständlich.

Solche Konnektoren können z. B.
- gleichartige Gedanken oder Handlungsschritte miteinander verbinden,
  z. B. **et** (und), **et ... et** (sowohl ... als auch), **neque** (und nicht),
- die Handlung zeitlich gliedern, z. B. **tum** (dann),
- eine Begründung anführen, z. B. **nam** (denn),
- einen Gegensatz einleiten, z. B. **sed** (aber), **autem** (aber),
- für eine bereits genannte Person (oder Sache) stehen, z. B. **is** (dieser, er), **qui** (rel. Satzanschluss).

Diese Konnektoren verdienen schon beim ersten Durchlesen besondere Beachtung, da sie wesentliche Hinweise geben, wie der Text inhaltlich gegliedert ist.
Als Konnektoren finden meist die **Konjunktionen** (beiordnende Bindewörter) Verwendung, z. B. **et** (und), **sed** (aber), **etiam** (auch).

## W 19

|  |  | |
|---|---|---|
| cupere | verlangen, wünschen, wollen | |
| dēspērāre | die Hoffnung aufgeben, verzweifeln | |
| pecūnia | Geld, Vermögen | |
| sōlum | nur | |
| studēre | sich (wissenschaftlich) beschäftigen, sich bemühen (um), streben (nach) | |
| superāre | besiegen, überragen übertreffen | |
| surgere | aufstehen, sich erheben; aufrichten | |
| tamen | dennoch, jedoch | |
| terrēre | erschrecken | |

| Latein | Deutsch | Verwandt |
|---|---|---|
| obscūrus, a, um | dunkel, unbekannt | obskur, e. obscure |
| cēterī, ae, a | die übrigen | etc. (et cetera) |
| nauta m | Seemann, Matrose | |
| quiēscere, quiēscō, quiēvī | (aus)ruhen; schlafen | |
| neque ... neque | weder ... noch | |
| ventus | Wind | Ventil, Ventilator |
| mare, maris n (Abl. Sg. –ī; Nom./Akk. Pl. -ia; Gen. Pl. -ium) | Meer | Marine, maritim, f. mer |
| turbāre, turbō | durcheinanderbringen, stören | e. to trouble |
| unda | Welle, Gewässer | f. onde |
| sedēre, sedeō, sēdī | sitzen | e. to sit |
| observāre, observō | beobachten | f. observer |
| in tūtō | in Sicherheit | |
| fīnis, is m (Gen. Pl. -ium) | Grenze, Ende; Ziel, Zweck; Pl. Gebiet | Finale, final |
| dēsīderāre, dēsīderō m. Akk. | sich sehnen nach, vermissen | Desiderat, Désirée, e. to desire |
| celeritās, celeritātis f | Schnelligkeit | Ak-zeleration |
| volāre, volō | fliegen; eilen | Voliere |
| pīrāta m | Pirat, Seeräuber | |
| scelerātus, a, um | verbrecherisch, schädlich; Subst. Verbrecher | |
| trahere, trahō, trāxī | ziehen, schleppen | Traktor |
| captīvus, a, um | gefangen; Subst. (Kriegs-)Gefangener | e. captive |
| quotiēns | wie oft, so oft | Quotient |
| at | aber, jedoch, dagegen | |
| ō nōs miserōs | Ach, wir Armen / Unglücklichen! | |
| Neptūnus | Neptun (Gott des Meeres) | |

## F Verben: Imperfekt (1. Vergangenheit)

|  | Sg. | Pl. |  |
|---|---|---|---|
| 1. Pers. | vocā-ba-m | vocā-bā-mus | ā-Konjugation |
| 2. Pers. | vocā-bā-s | vocā-bā-tis | |
| 3. Pers. | vocā-ba-t | vocā-ba-nt | |
| 1. Pers. | monē-ba-m | usw. | ē-Konjugation |
| 1. Pers. | audi-ēba-m | usw. | ī-Konjugation |
| 1. Pers. | ag-ēba-m | usw. | kons. Konjugation |
|  | faci-ēba-m | usw. | |
| 1. Pers. | er-a-m | usw. | Hilfsverb |

Imperfekt zu posse: pot-eram, pot-erās usw.
Imperfekt zu velle: vol-ēba-m, vol-ēbā-s usw.

Mit Ausnahme der 1. Pers. Sg., die auf **-m** endet (vgl. sum), sind alle Personalendungen gegenüber dem Präsens unverändert.

Tempuszeichen für das Imperfekt ist **-ba-** bzw. **-ēba-** .

*Vollständige Tabellen befinden sich im Tabellarium, S. 202 f.*

## S Verwendung des Imperfekts

Wie im Deutschen und Englischen kommen auch im Lateinischen drei verschiedene **Tempora** (Zeiten) für Handlungen oder Vorgänge in der Vergangenheit vor.
Sie heißen

| lateinisch | deutsch | englisch |
|---|---|---|
| Imperfekt | Präteritum / Imperfekt | Past (Tense) |
| Perfekt | Perfekt | Present Perfect |
| Plusquamperfekt (vgl. 21 S ) | Plusquamperfekt | Past Perfect |

Diese Vergangenheitstempora werden in den drei Sprachen zum Teil unterschiedlich verwendet.

Das **lateinische Imperfekt** bezeichnet vor allem

– Zustände oder den Hintergrund zu einer Handlung in der Vergangenheit:

   Romani in itineribus pericula timebant; itaque Lucius cum Tito amico iter fecit.
   Die Römer fürchteten auf Reisen Gefahren; daher unternahm Lucius zusammen mit seinem Freund Titus die Reise.

– wiederholte Handlungen oder Ereignisse in der Vergangenheit:

   Populus Romanus iterum atque iterum bella gerebat.
   Das römische Volk führte immer wieder Kriege.

## Tempora in erzählenden Texten

Die Verwendung der Tempora in den Hauptsätzen gibt Hinweise für das Verständnis eines Textes.

Das **Präsens** bezeichnet meist gegenwärtige Handlungen oder allgemeingültige Feststellungen. In Erzählungen und Schilderungen wird das Präsens – wie im Deutschen oder Englischen – auch dazu verwendet, ein Geschehen der Vergangenheit (z. B. auf dem Höhepunkt der Handlung) anschaulicher und spannender zu gestalten (vgl. 18 T). Man nennt diese Verwendungsweise **historisches (oder dramatisches) Präsens**.

Das **Imperfekt** bezeichnet vor allem Vorgänge, die die Haupthandlung begleiten oder erläutern; auch Hintergrundinformationen stehen im Imperfekt.

Das **Perfekt** wird verwendet, um die einzelnen Etappen der Haupthandlung zu bezeichnen; es ist im Lateinischen vor allem das Erzähltempus und entspricht damit weitgehend dem Präteritum / Imperfekt im Deutschen (vgl. auch 11 S).

> Beim **französischen Infinitiv** wird das lateinische -are zu -er (Aussprache: ē).
> Viele Verben der lateinischen ī-Konjugation (-ire) enden im Französischen auf -ir.
> Bilde demnach die französischen Infinitive zu portare, narrare, liberare, venire und sentire.
> Welche lateinischen Infinitive stecken in *f. interroger* und in *f. aimer*?

LATEIN LEBT

Wir wollen an dieser Stelle wieder einen Blick in die Werkstatt der lateinischen Sprache werfen. Wie lassen sich eigentlich lateinische Wörter anderen zuordnen? Du hast schon gesehen, dass einzelne Vokabeln in „Wortfamilien" zusammengehören, z. B. **laborare** und **labor**, **clamare** und **clamor** oder **necare** und **nex, necis**.

Nun sollst du einige weitere Regeln lateinischer **Wortbildung** kennenlernen; so kannst du vielleicht auch Wörter, die du noch nicht gelernt oder vergessen hast, von bekannten herleiten und ihre Bedeutung ermitteln.

Hier betrachten wir die **Substantive**: Viele Substantive werden dadurch gebildet, dass **Suffixe** (Nachsilben) an den Wortstamm angefügt werden:

- Substantive, die auf **-ia**, **-tas** oder **-tudo** enden, drücken meist eine Eigenschaft aus. Sie gehören oft zu Adjektiven, wie **potentia** zu **potens** oder **multitudo** zu **multus**.
- Damit kommst du sicher auf die Bedeutung von Substantiven oder Adjektiven, die du noch nicht gelernt hast, z. B. **miseria** (zu miser), **superbia** (zu superbus), **magnitudo** (zu magnus) und umgekehrt **celer** (zu celeritas) oder **gratus** (zu gratia).
- Andere Substantive hängen mit Verben zusammen: Das Suffix **-tor** bezeichnet denjenigen, der etwas tut (z. B. imperator zu imperare), **-ium** oft ein Ergebnis (z. B. gaudium zu gaudere), **-tio** eine Handlung oder ein Ergebnis (z. B. oratio zu orare).
- Was könnten demnach **munitio** (zu munire) oder **orator** (zu orare und oratio) bedeuten?

# W

| adulēscēns | junger Mann | necāre | töten |
| calamitās | Schaden, Unglück | sūmere | nehmen |
| inimīcus | feindlich; Feind | virtūs | Tapferkeit, Tüchtigkeit, |
| manifestus | offenkundig; überführt | | Vortrefflichkeit, Leistung |

| | | |
|---|---|---|
| īre, eō, iī | gehen | |
| celer, celeris, celere | schnell | |
| fortis, e | tapfer, kräftig | *f. fort* |
| adīre, adeō, adiī *m. Akk.* | herantreten (an), bitten | |
| īnstāre, īnstō, īnstitī | bevorstehen, hart zusetzen | *Instanz* |
| omnis, e | ganz, jeder; Pl. alle | *Omnibus, omni-potent* |
| classis, classis *f (Gen. Pl.* -ium*)* | Flotte; Abteilung | *Klasse, e. class, f. classe* |
| perīre, pereō, periī | zugrundegehen, umkommen | |
| periī | ich bin verloren | |
| trānsīre, trānseō, trānsiī | hinübergehen, überschreiten, durchqueren | *Transit, transitiv* |
| inīre, ineō, iniī | hineingehen; beginnen | |
| praeda | Beute | |
| regere, regō, rēxī | lenken, leiten; beherrschen | *regieren, Regent, Rektor* |
| facilis, e | leicht (zu tun) | *e./f. facile* |
| nōbilis, e | adelig, berühmt, vornehm | *nobel, e. noble* |
| fugere, fugiō, fūgī *m. Akk.* | fliehen (vor), meiden | |
| fortūna | Glück, Schicksal | *e./f. fortune* |
| fallere, fallō, fefellī | täuschen, betrügen | |
| grātus, a, um | dankbar, willkommen, beliebt | *gratulieren, e. grateful* |
| probus, a, um | anständig, gut | |
| dēserere, dēserō, dēseruī | verlassen, im Stich lassen | *desertieren, Deserteur, e. desert* |
| cōnsistere, cōnsistō, cōnstitī | haltmachen, sich aufstellen | |
| Fortūna | Fortuna (Göttin des Schicksals, des Glücks und des Unglücks) | |

Einige lateinische Verben - in den modernen Fremdsprachen in gleicher Bedeutung:

| venire | i. venire | s. venir | f. venir | |
| sentire | i. sentire | s. sentir | f. sentir | |
| narrare | i. narrare | s. narrar | f. narrer | |
| perire | i. perire | s. perecer | f. périr | e. to perish |
| desiderare | i. desiderare | s. desear | f. désirer | e. to desire |

LATEIN LEBT

## F

### 1 Adjektive der 3. Deklination (zweiendige und dreiendige)

**a) Zweiendige Adjektive**

Beispiel: **fortis** *(m)* **fortis** *(f)* **forte** *(n)* tapfer

|  | Sg. m/f | n | Pl. m/f | n |
|---|---|---|---|---|
| Nom. | fort-is | fort-e | fort-ēs | fort-ia |
| Gen. | fort-is | | fort-ium | |
| Dat. | fort-ī | | fort-ibus | |
| Akk. | fort-em | fort-e | fort-ēs | fort-ia |
| Abl. | fort-ī | | fort-ibus | |

**b) Dreiendige Adjektive**

Beispiel: **celer** *(m)* **celeris** *(f)* **celere** *(n)* schnell

|  | Sg. m | f | n | Pl. m | f | n |
|---|---|---|---|---|---|---|
| Nom. | celer | celer-is | celer-e | celer-ēs | celer-ēs | celer-ia |
| Gen. | | celer-is | | | celer-ium | |
| Dat. | | celer-ī | | | celer-ibus | |
| Akk. | celer-em | celer-em | celer-e | celer-ēs | celer-ēs | celer-ia |
| Abl. | | celer-ī | | | celer-ibus | |

### 2 Verben: ire

**a) Infinitiv Präsens:** ī-re gehen

**b) Tempusformen**

|  | Präsens Sg. | Pl. | Imperfekt Sg. | | Perfekt Sg. | Pl. |
|---|---|---|---|---|---|---|
| 1. Pers. | e-ō | ī-mus | ī-ba-m | usw. | i-ī | i-imus |
| 2. Pers. | ī-s | ī-tis | | | īstī | īstis |
| 3. Pers. | i-t | e-u-nt | | | i-it | i-ērunt |

**c) Imperativ**  ī geh!   ī-te geht!

Der Präsensstamm besteht allein aus dem Vokal i-, der vor dunklen Vokalen zu e- wird. Ansonsten sind die Formen regelmäßig.
Der Perfektstamm, der ebenfalls i- lautet, wird manchmal mit dem folgenden -i- der Endung verschmolzen. Der Infinitiv Perfekt lautet īsse.

## W

| | | | |
|---|---|---|---|
| gerere | ausführen, führen, tragen | capere | nehmen, fassen, erobern |
| vestis | Kleidung, Kleid | cōnsilium | Beratung, Beschluss, Plan, Rat |
| accēdere | herbeikommen, hinzukommen | properāre | eilen, sich beeilen |
| mittere | (los)lassen, schicken, werfen | iubēre | anordnen, befehlen |

| | | |
|---|---|---|
| dōnāre, dōnō | schenken | |
| tam | so | |
| sē gerere | sich verhalten | |
| fātum | Schicksal, Götterspruch | fatal, e. fate |
| posterī, posterōrum *Pl.* | die Nachkommen | e. posterity |
| pius, a, um | fromm, gerecht, pflichtbewusst | Pietät, Pius, Pia |
| regiō, regiōnis *f* | Gebiet, Gegend, Richtung | Region, regional, e. region |
| lītus, lītoris *n* | Küste, Strand | Lido |
| iubēre, iubeō, iussī *(m. Akk.)* | anordnen, befehlen | |
| crūdēlis, e | grausam | e./f. cruel |
| dolus | List, Täuschung | |
| trīstis, e | traurig, unfreundlich | trist, f. triste |
| nimis *Adv.* | (all)zu, (all)zu sehr | |
| crēdere, crēdō, crēdidī | anvertrauen, glauben | |
| prōmittere, prōmittō, prōmīsī | versprechen | e. to promise, f. promettre |
| sponte meā (tuā, suā) | freiwillig, aus eigener Kraft, von selbst | spontan, e. spontaneous |
| dēsinere, dēsinō, dēsiī | aufhören | |

| | |
|---|---|
| Aenēās, Aenēae *m* | Äneas (trojanischer Held, Stammvater der Römer) |
| Anchīsēs, Anchīsae *m* | Anchises (Vater des Äneas) |
| Ascanius | Askanius (Sohn des Äneas) |
| Mercurius | Merkur (Götterbote) |
| Pūnicus, a, um | phönizisch, punisch |
| Dīdō, Dīdōnis *f* | Dido (karthagische Königin) |
| Carthāgō, Carthāginis *f* | Karthago (Stadt in Nordafrika, in der Nähe des heutigen Tunis) |
| Trōia | Troja (Stadt in Kleinasien; wurde im Trojanischen Krieg von den Griechen erobert) |

### WORTFAMILIEN

| | | |
|---|---|---|
| **don**-are | **celer** | **fac**-ilis |
| **don**-um | **celer**-itas | **fac**-ere |
| **imper**-are | vincere, vinco, **vic**-i | potens, **potent**-is |
| **imper**-ator | **vic**-tor | **potent**-ia |
| **imper**-ium | **vic**-tor-ia | |

## F  Verben: Plusquamperfekt (3. Vergangenheit)

|  | Sg. |  |
|---|---|---|
| 1. Pers. | vocā-v-era-m | ich hatte gerufen |
|  | mon-u-era-m | ich hatte ermahnt |
|  | mān-s-era-m | ich war geblieben |
|  | dēfend-era-m | ich hatte verteidigt |
|  | cucurr-era-m | ich war gelaufen |
|  | vēn-era-m | ich war gekommen |
|  | fu-era-m | ich war gewesen |

Die Formen des Plusquamperfekts bestehen bei allen Verben aus dem Perfektstamm, dem Kennzeichen **-era-** und den Imperfekt-Endungen.

*Vollständige Tabellen befinden sich im Tabellarium, S. 202 ff.*

## S  Verwendung des Plusquamperfekts

Servus fures viderat. Itaque ad dominum cucurrit.
Der Sklave hatte die Diebe gesehen. Deshalb lief er zu seinem Herrn.

Servus ad dominum cucurrit, quia fures viderat.
Der Sklave lief zu seinem Herrn, weil er die Diebe gesehen hatte.

Das Plusquamperfekt wird im Lateinischen ebenso verwendet wie das Plusquamperfekt im Deutschen und das Past Perfect im Englischen: Es bezeichnet einen Vorgang der Vergangenheit, der zeitlich vor einem anderen – ebenfalls vergangenen – Vorgang liegt (Vorvergangenheit).

**TIPP!** Das Tempus lateinischer Verbformen kann auch ein **Zeitverhältnis** ausdrücken: Ein Geschehen kann gleichzeitig oder vorzeitig zu einem anderen Geschehen stattfinden. Die folgenden Beispiele verdeutlichen dir die Zeitverhältnisse:

### 1  Gleichzeitigkeit

Servus *videt (vidit)* furem, qui aedes *intrat (intravit)*.
Der Sklave *sieht (sah)* einen Dieb, der das Haus *betritt (betrat)*.

Das Geschehen des Hauptsatzes findet zur gleichen Zeit statt wie das des Relativsatzes.
Es steht jeweils das gleiche Tempus.

### 2  Vorzeitigkeit

Servus ad dominum *currit*, quia furem *vidit*.
Der Sklave *läuft* zum Herrn, weil er einen Dieb *gesehen hat*.

Servus ad dominum *cucurrit*, quia furem *viderat*.
Der Sklave *lief* zum Herrn, weil er einen Dieb *gesehen hatte*.

Das Geschehen des Gliedsatzes findet vor dem des Hauptsatzes statt.
Vorzeitig zu einem Präsens (**currit**) ist das Perfekt (**vidit**),
vorzeitig zu einer Vergangenheit (**cucurrit**) ist das Plusquamperfekt (**viderat**).

| aspicere | erblicken | | virtūs | Tapferkeit, Tüchtigkeit, |
| ostendere | zeigen, darlegen | | | Vortrefflichkeit, Leistung; |
| capere | fassen, nehmen; erobern | | | *Pl.* gute Eigenschaften, Verdienste |
| nōbilis | adelig, berühmt, vornehm | | pāx | Frieden |
| vincere | (be)siegen, übertreffen | | | |

| | | |
|---|---|---|
| aedificāre, aedificō | bauen | *f. édifier* |
| glōria | Ehre, Ruhm | *glorifizieren, e. glory, f. gloire* |
| augēre, augeō, auxī | vermehren, vergrößern | *Auktion* |
| condere, condō, condidī | erbauen, gründen | |
| orbis, orbis *m (Gen. Pl.* -ium) | Kreis(lauf); Erdkreis, Welt | *Orbit, e. orbit* |
| parcere, parcō, pepercī *m. Dat.* | schonen, sparen | |
| | | |
| (Imperātor Caesar dīvī fīlius) Augustus | Kaiser Augustus (herrschte 31 v. – 14 n. Chr. als erster röm. Kaiser) | |
| Lāvīnia | Lavinia (zweite Frau des Äneas) | |

## 1 Verben: Futur I

| | Sg. | Pl. | |
|---|---|---|---|
| 1. Pers. | vocā-b-ō | vocā-bi-mus | ā-Konjugation |
| 2. Pers. | vocā-bi-s | vocā-bi-tis | |
| 3. Pers. | vocā-bi-t | vocā-bu-nt | |
| 1. Pers. | monē-b-ō | usw. | ē-Konjugation |

Das Tempuszeichen für das Futur I der ā- und ē-Konjugation ist **-b-** bzw. **-bi-** oder **-bu-** .
Die Formen von ire lauten: **ibo, ibis** usw.

| | Sg. | Pl. | |
|---|---|---|---|
| 1. Pers. | audi-a-m | audi-ē-mus | ī-Konjugation |
| 2. Pers. | audi-ē-s | audi-ē-tis | |
| 3. Pers. | audi-e-t | audi-e-nt | |
| 1. Pers. | ag-a-m | | kons. Konjugation |
| 2. Pers. | ag-ē-s | usw. | |
| 1. Pers. | capi-a-m | | |
| 2. Pers. | capi-ē-s | usw. | |

Das Tempuszeichen für das Futur I der ī- und der konsonantischen Konjugation ist **-e-** .
Eine Ausnahme bildet die 1. Pers. Sg., die auf **-a-m** endet.
Die Formen von velle lauten: **volam, voles, volet** usw.

|  | Sg. | Pl. |  |
|---|---|---|---|
| 1. Pers. | er-ō | er-i-mus | Hilfsverb |
| 2. Pers. | er-i-s | er-i-tis |  |
| 3. Pers. | er-i-t | er-u-nt |  |

*Vollständige Tabellen befinden sich im Tabellarium, S. 202 ff.*

### 2 Verben: Futur II

vocāverō   (ich werde gerufen haben)

|  | Sg. | Pl. |
|---|---|---|
| 1. Pers. | vocā-v-erō | vocā-v-erimus |
| 2. Pers. | vocā-v-eris | vocā-v-eritis |
| 3. Pers. | vocā-v-erit | vocā-v-erint |

Die Endungen des Futur II werden an den Perfektstamm angefügt. Sie sind bei allen Konjugationsklassen gleich.

### S Verwendung des Futurs

a) Das Futur I hat im Lateinischen die gleiche Funktion wie im Deutschen oder Englischen. Es bezeichnet ein Geschehen, das aus der Sicht des Sprechers in der Zukunft eintreten oder fortdauern wird.

   Postea patrem videbo.
   Nachher werde ich meinen Vater sehen. (Nachher sehe ich meinen Vater.)
   *Afterwards I will see my father.*

Während das Futur I im Lateinischen und im Englischen zur Bezeichnung künftiger Handlungen immer verwendet wird, kann im Deutschen zusammen mit entsprechenden Zeitangaben (z. B. nachher, morgen) auch das Präsens auftreten.

b) Das Futur II tritt selten auf. Es drückt in Gliedsätzen die Vorzeitigkeit zu einem Futur I aus. Im Deutschen wird es meist mit Präsens oder Perfekt wiedergegeben.

   Si donum mihi dederis, gratias tibi agam.
   Wenn du mir ein Geschenk gibst, werde ich dir danken.

## Verben nach Konjugationen

### Präsensstamm

|  | ā-Konjugation | | ē-Konjugation | | ī-Konjugation | |
|---|---|---|---|---|---|---|
| **Infinitiv** | | | | | | |
|  | vocā-re | | monē-re | | audī-re | |
| **Präsens** | Sg. | Pl. | Sg. | Pl. | Sg. | Pl. |
| 1. Pers. | vocō | vocā-mus | mone-ō | monē-mus | audi-ō | audī-mus |
| 2. Pers. | vocā-s | vocā-tis | monē-s | monē-tis | audī-s | audī-tis |
| 3. Pers. | voca-t | voca-nt | mone-t | mone-nt | audi-t | audi-u-nt |
| **Imperfekt** | | | | | | |
| 1. Pers. | vocā-ba-m | vocā-bā-mus | monē-ba-m | monē-bā-mus | audi-ēba-m | audi-ēbā-mus |
| 2. Pers. | vocā-bā-s | vocā-bā-tis | monē-bā-s | monē-bā-tis | audi-ēbā-s | audi-ēbā-tis |
| 3. Pers. | vocā-ba-t | vocā-ba-nt | monē-ba-t | monē-ba-nt | audi-ēba-t | audi-ēba-nt |
| **Futur I** | | | | | | |
| 1. Pers. | vocā-b-ō | vocā-bi-mus | monē-b-ō | monē-bi-mus | audi-a-m | audi-ē-mus |
| 2. Pers. | vocā-bi-s | vocā-bi-tis | monē-bi-s | monē-bi-tis | audi-ē-s | audi-ē-tis |
| 3. Pers. | vocā-bi-t | vocā-bu-nt | monē-bi-t | monē-bu-nt | audi-e-t | audi-e-nt |
| **Imperativ** | | | | | | |
|  | vocā | vocā-te | monē | monē-te | audī | audī-te |

### Perfektstamm

| **Infinitiv** | | |
|---|---|---|
|  | vocāv-isse | |
| **Perfekt** | Sg. | Pl. |
| 1. Pers. | vocāv-ī | vocāv-imus |
| 2. Pers. | vocāv-istī | vocāv-istis |
| 3. Pers. | vocāv-it | vocāv-ērunt |
| **Plusquamperfekt** | | |
| 1. Pers. | vocāv-eram | vocāv-erāmus |
| 2. Pers. | vocāv-erās | vocāv-erātis |
| 3. Pers. | vocāv-erat | vocāv-erant |

**Arten der Perfektbildung:**

| | |
|---|---|
| -v- | vocāre |
| -u- | tacēre |
| -s- | manēre |
|  | dūcere |
| Reduplikation | currere |
| Dehnung | vidēre |
| ohne Stammveränderung | dēfendere |

## Übersicht: Verben (Tempora im Aktiv)

| konsonantische Konjugation | | | | Hilfsverb | |
|---|---|---|---|---|---|
| **ag-ĕ-re** | | **capĕ-re** | | **esse** | |
| Sg. | Pl. | Sg. | Pl. | Sg. | Pl. |
| ag-ō | ag-i-mus | capi-ō | capi-mus | s-u-m | s-u-mus |
| ag-i-s | ag-i-tis | capi-s | capi-tis | es | es-tis |
| ag-i-t | ag-u-nt | capi-t | capi-u-nt | es-t | s-u-nt |
| | | | | | |
| ag-ēba-m | ag-ēbā-mus | capi-ēba-m | capi-ēbā-mus | er-a-m | er-ā-mus |
| ag-ēbā-s | ag-ēbā-tis | capi-ēbā-s | capi-ēbā-tis | er-ā-s | er-ā-tis |
| ag-ēba-t | ag-ēba-nt | capi-ēba-t | capi-ēba-nt | er-a-t | er-a-nt |
| | | | | | |
| ag-a-m | ag-ē-mus | capi-a-m | capi-ē-mus | er-ō | er-i-mus |
| ag-ē-s | ag-ē-tis | capi-ē-s | capi-ē-tis | er-i-s | er-i-tis |
| ag-e-t | ag-e-nt | capi-e-t | capi-e-nt | er-i-t | er-u-nt |
| | | | | | |
| ag-e | ag-i-te | cape | capi-te | es | es-te |

| | | | |
|---|---|---|---|
| vocō | vocāvī | | |
| taceō | tacuī | | |
| maneō | mānsī | | |
| dūcō | dūxī | | |
| currō | cucurrī | | |
| videō | vīdī | | |
| dēfendō | dēfendī | | |

| **fu-isse** | |
|---|---|
| Sg. | Pl. |
| fu-ī | fu-imus |
| fu-istī | fu-istis |
| fu-it | fu-ērunt |
| | |
| fu-eram | fu-erāmus |
| fu-erās | fu-erātis |
| fu-erat | fu-erant |

# Grammatisches Register

**Ablativ** (6. Fall) 134
als Adverbiale 134
des Grundes 136
der Zeit 166

**Adjektive** (Eigenschaftswörter)
als Attribut 157
als Prädikatsnomen 157
der a-/o-Deklination 156
der 3. Deklination
    einendige 168
    zweiendige 179
    dreiendige 179

**Adverbiale** (Umstandsbestimmung)
Ablativ als A. 134
Akkusativ als A. 169
Gliedsätze als A. 169
Präpositionalausdruck als A. 132

**Adverbien** 132

**Akkusativ** (4. Fall) 132
als Objekt 132

**Akkusativ mit Infinitiv** 171
AcI als satzwertige Konstruktion 171
Pronomina im AcI 174

**Aktiv** s. Verben – Aktiv

**Attribut** (Beifügung)
Adjektiv als A. 157
Genitiv als A. 143
Relativsatz als A. 162

**Dativ** (3. Fall)
als Objekt 147
des Besitzers 147

**Deklination** (Beugung des Substantivs) 126

**Deklinationsklassen** 126
a-/o-Dekl.
    Substantive 127, 139
    Adjektive 156
3. Dekl.
    Substantive 127, 145
    Genera 151

**Genera** (grammatische Geschlechter) 127
grammatisches Geschlecht 127
natürliches Geschlecht 151

3. Deklination 151

**Genitiv** (2. Fall) 143
als Attribut 143
der Zugehörigkeit 143

**Gliedsätze** s. auch Adverbiale 169

**Imperativ** (Befehlsform) 139

**Indikativ** (Wirklichkeitsform) 127

**Infinitiv** (Grundform)
Infinitiv Präsens Aktiv 127
Infinitiv Perfekt Aktiv 171

**Kasus** (Fälle)
Ablativ 134
Akkusativ 132
Dativ 147
Genitiv 143
Nominativ 126
Vokativ 139

**Kausalsätze** (Gliedsätze, die
einen Grund angeben) 169

**Kompositum** (zusammengesetztes Verb) 163

**Konditionalsätze** (Bedingungssätze) 169

**Kongruenz** (Übereinstimmung) 129
KNG-Kongruenz 156
NG-Kongruenz 162

**Konjugation** (Beugung des Verbs) 127

**Konjugationsklassen** 127, 151
a-/e-Konjug. 127
i-Konjug. 145
kons. Konjug. 129
kons. Konjug. (i-Erweiterung) 151

**Konjunktion** (beiordnendes Bindewort) 174

**Konnektoren** (Bindewörter) 174

**Konzessivsätze** (Gliedsätze, die
einen Gegengrund angeben) 169

**Nominativ** (1. Fall) 126, 128

**Numerus** (Singular-Plural) 126, 127

**Objekt** (Satzergänzung) 132, 147

**Perfektbildung**

# Grammatisches Register

| | |
|---|---|
| u-Perfekt | 154 |
| v-Perfekt | 154 |
| s-Perfekt | 160 |
| Dehnungsperfekt | 160 |
| Reduplikationsperfekt | 165 |
| ohne Stammveränderung | 165 |
| Perfektstamm | 154 |

**Plural** (Mehrzahl)    126, 128, 129

**Prädikat** (Satzaussage)    129

**Prädikatsnomen**
| | |
|---|---|
| Substantiv als P. | 130 |
| Adjektiv als P. | 157 |

**Präfix** (Vorsilbe)    163

**Präposition** (Verhältniswort)    132, 134, 137
| | |
|---|---|
| Präpositionalausdruck als Adverbiale | 132 |
| Verwendung der Präpositionen | 134, 137 |

**Pronomina** (Fürwörter)    130
| | |
|---|---|
| is | 166 |
| suus | 166 |
| Personalpronomen (Persönliches Fürwort) | 160, 166 |
| Reflexivpronomen (Rückbezügl. Fürwort) | 174 |
| Relativpronomen (Bezügliches Fürwort) | 162 |
| im AcI | 174 |

**Relativer Satzanschluss**    163

**Relativsatz als Attribut**    162

**Satzgefüge**    169

**Satzwertige Konstruktion**
| | |
|---|---|
| AcI | 171 f. |

**Singular** (Einzahl)    126

**Sinnrichtung**    169

**Subjekt** (Satzgegenstand)    129
| | |
|---|---|
| Subjekt im Prädikat | 130 |

**Subjunktion** (unterordnendes Bindewort)    169

**Substantiv** (Hauptwort)    126
| | |
|---|---|
| Substantiv als Prädikatsnomen | 130 |

**Suffix** (Nachsilbe)    177

**Tempora** (Zeiten)
| | |
|---|---|
| Präsens (Gegenwart) | 127 |
| Imperfekt (1. Vergangenheit) | 176 |
| Perfekt (2. Vergangenheit) | 154 |
| Plusquamperfekt (3. Vergangenheit) | 181 |
| Futur I (Zukunft) | 182, 183 |
| Futur II | 183 |
| historisches (dramatisches) Präsens | 177 |
| in erzählenden Texten | 177 |

**Temporalsätze** (Gliedsätze, die eine Zeitbestimmung angeben)    169

**Verb** (Zeitwort)    127
| | |
|---|---|
| Hilfsverb (esse) | 127 |
| transitive/intransitive Verben | 132 |

**Verben – Aktiv**
| | |
|---|---|
| a-/e-/kons. Konjugation | 127, 129, 136 |
| ī-Konjugation | 145 |
| kons. Konjugation (i-Erweiterung) | 151 |
| andere Verben | |
|     esse, posse | 127, 154 |
|     ire | 179 |
|     velle, nolle | 143 |

**Vokativ** (5. Fall)    139

**Wortbildung**    163, 177

**Wortstamm**    127, 143
| | |
|---|---|
| Substantive der 3. Dekl. | 143, 145 |

**Zeitverhältnisse**
| | |
|---|---|
| Gleichzeitigkeit | 171 |
| Vorzeitigkeit | 171 |

# Eigennamenverzeichnis

| | |
|---|---|
| Acca 11 | Acca (Pflegemutter von Romulus und Remus) |
| Aegyptus, Aegyptī f 16 | Ägypten |
| Aenēās, Aenēae m 21 | Äneas (trojanischer Held, Stammvater der Römer) |
| Āfrica 14 | Afrika |
| Alpēs, Alpium f 13 | die Alpen |
| Anchīsēs, Anchīsae m 21 | Anchises (Vater des Äneas) |
| Aquīliī, Aquīliōrum 8 | (Mitglieder der Familie der) Aquilier |
| Ascanius 21 | Askanius (Sohn des Äneas) |
| Athēnae, Athēnārum 18 | Athen (bedeutende Stadt in Griechenland) |
| (Imperātor Caesar dīvī fīlius) Augustus 22 | Kaiser Augustus (herrschte 31 v.–14. n. Chr. als erster röm. Kaiser) |
| basilica Iūlia 3 | Basilika Julia (Halle, die von der Familie der Julier errichtet wurde) |
| L. Iūnius Brūtus 12 | Lucius Iunius Brutus (Verschwörer gegen Tarquinius) |
| (C. Iūlius) Caesar, Caesaris 16 | Gaius Iulius Cäsar (Eroberer Galliens) |
| Capitōlium 8 | Kapitol (einer der sieben Hügel Roms) |
| Capua 18 | Capua (Stadt im westlichen Mittelitalien) |
| Carthāgō, Carthāginis f 21 | Karthago (Stadt in Nordafrika, in der Nähe des heutigen Tunis) |
| Catilīna m 15 | Catilina (Anführer der Verschwörung) |
| (M. Tullius) Cicerō, Cicerōnis 15 | Marcus Tullius Cicero (Konsul 63 v. Chr.) |
| Cleopatra 16 | Kleopatra (Königin Ägyptens) |
| deī Capitōlīnī 10 | die kapitolinischen Götter (Jupiter, Juno, Minerva) |
| Dīdō, Dīdōnis f 21 | Dido (karthagische Königin) |
| Faustulus 11 | Faustulus (Hirte, der Romulus und Remus rettete) |
| Fortūna 20 | Fortuna (Göttin des Schicksals, des Glücks und des Unglücks) |
| Gallia 16 | Gallien |
| gēns Aquīlia 8 | die (adlige) Familie der Aquilier |
| Graecia 9 | Griechenland |
| Hannibal, Hannibalis 13 | Hannibal (Feldherr der Punier) |
| Italia 13 | Italien |
| Iūnō, Iūnōnis f 8 | Juno (Gemahlin Jupiters) |
| Iuppiter, Iovis 8 | Jupiter (höchster Gott der Römer) |
| Larēs, Larum 8 | Laren (Gottheiten, die Haus und Familie beschützten) |
| Lāvīnia 22 | Lavinia (zweite Frau des Äneas) |
| Mercurius 21 | Merkur (Götterbote) |
| Minerva 10 | Minerva (Schutzgöttin Roms) |
| mōns Ēsquilīnus 8 | Esquilin (einer der sieben Hügel Roms) |
| Neptūnus 19 | Neptun (Gott des Meeres) |
| Nīlus 16 | Nil |
| Ovidius 10 | Ovid (römischer Dichter) |
| Palātium (mōns Palātīnus) 11 | Palatin (einer der Hügel Roms) |
| Poenī, Poenōrum 14 | die Punier |
| (Cn.) Pompēius (Magnus) 16 | Gnaeus Pompeius Magnus (Hauptgegner Cäsars im Bürgerkrieg) |
| Pūnicus, a, um 21 | phönizisch, punisch |
| Rēa Silvia 22 | Rea Silvia (Vestalin, Mutter von Romulus und Remus) |
| Rōma 11 | Rom |
| Rōmānī, Rōmānōrum 12 | die Römer |
| Rōmānus 10 | Römer |
| Rōmānus, a, um 12 | römisch |
| Rutīlius 3 | Rutilius (männlicher Eigenname) |
| (P. Cornēlius) Scīpiō (Āfricānus), Scīpiōnis 14 | Publius Cornelius Scipio (Sieger über Hannibal) |
| Syrus 2 | Syrus (männlicher Eigenname) |
| Tarquinius Superbus 12 | Tarquinius Superbus (letzter König Roms) |
| Tiberis, Tiberis m (Akk. Tiberim) 11 | Tiber (Fluss durch Rom) |
| Tīrō, Tīrōnis 15 | Tiro (Sekretär Ciceros) |
| Trōia 21 | Troja (Stadt in Kleinasien; wurde im Trojanischen Krieg von den Griechen erobert) |

## Deutsch-lateinisches Wörterverzeichnis

aber  sed 2; autem 3
abschließen  claudere 15
Acca  Acca
alle  cūnctī 13
alter Mann  senex 4
an  ad *m. Akk.* 3
an, denken  cōgitāre dē *m. Abl.* 4
Androklus  Androclus
angreifen  petere 11
Antonia  Antōnia
antworten  respondēre 5, 15
Aquilius  Aquīlius
arbeiten  labōrāre 6
arm  miser 12
Atia  Atia
Athenodorus  Athēnodōrus
auch  et 1, etiam 2
auf *(wo?)*  in *m. Abl.* 4
auf *(wohin?)*  in *m. Akk.* 3
Aufgabe  mūnus 9
aufstehen  surgere 2, 15
aufsuchen  petere 3, 11
Auge  oculus 7
Aulus  Aulus
aus  ē/ex *m. Abl.* 5

Badeanlage  thermae *Pl.* 4
Basilika  basilica 1
beeilen, sich  properāre 1
befehlen  iubēre 6
befreien  līberāre 12
Begleiter(in)  comes 10
bei(m)  ad *m. Akk.* 3
beklagen  flēre 11
bemerken  animadvertere 15
bemühen, sich  studēre 14
bereiten  parāre 6
berühren  attingere 7, 15
berühmt  clārus 14
Beschluss  cōnsilium 7
besetzen  occupāre 12
besiegen  vincere 13; superāre 14
besuchen  convenīre 9, 13
betrachten  spectāre 3
betreten  intrāre 3
bezeichnen als  vocāre *m. dopp. Akk.* 13,
    appellāre *m. dopp. Akk.* 14
bleiben  remanēre 7, 14
Bote  nūntius 5
bringen  portāre 6

Bruder  frāter 11
Bub  puer 6
Buch  liber, librī 10

Cornelia  Cornēlia
Cynthia  Cynthia

da sein  adesse 1, 17
dann  tum 1
Dank  grātia 9
danken  grātiās agere 9
darauf  tum 1
Davus  Dāvus
dein  tuus 13
Delia  Dēlia
denken an  cōgitāre dē *m. Abl.* 4
denn  nam 1
dennoch  tamen 4
der (die, das)  quī (quae, quod) 14
deshalb  itaque 3
dessen  cuius (quī, quae, quod) 14
dessen  eius (is, ea, id) 15
dich  tē *Akk.* 4
Dieb  fūr 4
dieser (diese, dieses)  is (ea, id) 15
dieser (diese, dieses) *rel. Satzanschluss*
    quī (quae, quod) 14
Diodorus  Diodōrus
dort  ibī 1
du  tū 6
durch  per *m. Akk.* 3
Ehefrau  uxor 4
Ehemann  marītus 11
eilen  properāre 1, currere 2, 15,
    contendere 3, 15
ein(er)  ūnus 13
Eltern  parentēs *Pl.* 8
endlich  tandem 2
er (sie, es)  is (ea, id) 15
erbauen  condere 22
erblicken  aspicere 10, 13
Erdkreis  orbis 22
erfreuen  dēlectāre 4
erfüllen  complēre 4, 11
erheben (Geschrei)  tollere 3
erheben, sich  surgere 2, 15
erkennen  cognōscere 12
erlaubt, es ist  licet 5
ermahnen  monēre 15
erobern  capere 10, 13

## Deutsch-lateinisches Wörterverzeichnis

erwarten  exspectāre  2
erzählen  narrāre  9
Essen  cēna  6
euch  vōbīs *Dat.*  9

Falle  īnsidiae *Pl.*  15
fassen  capere  10, 13
Faustulus  Faustulus
Feind (Landesfeind)  hostis  11
Feind  inimīcus  16
Feldherr  imperātor  10
finden  reperīre  17
fliehen  fugere  20
Forum  forum  1
Forum Romanum  forum Rōmānum
fragen  rogāre  1
Frau  mulier  3
Freude  gaudium  8
freuen, sich (über etwas)  gaudēre
   *(m. Abl.)*  1, 5
Freund  amīcus  2
Freundin  amīca  3
führen  dūcere  8, 13
führen, hinein  indūcere  9, 17

Gajus  Gāius
ganz  tōtus  12
Gast  hospes  9
Gasthaus  taberna  3
Gastmahl  convīvium  7
Gebäude  aedificium  3
geben  dare  2, 15; praebēre  9
Gefährte  comes  10
Gefahr  perīculum  5
gefallen  placēre  6
gehorchen  pārēre  9
Geschenk  dōnum  4; mūnus  9
Geschrei  clāmor  3
gewaltig  ingēns  16
gewiss  certē  4
glauben  crēdere  11
Göttin  dea  8
Gott  deus  5
groß  magnus  12
große Zahl  multitūdō  10
großziehen  alere  11
gut  bonus  12
gut  bene *Adv.*  6

haben  habēre  9
Händler  mercātor  3

halten (Rede)  habēre  9
haltmachen  cōnsistere  5, 20
hart zusetzen  īnstāre  20
Haus  aedēs *Pl.*  6
Hause, nach  domum  8
Heereszug  agmen  8
Heimat  patria  5
helfen  adesse *(m. Dat.)*  6, 17
herbeikommen  accēdere  2, 13
Herrin  domina  6
herrschen (über)  imperāre  15
heute  hodiē  2
hier  hīc  1
Hilfe  auxilium  7
hineinführen  indūcere  9, 17
hoch (hohe)  altus  13
höchste  summus  15
hören  audīre  8
hohe  altus  13

ihr  suus  13
immer  semper  4
immer wieder  iterum atque iterum  18
in (wohin?)  in *m. Akk.*  3
in/im (wo?)  in *m. Abl.*  4
irren  errāre  14

Jahr  annus  16
jetzt  nunc  2
Junge  puer  6

kaufen  emere  6
Kaufmann  mercātor  3
kennen, nicht  īgnōrāre  12;
   nescīre  14
Kleid  vestis  4
kommen  venīre  8, 13
kommen zu/nach  pervenīre ad/in
   *m. Akk.* 8, 13
kommen, herbei/hinzu  accēdere  2, 13
König  rēx  12
Königreich  rēgnum  16
können  posse  11
Körper  corpus  16
Konsul  cōnsul  5
Kopf  caput  17
Kurie  cūria  1
kurz darauf  paulō post  6

L. Sextus  L. Sextus
lachen  rīdēre  1, 13

## Deutsch-lateinisches Wörterverzeichnis

Laden  taberna  3
lange (Zeit)  diū  2
laufen  currere  2, 15
laut (Stimme)  magnus  12
laut rufen  clāmāre  1
leben  vīvere  5
Legion  legiō  13
lesen  legere  10
lieben  amāre  4
Lied  carmen  10
List  dolus  21
loben  laudāre  4
Los  sors  12
Lucius  Lūcius

M. Aquilius  M. Aquīlius
machen  facere  10, 13
Mädchen  puella  6; virgō  18
Mann  vir  11
Mann, alter  senex  4
Marktplatz  forum  1
Meer  mare  19
meiden  vītāre  15
mein  meus  13
melden  nūntiāre  5
Melissa  Melissa
Menaechmus  Menaechmus
Menge  cōpia  7
Mensch  homō  10
Menschenmenge  turba  1
mir  mihi  *Dat.*  11
mit  cum  *m. Abl.*  4
mit mir  mēcum  *(vgl. Grammatik 13)*
müssen  dēbēre  5
Mut  animus  18
Mut, sinken lassen  animō dēficere  18

nach  post  *m. Akk.*  6
nach *(wohin?)* kommen zu / nach  in *m. Akk.*  3,
    pervenīre ad / in *m. Akk.*  8, 13
nach Hause  domum  8
Nacht (in der Nacht)  nox (nocte)  15
Nacht, in tiefer  multā nocte  15
Nahrung  cibus  9
nehmen  capere  10, 13
neu  novus  16
nicht  nōn  3
nicht kennen  īgnōrāre  12, nescīre  14
nicht mehr  nōn iam  3
nicht wollen  nōlle  7, 11; nōn cupere  10, 11
nie(mals)  numquam  4

niemand  nēmō  17
nun  nunc  2

öffnen  aperīre  13
offenstehen  patēre  2
ohne  sine  *m. Abl.*  5

Philippus  Philippus
Pferd  equus  2
Plan  cōnsilium  7
plötzlich  subitō  1; repente  5
Publius  Pūblius

Quintus  Quīntus

Rabirius  Rabīrius
Rede  ōrātiō  9
Reise  iter  9
retten  servāre  10
richten auf  convertere in *m. Akk.*  7
rufen (jmd.)  vocāre  6
rufen, laut  clāmāre  1

sagen  dīcere  7, 13
schau, schaut!  ecce  2
schicken  mittere  6, 15
Schiff  nāvis  16
Schlaf  somnus  15
schließlich  dēnique  2
schmücken  ōrnāre  6
schön  pulcher  16
schon  iam  3
schreien  clāmāre  1
schützen  dēfendere  5, 15
schulden  dēbēre  5
Schulter  umerus  18
schweigen  tacēre  2
Schwester  soror  8
sehen  vidēre  3, 13
sei gegrüßt!  salvē!  1
sein  esse  1, 11
sein  suus  13
Senator  senātor  1
Sextus  Sextus
sich  sē  *Akk.*  11
sich  sibi  *Dat.*  16
sich beeilen  properāre  1
sich bemühen  studēre  14
sich erheben  surgere  2, 15
sich freuen (über etwas)  gaudēre *(m. Abl.)*  1, 5
sicher (vor)  tūtus (ā / ab *m. Abl.*)  12

Sieg victōria 5
siegen vincere 13
Sieger victor 2
sind, sie sunt 2
sinken lassen, Mut animō dēficere 18
Sitticus Sitticus
sitzen sedēre 19
Sklave servus 1
Sklavin serva 6
so ita 12
sobald ubi *Subj. m. Ind.* 11
sofort statim 3; prōtinus 17
Sohn fīlius 7
Soldat mīles 13
sondern sed 2
später posteā 9
Speise cibus 9
Spiel lūdus 2
Stadt urbs 10; oppidum 13
stehen stāre 1, 15
stehen, offen patēre 2
Stimme vōx 8
Stirn frōns I
Straße via 8

täuschen fallere 20
tapfer fortis 20
Tapferkeit virtūs 14
Tempel templum 1
Thermen thermae *Pl.* 4
tief altus 13
tiefer, in Nacht multā nocte 15
Tier bēstia 3
Tisch mēnsa 6
Tod nex 11; mors 12
Tor porta 2
trinken bibere 9
Truppen cōpiae *Pl.* 16

über dē *m. Abl.* 4
überheblich superbus 12
übertreffen superāre 14
Ufer rīpa 11
und et 1, -que 7; atque 9
uns nōbīs *Dat.* 13
unser noster 13

Vater pater 7
Verbrechen scelus 12; crīmen 14
verehren colere 5
vergeblich frūstrā 11

vergleichen compōnere 7, 11
verkaufen vendere 3
verlassen relinquere 3, 13
vermeiden vītāre 15
versammeln convocāre 15
vertreiben expellere 12, 15
Verwandter propinquus 8
Vesta Vesta
viel multus 12
viele multī 12
Volk populus 2
von dē *m. Abl.* 4, ā/ab *m. Abl.* 11
vor ante *m. Akk.* 3
vorbereiten parāre 6

während dum *Subj.* 16
Waffen arma *Pl.* 5
warten exspectāre 2
warum? cūr? 3
was? quid? 3
Wasser aqua 9
wecken excitāre 15
Weg iter 9
wegen propter *m. Akk.* 12
Wein vīnum 4
weil quod *Subj. m. Ind.* 5
wenige paucī 15
wer? quis? 3
will, er (sie, es) vult 4
wissen scīre 10
wo? ubī? 1
wollen (nicht wollen) velle (nōlle) 7, 11,
    cupere (nōn cupere) 10, 11
Wort verbum 7
wünschen cupere 10, 11

Zahl, große multitūdō 10
Zeichen sīgnum 2
zeigen ostendere 6, 15
Zeit, lange diū 2
zögern dubitāre 5
Zorn īra 11
zu ad *m. Akk.* 3
zurücklassen relinquere 3, 13
zusetzen, hart īnstāre 20

# Lateinisch-deutsches Wörterverzeichnis

ā/ab *m. Abl.* von, von ... her 11
abdūcere, abdūcō, abdūxī wegführen 17
accēdere, accēdō, accessī herbeikommen, hinzukommen 2, 13
accūsāre, accūsō anklagen, beschuldigen 15
ad *m. Akk.* an, bei, nach, zu 3
adesse, adsum, adfuī da sein 1; helfen 6, 17
adīre, adeō, adiī *m. Akk.* herantreten (an), bitten 20
adiungere, adiungō, adiūnxī hinzufügen, anschließen 16
   sibi adiungere für sich gewinnen 16
admittere, admittō hinzuziehen, zulassen 7
adulēscēns, adulēscentis *m* junger Mann 4
aedēs, aedium *f Pl.* Haus, Gebäude 6, 7
aedificāre, aedificō bauen 22
aedificium Gebäude 3
agere, agō, ēgī handeln, treiben, verhandeln 8, 13
   grātiās agere danken 9
agmen, agminis *n* (Heeres-)Zug 8
alere, alō, aluī ernähren, großziehen 11
alius, a, ud ein anderer 13
   alius ... alius der eine ... der andere 13
altus, a, um hoch, tief 13
amāre, amō lieben, gernhaben 4
amīca Freundin 3
amīcus Freund 2
āmittere, āmittō, āmīsī aufgeben, verlieren 13
an oder *(in der Frage)* 10
angustus, a, um eng, schwierig 18
animadvertere, animadvertō, animadvertī bemerken, wahrnehmen 15
animus Geist, Mut, Gesinnung 18
   animō dēficere den Mut sinken lassen 18
annus Jahr 16
   tōtum annum das ganze Jahr 16
   multōs annōs viele Jahre lang 16
ante *Adv.* vorher 18
   paulō ante kurz vorher 18
ante *m. Akk.* vor 3
aperīre, aperiō, aperuī aufdecken, öffnen 13
appellāre, appellō *(m. dopp. Akk.)* anrufen, nennen, bezeichnen (als) 14
apud *m. Akk.* bei, nahe bei 3
aqua Wasser 9
āra Altar 8
arcessere, arcessō, arcessīvī herbeirufen, holen 15
arma, armōrum *n Pl.* Waffen, Gerät 5
aspicere, aspiciō, aspexī erblicken 10, 13
at aber, jedoch, dagegen 19
atque/ac und 9
   iterum atque iterum immer wieder 18

attingere, attingō, attigī berühren 7, 15
auctor, auctōris *m* Anführer, Gründer, Ratgeber, Verfasser 17
audīre, audiō hören 8
augēre, augeō, auxī vermehren, vergrößern 22
aurum Gold 16
autem *(nachgestellt)* aber, andererseits 3
auxilium Hilfe 7
avē! sei gegrüßt! 1

barbarus Ausländer, 'Barbar' 5
basilica Basilika, Halle 1
bellum Krieg 10
bene *Adv.* gut 6
bēstia Tier 3
bibere, bibō trinken 9
bonus, a, um gut 12

calamitās, calamitātis *f* Schaden, Unglück, Niederlage 11
capere, capiō, cēpī nehmen; fassen, erobern 10, 13
captīvus, a, um gefangen; *Subst.* (Kriegs-)Gefangener 19
caput, capitis *n* Kopf, Haupt; Hauptstadt 17
carmen, carminis *n* Lied, Gedicht 10
causa Ursache, Sache, Prozess 12
celer, celeris, celere schnell 20
celeritās, celeritātis *f* Schnelligkeit 19
cēna Essen, Mahlzeit 6
cēnsēre, cēnseō, cēnsuī *(m. Akk.)* meinen, einschätzen, seine Stimme abgeben (für) 13
certē *Adv.* gewiss, sicherlich 4
cēterī, ae, a die Übrigen 19
cibus Nahrung, Speise 9
circiter *Adv.* ungefähr 7
circus Zirkus, Rennbahn 1
clāmāre, clāmō laut rufen, schreien 1
clāmor, clāmōris *m* Geschrei, Lärm 3
   clāmōrem tollere ein Geschrei erheben 3
clārus, a, um berühmt, hell, klar 14
classis, classis *f (Gen. Pl.* -ium) Flotte; Abteilung 20
claudere, claudō, clausī abschließen, einschließen 15
cōgitāre, cōgitō denken, beabsichtigen 4
cōgitāre dē *m. Abl.* denken an 4
cognōscere, cognōscō, cognōvī erkennen, kennenlernen 12
colere, colō, coluī pflegen; verehren, bewirtschaften, 5, 11
comes, comitis *m/f* Gefährte, Begleiter(in) 10
committere, committō, commīsī anvertrauen, veranstalten, zustandebringen 17

scelus committere  ein Verbrechen begehen 17
complēre, compleō, complēvī  anfüllen, erfüllen 4, 11
compōnere, compōnō, composuī  vergleichen 7, 11
concēdere, concēdō, concessī  erlauben, nachgeben, zugestehen 18
condere, condō, condidī  erbauen, gründen 22
conicere, coniciō, coniēcī  (zusammen)werfen, folgern, vermuten 16
cōnsīdere, cōnsīdō  sich setzen, sich niederlassen 9
cōnsilium  Beratung, Beschluss, Plan, Rat 7
cōnsistere, cōnsistō, cōnstitī  haltmachen, sich aufstellen 5, 20
cōnsul, cōnsulis m  Konsul 5
cōnsulere, cōnsulō, cōnsuluī (dē m. Abl.)  befragen; beraten (über) 13
contendere, contendō, contendī  eilen; sich anstrengen 3, 15; behaupten 18
contentus, a, um (m. Abl.)  zufrieden (mit) 16
convenīre, conveniō, convēnī  besuchen, zusammenkommen, zusammenpassen 9, 13
convertere, convertō (in m. Akk.)  richten (auf) 7
convīvium  Gastmahl, Gelage 7
convocāre, convocō  versammeln 15
cōpia  Menge, Möglichkeit, Vorrat 7
cōpiae, cōpiārum Pl.  Truppen 16
corpus, corporis n  Körper, Leichnam 16
corripere, corripiō, corripuī  ergreifen, gewaltsam an sich reißen 10, 11
crēdere, crēdō, crēdidī  anvertrauen, glauben 11, 21
crēscere, crēscō, crēvī  wachsen 18
crīmen, crīminis n  Beschuldigung, Vorwurf, Verbrechen 14
crūdēlis, e  grausam 21
cum m. Abl.  mit, zusammen mit 4
cum Subj. m. Ind.  (immer) wenn, als (plötzlich), (zu der Zeit) als 16
cūnctī, ae, a  alle (zusammen) 13
cupere, cupiō, cupīvī  verlangen, wünschen, wollen 10, 11
cūr?  warum? 3
cūrāre, cūrō (m. Akk.)  pflegen, sorgen für, besorgen 14
cūria  Kurie, Rathaus 1
currere, currō, cucurrī  eilen, laufen 2, 15

dare, dō, dedī  geben 2, 15
dē m. Abl.  von, von ... her, von ... herab; über 4
dea  Göttin 8

dēbēre, dēbeō, dēbuī  müssen, sollen; schulden 5
dēcernere, dēcernō, dēcrēvī  beschließen, entscheiden, zuerkennen 14
dēfendere, dēfendō, dēfendī  abwehren, verteidigen, schützen 5, 15
dēficere, dēficiō, dēfēcī  abnehmen, ermatten; verlassen, ausgehen 18
  animō dēficere  den Mut sinken lassen 18
deinde (Adv.)  dann, darauf 10
dēlectāre  erfreuen, unterhalten 4
dēnique Adv.  schließlich, zuletzt 2
dēpōnere, dēpōnō, dēposuī  ablegen, niederlegen, aufgeben 4, 11
dēserere, dēserō, dēseruī  im Stich lassen, verlassen 20
dēsīderāre, dēsīderō m. Akk.  sich sehnen nach, vermissen 19
dēsinere, dēsinō, dēsiī  aufhören 21
dēspērāre, dēspērō (dē m. Abl.)  die Hoffnung aufgeben (auf), verzweifeln (an) 14
deus  Gott, Gottheit 5
dīcere, dīcō, dīxī  sagen, sprechen 7, 13
dīmittere, dīmittō, dīmīsī  aufgeben, entlassen 14
discēdere, discēdō, discessī  auseinandergehen, weggehen 15
diū Adv.  lange (Zeit) 2
dolēre, doleō (m. Abl.)  schmerzen; bedauern, Schmerz empfinden (über etw.) 5
dolus  List, Täuschung 21
domina  Herrin 6
dominus  Herr 9
domum Adv.  nach Hause 8
dōnāre, dōnō  schenken 21
dōnum  Geschenk 4
dubitāre, dubitō (m. Inf.)  zögern 5
dūcere, dūcō, dūxī  führen, ziehen 8, 13
dum Subj.  während, solange, (so lange) bis 16
duo, duae, duo  zwei 15

ē/ex m. Abl.  aus, von ... her 5
ecce  schau/schaut, sieh da/seht da! 2
egō (betont)  ich 11
emere, emō  kaufen 6
enim Adv. (nachgestellt)  nämlich, in der Tat 11
eō Adv.  dorthin 10
equidem  (ich) allerdings, freilich 13
equus  Pferd 2
ēripere, ēripiō, ēripuī  entreißen 17
errāre, errō  (sich) irren 14
esse  sein 1; sich befinden 11
et  und, auch 1

# Lateinisch-deutsches Wörterverzeichnis

et ... et  sowohl ... als auch  12
etiam  auch, sogar  2
etsī *Subj.*  auch wenn, obwohl  16
ex *m. Abl.*  aus, von ... her  5
excēdere, excēdō, excessī  hinausgehen, weggehen  17
excitāre, excitō  wecken, erregen, ermuntern  15
exemplum  Beispiel, Vorbild  14
exīstimāre, exīstimō  (ein)schätzen, meinen  18
expellere, expellō, expulī  vertreiben, verbannen  12, 15
exspectāre  warten, erwarten  2

facere, faciō, fēcī  machen, tun, handeln  10, 13
facilis, e  leicht (zu tun)  20
fallere, fallō, fefellī  täuschen, betrügen  20
falsus, a, um  falsch  14
familia  Familie, Hausgemeinschaft  14
fātum  Schicksal, Götterspruch  21
fīlia  Tochter  7
fīlius  Sohn  7
fīnis, is *m (Gen.Pl. -ium)*  Grenze, Ende; Ziel, Zweck; *Pl.* Gebiet  19
flēre, fleō, flēvī  beklagen, (be)weinen  11
fortis, e  tapfer, kräftig  20
fortūna  Glück, Schicksal  20
forum  Marktplatz, Forum, Öffentlichkeit  1
frāter, frātris *m*  Bruder  11
frūstrā *Adv.*  vergeblich  11
fugere, fugiō, fūgī *m. Akk.*  fliehen (vor), meiden  20
fūr, fūris *m*  Dieb  4

gaudēre, gaudeō *m. Abl.*  sich freuen über etw.  1, 5
gaudium  Freude  8
gēns, gentis *f (Gen. Pl. -ium)*  Familienverband, Stamm, Volk  8
gerere, gerō  ausführen, führen, tragen  7
sē gerere  sich verhalten  21
glōria  Ehre, Ruhm  22
grātia  Ansehen, Beliebtheit, Dank, Gefälligkeit  9
grātiās agere  danken  9
grātus, a, um  dankbar, willkommen, beliebt  20

habēre, habeō  haben, halten  9
hīc  hier  1
hodiē *Adv.*  heute  2
homō, hominis *m*  Mensch  10
hōra  Stunde, Zeit  16
multās hōrās  viele Stunden lang  16
hospes, hospitis *m*  Fremder, Gast, Gastgeber  9

hostis, hostis *m (Gen. Pl. -ium)*  Feind (Landesfeind)  11
(hostēs/urbem) petere  (Feinde/eine Stadt) angreifen  11

iam *Adv.*  nun, schon  3
ibī  dort  1
īgnōrāre, īgnōrō  nicht kennen, nicht wissen  12
nōn īgnōrāre  genau wissen, gut kennen  12
immō (vērō) *Adv.*  ja sogar, vielmehr; im Gegenteil  18
imperāre, imperō *(m. Dat.)*  befehlen, herrschen (über)  15
imperātor, imperātōris *m*  Befehlshaber, Feldherr, Kaiser  10
imperium  Befehl, Befehlsgewalt, Herrschaft, Herrschaftsgebiet  16
imprīmīs *Adv.*  besonders, vor allem  14
improbus, a, um  schlecht, unanständig  17
in *m. Abl.*  in, an, auf, bei (wo?)  4
in tūtō  in Sicherheit  19
in *m. Akk.*  in (... hinein), nach (... hin), gegen (wohin?)  3
indūcere, indūcō, indūxī  (hin)einführen, verleiten  9, 17
ingēns, ingentis  gewaltig, ungeheuer  16
inimīcus, a, um  feindlich; *Subst.* Feind  16
inīre, ineō, iniī  hineingehen; beginnen  20
iniūria  Beleidigung, Unrecht, Gewalttat  5
inquit *(in die wörtl. Rede eingeschoben)*  sagt(e) er  12
īnsidiae, īnsidiārum *Pl.*  Falle, Attentat, Hinterlist  15
īnstāre, īnstō, īnstitī  bevorstehen, hart zusetzen  20
īnstituere, īnstituō, īnstituī  beginnen, einrichten, unterrichten  10, 15
interesse, intersum *m. Dat.*  dazwischen sein, teilnehmen an  9
interrogāre, interrogō  fragen  17
intrāre, intrō  betreten, eintreten  3
īra  Zorn  11
īre, eō, iī  gehen  20
is, ea, id  dieser, diese, dieses; er, sie, es  15
ita *Adv.*  so  12
itaque *Adv.*  deshalb  3
iter, itineris *n*  Reise, Weg, Marsch  9
iterum *Adv.*  wiederum  18
iterum atque iterum  immer wieder  18
iubēre, iubeō, iussī *(m. Akk.)*  anordnen, befehlen  6, 21

labor, labōris *m* Anstrengung, Arbeit 13
labōrāre, labōrō arbeiten 6
lacrima Träne 11
laedere, laedō, laesī beschädigen, verletzen, beleidigen 17
laudāre, laudō loben 4
legere, legō lesen, auswählen 10
legiō, legiōnis *f* Legion (ca. 5000–6000 Mann) 13
liber, librī Buch 10
līberāre, līberō befreien, freilassen 12
līberī, līberōrum *Pl.* Kinder 6
lībertus Freigelassener 8
licet es ist erlaubt, es ist möglich 5
lītus, lītoris *n* Küste, Strand 21
lūdus Spiel, Wettkampf; Schule 2
lūx, lūcis *f* Licht, Tageslicht 15
    prīmā lūce bei Tagesanbruch 15

magnus, a, um groß, bedeutend 12
    magnā vōce mit lauter Stimme 12
māiōrēs, māiōrum *m* Vorfahren 9
manēre, maneō, mānsī *(m. Akk.)* bleiben, warten (auf) 13
manifestus, a, um offenkundig; überführt 17
mare, maris *n (Gen. Pl.* -ium*)* Meer 19
marītus Ehemann 11
māter, mātris *f* Mutter 6
mē *Akk.* mich 13
mēnsa Tisch 6
mercātor, mercātōris Kaufmann, Händler 3
meus, a, um mein 13
mihi *Dat.* mir 11
mīles, mīlitis *m* Soldat 13
miser, misera, miserum arm, erbärmlich, unglücklich 12
mittere, mittō, mīsī (los)lassen, schicken, werfen 6, 15
moenia, moenium *n Pl.* (Stadt-)Mauern 13
monēre, moneō, monuī (er)mahnen 15
mōns, montis *m (Gen. Pl.* -ium*)* Berg 8
monumentum Denkmal 16
mors, mortis *f (Gen. Pl.* -ium*)* Tod 12
mōs, mōris *m* Sitte, Brauch; *Pl.* Charakter 9
mulier, mulieris *f* Frau 3
multitūdō, multitūdinis *f* große Zahl, Menge 10
multus, a, um viel 12
    multa *n Pl.* viel(es) 12
    multī, ae viele 12
mūnīre, mūniō, mūnīvī bauen, befestigen, schützen 11
mūnus, mūneris *n* Aufgabe; Geschenk 9
mūrus Mauer 11

nam denn, nämlich 1
narrāre, narrō (dē *m. Abl.*) erzählen (von/über) 9
nauta *m* Seemann, Matrose 19
nāvis, nāvis *f (Gen. Pl.* -ium*)* Schiff 16
-ne *(angehängt)* (unübersetzte Fragepartikel) 10
necāre, necō, necāvī töten 11
negāre, negō verneinen, leugnen; verweigern 18
negōtium Aufgabe, Geschäft, Angelegenheit 8
nēmō, nēminis niemand 17
    nēmō nescit jeder weiß 17
neque und nicht, auch nicht, nicht einmal 14
neque ... neque weder ... noch 19
nescīre, nesciō, nescīvī nicht wissen 14
    nēmō nescit jeder weiß 17
nex, necis *f* Mord, Tod 11
nimis *Adv.* (all)zu, (all)zu sehr 21
nōbilis, e adelig, berühmt, vornehm 20
nōbīs *Dat.* uns 13
nōlle, nōlō, nōluī nicht wollen 7, 11
nōn nicht 3
    nōn dēbēre nicht dürfen 18
    nōn īgnōrāre genau wissen, gut kennen 12
    nōn iam *Adv.* nicht mehr 3
    nōn sōlum ... sed etiam nicht nur ... sondern auch 13
nōn-ne *im dir. Fragesatz:* (etwa) nicht? 7
nōnnūllī, ae, a einige, manche 17
nōs *Nom./Akk.* wir/uns 13
noster, nostra, nostrum unser 13
novus, a, um neu, ungewöhnlich 16
nox, noctis *f (Gen. Pl.* -ium*)* Nacht 15
    multā nocte in tiefer Nacht 15
    tōtam noctem die ganze Nacht hindurch 18
num *im dir. Fragesatz* etwa? 12
numquam *Adv.* niemals 4
nunc *Adv.* jetzt, nun 2
nūntiāre, nūntiō melden 5
nūntius Bote, Nachricht 5
nūper *Adv.* neulich, vor kurzem 17

ō(h) ach, oh 11
obscūrus, a, um dunkel, unbekannt 19
observāre, observō beobachten 19
occupāre, occupō besetzen, einnehmen 12
oculus Auge 7
omnis, e ganz, jeder; *Pl.* alle 20
oportet, oportuit es ist nötig, es gehört sich 18
oppidum Stadt 13
ōrāre, ōrō *(m. dopp. Akk.)* bitten (jmd. um etwas) 8
ōrātiō, ōrātiōnis *f* Rede 9
orbis, orbis *m (Gen. Pl.* -ium*)* Kreis(lauf); Erdkreis, Welt 22

# Lateinisch-deutsches Wörterverzeichnis

ōrnāre, ōrnō   schmücken 6
ostendere, ostendō, ostendī   zeigen, darlegen 6, 15

paene *Adv.*   fast, beinahe 18
parāre, parō   bereiten, vorbereiten; vorhaben;
   erwerben 6
parcere, parcō, pepercī *m. Dat.*   schonen, sparen 22
parēns, parentis *m/f*   Vater, Mutter 8
parentēs, parentum *m Pl.*   Eltern 8
pārēre, pāreō   gehorchen, sich richten nach 9
pater, patris *m*   Vater 7
patēre   offenstehen, sich erstrecken 2
patria   Heimat 5
patrōnus   Patron (Schutzherr) 8
paucī, ae, a   wenige 15
paulō *Adv.*   (um) ein wenig 6
   paulō ante   kurz vorher 18
   paulō post   kurz darauf 6
pāx, pācis *f*   Friede 8
pecūnia   Geld, Vermögen 4
pellere, pellō, pepulī   schlagen, vertreiben 15
per *m. Akk.*   durch, hindurch 3
perīculum   Gefahr 5
perīre, pereō, periī   zugrundegehen,
   umkommen 20
   periī   ich bin verloren 20
perspicere, perspiciō, perspexī   erkennen, genau
   betrachten, sehen 16
pervenīre, perveniō, pervēnī ad/in *m. Akk.*
   kommen zu/nach 8, 13
petere, petō, petīvī   (auf)suchen, (er)streben, bitten,
   verlangen 3, 11
   (hostēs/urbem) petere   (Feinde/eine Stadt)
   angreifen 11
pīrāta *m*   Pirat, Seeräuber 19
pius, a, um   fromm, gerecht, pflichtbewusst 21
placēre, placeō   gefallen 6
placet *m. Dat.*   es gefällt jmd., jmd. beschließt 10
plērīque, plēraeque, plēraque   die meisten,
   sehr viele 18
poēta *m*   Dichter 10
populus   Volk 2
porta   Tor 2
portāre, portō   tragen, bringen 6
posse, possum, potuī   können 11
post   *m. Akk.* hinter, nach; *Adv.* dann, später 6
posteā *Adv.*   nachher, später 9
posterī, posterōrum *Pl.*   die Nachkommen 21
postquam *Subj. m. Ind. Perf.*   nachdem 13
pōstulāre, pōstulō   fordern 15
potēns, potentis   mächtig, stark 16
potentia   Macht 16

praebēre, praebeō   geben, hinhalten 9
praeda   Beute 20
praemium   Belohnung, Lohn, (Sieges-)Preis 2
praestāre, praestō, praestitī *m. Dat.*   übertreffen 16
prīmō *Adv.*   zuerst 7
prīmus, a, um   der erste 15
   prīmā lūce   bei Tagesanbruch 15
prō *m. Abl.*   an Stelle von, für 4
probāre, probō   beweisen, für gut befinden 7
probus, a, um   anständig, gut 20
proelium   Kampf, Schlacht 13
profectō *Adv.*   sicherlich, tatsächlich 15
prohibēre, prohibeō, prohibuī (ā *m. Abl.*)
   abhalten (von), hindern (an) 11
prōmittere, prōmittō, prōmīsī   versprechen 21
properāre, properō   eilen, sich beeilen 1
propinquus   Verwandter 8
propter   *m. Akk.*   wegen 12
prōtinus *Adv.*   sofort 17
prōvincia   Provinz 10
puella   Mädchen 6
puer, puerī   Junge, Bub 6
pūgnāre, pūgnō   kämpfen 5
pulcher, pulchra, pulchrum   schön 16
putāre, putō   glauben, meinen 17
putāre *m. dopp. Akk.*   halten für 17

quaerere, quaerō, quaesīvī   erwerben wollen,
   suchen 17
quaerere ex *m. Abl.*   jmd. fragen 18
quamquam *Subj.*   obwohl 16
-que   und 7
quī, quae, quod   welcher, welche, welches;
   der, die, das 14
quia *Subj. m. Ind.*   weil 14
quid?   was? 3
quiēscere, quiēscō, quiēvī   (aus)ruhen;
   schlafen 19
quīn *im Hauptsatz*   vielmehr; warum nicht? 17
quis?   wer? 3
quod *Subj. m. Ind.*   dass, weil 5
quoque *(nachgestellt)*   auch 9
quotiēns   wie oft, so oft 19

rapere, rapiō, rapuī   wegführen, rauben,
   wegreißen 17
regere, regō, rēxī   lenken, leiten; beherrschen 20
regiō, regiōnis *f*   Gebiet, Gegend, Richtung 21
rēgnum   (Königs-)Herrschaft, Reich 16
relinquere, relinquō, relīquī   unbeachtet lassen,
   verlassen, zurücklassen 3, 13
remanēre, remaneō, remānsī   (zurück)bleiben 7, 14

repente *Adv.* plötzlich 5
reperīre, reperiō, repperī (wieder)finden 17
respondēre, respondeō, respondī antworten, entsprechen 5, 15
restāre, restō, restitī übrigbleiben; Widerstand leisten 13, 15
rēx, rēgis *m* König 12
rīdēre, rīdeō, rīsī lachen, auslachen 1, 13
rīpa Ufer 11
rogāre, rogō bitten, erbitten, fragen 1
ruere, ruō, ruī eilen, stürmen, stürzen 17

sacrum Opfer, Heiligtum 7
salūs, salūtis *f* Gesundheit, Glück, Rettung, Gruß 8
salvē! sei gegrüßt! 1
salvēte! seid gegrüßt! 1
scelerātus, a, um verbrecherisch, schädlich; *Subst.* Verbrecher 19
scelus, sceleris *n* Verbrechen; Schurke 12
    scelus committere ein Verbrechen begehen 17
scīre, sciō kennen, verstehen, wissen 10
sē *Akk.* sich 11
sēcum mit sich, bei sich 18
sed aber, sondern 2
sedēre, sedeō, sēdī sitzen 19
semper *Adv.* immer 4
senātor, senātōris Senator 1
senex, senis *m* Greis, alter Mann 4
sententia Antrag (im Senat), Meinung 13
sentīre, sentiō, sēnsī fühlen, meinen, wahrnehmen 18
serva Sklavin 6
servāre, servō (ā *m. Abl.*) bewahren, retten (vor) 10
servus Sklave 1
sī *Subj.* falls, wenn 12
sibi *Dat.* sich 16
    sibi adiungere für sich gewinnen 16
sīgnum Merkmal, Zeichen 2
sine *m. Abl.* ohne 5
sinistra linke Hand 10
sōlum *Adv.* nur 13
sōlus, a, um allein, einzig 14
somnus Schlaf 15
soror, sorōris *f* Schwester 8
sors, sortis *f (Gen. Pl.* -ium) Los, Orakelspruch, Schicksal 12
spectāre, spectō betrachten, hinsehen 3
sponte meā (tuā, suā) freiwillig, aus eigener Kraft, von selbst 21
stāre, stō, stetī stehen 1, 15
statim *Adv.* auf der Stelle, sofort 3

studēre, studeō, studuī *(m. Dat.)* sich (wissenschaftlich) beschäftigen, sich bemühen (um), streben (nach) 14
subitō plötzlich 1
sūmere, sūmō nehmen 4
summus, a, um der höchste, der letzte, der oberste 15
superāre, superō besiegen, überragen, übertreffen 14
superbus, a, um stolz, überheblich 12
surgere, surgō, surrēxī aufstehen, sich erheben; aufrichten 2, 15
suus, a, um ihr, sein 13

taberna Laden, Werkstatt, Gasthaus 3
tacēre, taceō schweigen 2
tam so 21
tamen dennoch, jedoch 4
tandem *im Aussagesatz:* endlich 2
tantum *(nachgestellt)* nur 4
tē *Akk.* dich 4
temperāre, temperō *m. Akk.* lenken, ordnen 16
templum Tempel 1
tenēre, teneō, tenuī besitzen, festhalten, halten 11
terrēre, terreō, terruī erschrecken 12
thermae, thermārum *Pl.* Thermen, Badeanlage 4
tibi *Dat.* dir 13
timēre, timeō, timuī Angst haben, fürchten 12
toga Toga (Kleidungsstück des römischen Mannes) 7
tollere, tollō aufheben, in die Höhe heben, wegnehmen 3
    clāmōrem tollere ein Geschrei erheben 3
tōtus, a, um *(Gen.* tōtīus, *Dat.* tōtī) ganz 12
trahere, trahō, trāxī ziehen, schleppen 19
trānsīre, trānseō, trānsiī hinübergehen, überschreiten, durchqueren 20
trīstis, e traurig, unfreundlich 21
tū *(betont)* du 6
tum da, damals, darauf, dann 1
tunica Tunika (Unterkleid unter der Toga) 7
turba Menschenmenge, Lärm, Verwirrung 1
turbāre, turbō durcheinanderbringen, stören 19
tūtus, a, um (ā *m. Abl.*) sicher (vor) 12
    in tūtō in Sicherheit 19
tuus, a, um dein 13
ubi *Subj. m. Ind.* sobald 11
ubī? wo? 1
ultimus, a, um der äußerste, der entfernteste, der letzte 12
umerus Oberarm, Schulter 18
unda Welle, Gewässer 19
undique *Adv.* von allen Seiten 5

## Lateinisch-deutsches Wörterverzeichnis

ūnus, a, um *(Gen.* ūnīus, *Dat.* ūnī*)* ein(er),
  ein einziger 13
  ūnus ex / dē *m. Abl.* einer von 13
urbs, urbis *f (Gen. Pl.* -ium*)* Stadt, Hauptstadt 10
  (hostēs / urbem) petere (Feinde / eine Stadt)
    angreifen 11
uxor, uxōris *f* Ehefrau 4

valēre, valeō, valuī Einfluss haben, gesund sein,
  stark sein 16
vehemēns, vehementis heftig, energisch,
  kritisch 16
velle, volō, voluī wollen 7, 11
vendere, vendō verkaufen 3
venīre, veniō, vēnī kommen 8, 13
ventus Wind 19
verbum Wort, Äußerung 7
vērō *Adv.* aber 13; in der Tat, wirklich 18
vērus, a, um echt, richtig, wahr 16
vester, vestra, vestrum euer 14
vestis, vestis *(Gen. Pl.* vestium*)* Kleid, Kleidung 4, 7
via Straße, Weg 8
victor, victōris *m* Sieger 2
victōria Sieg 5
vidēre, videō, vīdī sehen, darauf achten 3, 13
vīgintī *indekl.* zwanzig 7
vincere, vincō, vīcī (be)siegen, übertreffen 13
vīnum Wein 4
vir, virī Mann 11
vīrēs, vīrium *f* (Streit-)Kräfte 18
virgō, virginis *f* Mädchen 18
virtūs, virtūtis *f* Tapferkeit, Tüchtigkeit,
  Vortrefflichkeit, Leistung; *Pl.* gute Eigenschaften,
  Verdienste 14
vīs, *Akk.* vim, *Abl.* vī *f* Gewalt, Kraft; Menge 18
vīta Leben, Lebensweise 14
vītāre, vītō meiden, vermeiden 15
vīvere, vīvō leben 5
vōbīs *Dat.* euch 9
vocāre, vocō rufen, nennen 6
vocāre, vocō *m. dopp. Akk.* bezeichnen als 13
volāre, volō fliegen; eilen 19
vōs *Nom./Akk.* ihr / euch 13
vōx, vōcis *f* Äußerung, Laut, Stimme 8
  magnā vōce mit lauter Stimme 12
vult er (sie, es) will 4

# Substantive

## a-Deklination (1. Deklination)

Beispiel:
**domina, -ae**   f   die Herrin

Fast alle Substantive der a-Deklination sind Feminina.

|      | Sg.       | Pl.         |
|------|-----------|-------------|
| Nom. | domin-a   | domin-ae    |
| Gen. | domin-ae  | domin-ārum  |
| Dat. | domin-ae  | domin-īs    |
| Akk. | domin-am  | domin-ās    |
| Abl. | domin-ā   | domin-īs    |

## o-Deklination (2. Deklination)

Beispiel:
**dominus, -ī**   m   der Herr

Fast alle Substantive der o-Deklination auf -us sind Maskulina.

|      | Sg.       | Pl.         |
|------|-----------|-------------|
| Nom. | domin-us  | domin-ī     |
| Gen. | domin-ī   | domin-ōrum  |
| Dat. | domin-ō   | domin-īs    |
| Akk. | domin-um  | domin-ōs    |
| Abl. | domin-ō   | domin-īs    |

Beispiel:
**templum, -ī**   n   der Tempel

Die Substantive der o-Deklination auf -um sind Neutra. Sie haben im Nom. und Akk. gleiche Endungen.

|      | Sg.       | Pl.         |
|------|-----------|-------------|
| Nom. | templ-um  | templ-a     |
| Gen. | templ-ī   | templ-ōrum  |
| Dat. | templ-ō   | templ-īs    |
| Akk. | templ-um  | templ-a     |
| Abl. | templ-ō   | templ-īs    |

## 3. Deklination

Beispiel:
**senātor, -ōris**   m   der Senator

Die meisten Substantive der 3. Deklination bilden die Kasusformen wie **senator**.

|      | Sg.        | Pl.           |
|------|------------|---------------|
| Nom. | senātor    | senātōr-ēs    |
| Gen. | senātōr-is | senātōr-um    |
| Dat. | senātōr-ī  | senātōr-ibus  |
| Akk. | senātōr-em | senātōr-ēs    |
| Abl. | senātōr-e  | senātōr-ibus  |

Beispiel:
**agmen, -inis**   n   der (Heeres-)Zug

Auch in der 3. Deklination haben die Neutra im Nominativ und Akkusativ die gleiche Endung.

|      | Sg.       | Pl.         |
|------|-----------|-------------|
| Nom. | agmen     | agmin-a     |
| Gen. | agmin-is  | agmin-um    |
| Dat. | agmin-ī   | agmin-ibus  |
| Akk. | agmen     | agmin-a     |
| Abl. | agmin-e   | agmin-ibus  |

# Tabellarium

## Adjektive

|      | Sg. m | Sg. f | Sg. n | Pl. m | Pl. f | Pl. n |
|------|-------|-------|-------|-------|-------|-------|
| Nom. | magn-us | magn-a  | magn-um | magn-ī    | magn-ae   | magn-a    |
| Gen. | magn-ī  | magn-ae | magn-ī  | magn-ōrum | magn-ārum | magn-ōrum |
| Dat. | magn-ō  | magn-ae | magn-ō  | magn-īs   | magn-īs   | magn-īs   |
| Akk. | magn-um | magn-am | magn-um | magn-ōs   | magn-ās   | magn-a    |
| Abl. | magn-ō  | magn-ā  | magn-ō  | magn-īs   | magn-īs   | magn-īs   |

|      | Sg. m | Sg. f | Sg. n | Pl. m | Pl. f | Pl. n |
|------|-------|-------|-------|-------|-------|-------|
| Nom. | celer    | celer-is | celer-e | celer-ēs | celer-ēs   | celer-ia |
| Gen. |          | celer-is |         |          | celer-ium  |          |
| Dat. |          | celer-ī  |         |          | celer-ibus |          |
| Akk. | celer-em | celer-em | celer-e | celer-ēs | celer-ēs   | celer-ia |
| Abl. |          | celer-ī  |         |          | celer-ibus |          |

|      | Sg. m | Sg. f | Sg. n | Pl. m | Pl. f | Pl. n |
|------|-------|-------|-------|-------|-------|-------|
| Nom. | fort-is | fort-is | fort-e | fort-ēs | fort-ēs   | fort-ia |
| Gen. |         | fort-is |        |         | fort-ium  |         |
| Dat. |         | fort-ī  |        |         | fort-ibus |         |
| Akk. | fort-em | fort-em | fort-e | fort-ēs | fort-ēs   | fort-ia |
| Abl. |         | fort-ī  |        |         | fort-ibus |         |

|      | Sg. m | Sg. f | Sg. n | Pl. m | Pl. f | Pl. n |
|------|-------|-------|-------|-------|-------|-------|
| Nom. | vehemēns    | vehemēns     | vehemēns | vehement-ēs | vehement-ēs   | vehement-ia |
| Gen. |             | vehement-is  |          |             | vehement-ium  |             |
| Dat. |             | vehement-ī   |          |             | vehement-ibus |             |
| Akk. | vehement-em | vehement-em  | vehemēns | vehement-ēs | vehement-ēs   | vehement-ia |
| Abl. |             | vehement-ī   |          |             | vehement-ibus |             |

## Pronomina

|      | Sg. m | Sg. f | Sg. n | Pl. m | Pl. f | Pl. n |
|------|-------|-------|-------|-------|-------|-------|
| Nom. | quī  | quae  | quod | quī    | quae   | quae   |
| Gen. |      | cuius |      | quōrum | quārum | quōrum |
| Dat. |      | cui   |      |        | quibus |        |
| Akk. | quem | quam  | quod | quōs   | quās   | quae   |
| Abl. | quō  | quā   | quō  |        | quibus |        |

|      | Sg. m | Sg. f | Sg. n | Pl. m | Pl. f | Pl. n |
|------|-------|-------|-------|-------|-------|-------|
| Nom. | is  | ea   | id | eī/iī  | eae    | ea    |
| Gen. |     | eius |    | eōrum  | eārum  | eōrum |
| Dat. |     | eī   |    |        | eīs/iīs |      |
| Akk. | eum | eam  | id | eōs    | eās    | ea    |
| Abl. | eō  | eā   | eō |        | eīs/iīs |      |

# Verben

## Präsensstamm Aktiv

| Infinitiv | | | vocā-re | monē-re | audī-re | ag-ĕ-re | capĕ-re |
|---|---|---|---|---|---|---|---|
| Ind. Präs. | Sg. | 1. Pers. | voc-ō | mone-ō | audi-ō | ag-ō | capi-ō |
| | | 2. Pers. | vocā-s | monē-s | audī-s | ag-i-s | capi-s |
| | | 3. Pers. | voca-t | mone-t | audi-t | ag-i-t | capi-t |
| | Pl. | 1. Pers. | vocā-mus | monē-mus | audī-mus | ag-i-mus | capi-mus |
| | | 2. Pers. | vocā-tis | monē-tis | audī-tis | ag-i-tis | capi-tis |
| | | 3. Pers. | voca-nt | mone-nt | audi-u-nt | ag-u-nt | capi-u-nt |
| Ind. Impf. | Sg. | 1. Pers. | vocā-ba-m | monē-ba-m | audi-ēba-m | ag-ēba-m | capi-ēba-m |
| | | 2. Pers. | vocā-bā-s | monē-bā-s | audi-ēbā-s | ag-ēbā-s | capi-ēbā-s |
| | | 3. Pers. | vocā-ba-t | monē-ba-t | audi-ēba-t | ag-ēba-t | capi-ēba-t |
| | Pl. | 1. Pers. | vocā-bā-mus | monē-bā-mus | audi-ēbā-mus | ag-ēbā-mus | capi-ēbā-mus |
| | | 2. Pers. | vocā-bā-tis | monē-bā-tis | audi-ēbā-tis | ag-ēbā-tis | capi-ēbā-tis |
| | | 3. Pers. | vocā-ba-nt | monē-ba-nt | audi-ēba-nt | ag-ēba-nt | capi-ēba-nt |
| Futur I | Sg. | 1. Pers. | vocā-b-ō | monē-b-ō | audi-a-m | ag-a-m | capi-a-m |
| | | 2. Pers. | vocā-bi-s | monē-bi-s | audi-ē-s | ag-ē-s | capi-ē-s |
| | | 3. Pers. | vocā-bi-t | monē-bi-t | audi-e-t | ag-e-t | capi-e-t |
| | Pl. | 1. Pers. | vocā-bi-mus | monē-bi-mus | audi-ē-mus | ag-ē-mus | capi-ē-mus |
| | | 2. Pers. | vocā-bi-tis | monē-bi-tis | audi-ē-tis | ag-ē-tis | capi-ē-tis |
| | | 3. Pers. | vocā-bu-nt | monē-bu-nt | audi-e-nt | ag-e-nt | capi-e-nt |
| Imperativ | Sg. | | vocā | monē | audī | ag-e | cape |
| | Pl. | | vocā-te | monē-te | audī-te | ag-i-te | capi-te |

## Perfektstamm Aktiv

| Infinitiv | | | vocāv-isse | | | | | | | | |
|---|---|---|---|---|---|---|---|---|---|---|---|
| Ind. Perf. | Sg. | 1. Pers. | vocāv-ī | Ind. Plusqpf. | Sg. | 1. Pers. | vocāv-eram | Futur II | Sg. | 1. Pers. | vocāv-erō |
| | | 2. Pers. | vocāv-istī | | | 2. Pers. | vocāv-erās | | | 2. Pers. | vocāv-eris |
| | | 3. Pers. | vocāv-it | | | 3. Pers. | vocāv-erat | | | 3. Pers. | vocāv-erit |
| | Pl. | 1. Pers. | vocāv-imus | | Pl. | 1. Pers. | vocāv-erāmus | | Pl. | 1. Pers. | vocāv-erimus |
| | | 2. Pers. | vocāv-istis | | | 2. Pers. | vocāv-erātis | | | 2. Pers. | vocāv-eritis |
| | | 3. Pers. | vocāv-ērunt | | | 3. Pers. | vocāv-erant | | | 3. Pers. | vocāv-erint |

# Tabellarium

| Hilfsverb | | esse Inf. Präs. |
|---|---|---|
| | | Indikativ |
| Präsens | Sg. 1. Pers. | su-m |
| | 2. Pers. | es |
| | 3. Pers. | es-t |
| | Pl. 1. Pers. | s-u-mus |
| | 2. Pers. | es-tis |
| | 3. Pers. | su-nt |
| Imperfekt | Sg. 1. Pers. | er-a-m |
| | 2. Pers. | er-ā-s |
| | 3. Pers. | er-a-t |
| | Pl. 1. Pers. | er-ā-mus |
| | 2. Pers. | er-ā-tis |
| | 3. Pers. | er-a-nt |
| Futur I | Sg. 1. Pers. | er-ō |
| | 2. Pers. | er-i-s |
| | 3. Pers. | er-i-t |
| | Pl. 1. Pers. | er-i-mus |
| | 2. Pers. | er-i-tis |
| | 3. Pers. | er-u-nt |
| Imperativ | Sg. | es |
| | Pl. | es-te |
| | | fuisse Inf. Perf. |
| | | Indikativ |
| Perfekt | Sg. 1. Pers. | fu-ī |
| | 2. Pers. | fu-istī |
| | 3. Pers. | fu-it |
| | Pl. 1. Pers. | fu-imus |
| | 2. Pers. | fu-istis |
| | 3. Pers. | fu-ērunt |
| Plusqpf. | Sg. 1. Pers. | fu-eram |
| | 2. Pers. | fu-erās |
| | 3. Pers. | fu-erat |
| | Pl. 1. Pers. | fu-erāmus |
| | 2. Pers. | fu-erātis |
| | 3. Pers. | fu-erant |
| Futur II | Sg. 1. Pers. | fu-erō |
| | 2. Pers. | fu-eris |
| | 3. Pers. | fu-erit |
| | Pl. 1. Pers. | fu-erimus |
| | 2. Pers. | fu-eritis |
| | 3. Pers. | fu-erint |

## Andere Verben

| | | **īre** Inf. Präs. | **velle** Inf. Präs. |
|---|---|---|---|
| | | Indikativ | Indikativ |
| Präsens | Sg. 1. Pers. | e-ō | vol-ō |
| | 2. Pers. | ī-s | vī-s |
| | 3. Pers. | i-t | vul-t |
| | Pl. 1. Pers. | ī-mus | volu-mus |
| | 2. Pers. | ī-tis | vul-tis |
| | 3. Pers. | e-u-nt | volu-nt |
| Imperfekt | Sg. 1. Pers. | ī-ba-m | vol-ēba-m |
| | 2. Pers. | ī-bā-s | vol-ēbā-s |
| | 3. Pers. | ī-ba-t | vol-ēba-t |
| | Pl. 1. Pers. | ī-bā-mus | vol-ēbā-mus |
| | 2. Pers. | ī-bā-tis | vol-ēbā-tis |
| | 3. Pers. | ī-ba-nt | vol-ēba-nt |
| Futur I | Sg. 1. Pers. | ī-b-ō | vol-a-m |
| | 2. Pers. | ī-bi-s | vol-ē-s |
| | 3. Pers. | ī-bi-t | vol-e-t |
| | Pl. 1. Pers. | ī-bi-mus | vol-ē-mus |
| | 2. Pers. | ī-bi-tis | vol-ē-tis |
| | 3. Pers. | ī-bu-nt | vol-e-nt |
| Imperativ | Sg. | ī | |
| | Pl. | ī-te | |

| | | **īsse** Inf. Perf. | **voluisse** Inf. Perf. |
|---|---|---|---|
| | | Indikativ | Indikativ |
| Perfekt | Sg. 1. Pers. | i-ī | volu-ī |
| | 2. Pers. | ī-stī | volu-istī |
| | 3. Pers. | i-it | volu-it |
| | Pl. 1. Pers. | i-imus | volu-imus |
| | 2. Pers. | ī-stis | volu-istis |
| | 3. Pers. | i-ērunt | volu-ērunt |
| Plusqpf. | Sg. 1. Pers. | i-eram | volu-eram |
| | 2. Pers. | i-erās | volu-erās |
| | 3. Pers. | i-erat | volu-erat |
| | Pl. 1. Pers. | i-erāmus | volu-erāmus |
| | 2. Pers. | i-erātis | volu-erātis |
| | 3. Pers. | i-erant | volu-erant |
| Futur II | Sg. 1. Pers. | i-erō | volu-erō |
| | 2. Pers. | i-eris | volu-eris |
| | 3. Pers. | i-erit | volu-erit |
| | Pl. 1. Pers. | i-erimus | volu-erimus |
| | 2. Pers. | i-eritis | volu-eritis |
| | 3. Pers. | i-erint | volu-erint |

## Zeittafel zur römischen Geschichte

| v. Chr. | |
|---|---|
| um 900 | Erste Hirtensiedlungen auf dem Palatin |
| 753 | sagenhaftes **Gründungsdatum der Stadt Rom** |
| um 550 | Herrschaft etruskischer Könige in Rom; Errichtung des **Circus Maximus** und der ersten römischen Stadtmauer |
| 510 | Vertreibung des Tarquinius Superbus: Ende der etruskischen Königsherrschaft und **Beginn der römischen Republik** |
| 494 | Auszug der plebs aus Rom: Vermittlung durch Menenius Agrippa |
| 450 | **Zwölftafelgesetz:** erste schriftliche Fixierung des römischen Rechts |
| um 264 | Nach zahlreichen Kriegen gegen die umliegenden Völker ist die **römische Herrschaft in Mittel- und Süditalien gefestigt.** |
| 264–241 | **1. Punischer Krieg** |
| 242 | Einrichtung der ersten römischen Provinz (Sicilia) |
| 218–201 | **2. Punischer Krieg** |
| 219/218 | **Hannibal** zieht durch Spanien bis nach Italien: **Alpenübergang** |
| 216 | Niederlage der Römer bei Kannä |
| 202 | Sieg **Scipios** über Hannibal bei Zama |
| 184 | Zensur des **M. Porcius Cato** und des L. Valerius Flaccus |
| 168 | Schlacht bei Pydna: Sieg des **L. Aemilius Paullus** über die Makedonen unter König Perseus |
| 149–146 | **3. Punischer Krieg** |
| 146 | **Zerstörung Karthagos:** Africa wird römische Provinz. Griechenland wird zur römischen Provinz Achaia. **Herrschaft der Römer über den Mittelmeerraum** |
| 133/121 | Gescheiterte Reformbewegung der **Gracchen** |
| 102/101 | Sieg des **Marius** über die Kimbern und Teutonen |
| 82–79 | Diktatur **Sullas** |
| 73–71 | Sklavenaufstand unter Spartakus |
| 67 | Pompejus beendet im Auftrag des Senats den Seeräuberkrieg. |
| 63 | **Konsulat Ciceros** |
| 63–62 | **Catilinarische Verschwörung** |
| 60 | 1. Triumvirat: Pompejus, Crassus, Cäsar |
| 59 | **Konsulat Cäsars** |
| 58–51 | **Eroberung Galliens** durch Cäsar |
| 49–46 | **Bürgerkrieg:** Cäsar gegen Pompejus/Senat |
| 48 | **Schlacht bei Pharsalos:** Sieg Cäsars über Pompejus, bald darauf Ermordung des Pompejus in Ägypten |
| 48–47 | Cäsar in Ägypten bei Kleopatra |
| 47–44 | Diktatur Cäsars |
| 45 | Einführung des julianischen Kalenders |
| 15.3.44 | **Ermordung Cäsars** |
| 43 | 2. Triumvirat: Antonius, Lepidus, Oktavian |
| 43 | Ermordung Ciceros durch Schergen des Antonius |
| 42 | **Schlacht bei Philippi:** Niederlage der Cäsarmörder |
| 31 | **Schlacht bei Aktium:** Sieg Oktavians über Marcus Antonius und Kleopatra; Ägypten wird römische Provinz. |
| 30 | Selbstmord des Antonius und der Kleopatra |
| 27 | Der Senat verleiht Oktavian den Ehrentitel Augustus: **Beginn des Prinzipats** |
| 19 | Veröffentlichung der „Äneis" Vergils |
| 9 | Einweihung der Ara Pacis Augustae |

## Zeittafel zur römischen Geschichte

### n. Chr.

| | |
|---|---|
| um 8 n. Chr. | Veröffentlichung der „Metamorphosen" Ovids |
| 9 | **Schlacht im „Teutoburger Wald":** Sieg des Cheruskerfürsten Arminius über die Legionen des römischen Feldherrn Varus |
| 14 | Tod des Augustus |
| **14–68** | **Julisch-Claudisches Herrscherhaus** |
| 14–37 | Kaiser Tiberius |
| 37–41 | Kaiser Caligula |
| 41–54 | Kaiser Claudius |
| 54–68 | Kaiser Nero |
| 64 | **Brand Roms:** erste Christenverfolgungen |
| 68–69 | Vierkaiserjahr (Galba, Otho, Vitellius, Vespasian) |
| **69–96** | **Flavisches Herrscherhaus** |
| 69–79 | Kaiser Vespasian |
| 79–81 | Kaiser Titus |
| 79 | Vesuv-Ausbruch, Zerstörung von Pompeji und Herkulaneum |
| 80 | Bau des Kolosseums beendet |
| 81–96 | Kaiser Domitian |
| 84 | Baubeginn des **Limes** in Germanien |
| **96–192** | **Adoptivkaiser** |
| 96–98 | Kaiser Nerva |
| 98–117 | Kaiser Trajan |
| 106–115 | **Größte Ausdehnung des römischen Reiches** (Schaffung der Provinzen Arabia, Dacia, Armenia, Mesopotamia und Assyria) |
| 117–138 | Kaiser Hadrian |
| 138–161 | Kaiser Antoninus Pius |
| 161–180 | Kaiser Mark Aurel |
| 180–192 | Kaiser Commodus |
| **193–235** | **Severisches Kaiserhaus** |
| **235–305** | **Soldatenkaiser** |
| um 250 | Erste allgemeine Christenverfolgung unter den Kaisern Decius und Valerian |
| um 250 | Beginn der **Völkerwanderung:** Die Goten überschreiten die Donau. Die Alemannen durchbrechen den Limes und brechen in das Reichsgebiet ein. |
| 284–305 | Kaiser Diokletian |
| 303–311 | Christenverfolgung unter Diokletian |
| 306–337 | Kaiser Konstantin der Große |
| 312–315 | Errichtung des Konstantinsbogens |
| **330** | **Konstantinopel wird Hauptstadt des römischen Reiches.** |
| 379–395 | Kaiser Theodosius der Große |
| 391 | Das **Christentum wird Staatsreligion** (Verbot heidnischer Kulte). |
| 395 | **Reichsteilung** nach dem Tod des Theodosius (Entstehung eines west- und eines oströmischen Reiches) |
| 410 | Rom wird von den Westgoten (Alarich) eingenommen. |
| 476 | Absetzung des letzten weströmischen Kaisers durch den Germanen Odoaker: **Ende des weströmischen Reiches** |
| 527–565 | Kaiser Justinian (Sein Versuch, die Reichseinheit wiederherzustellen, scheitert.) |
| 534 | Codex Iustinianus |
| 800 | Kaiserkrönung Karls des Großen |